全国普法学习读本

卫生安保类法律法规读本

安全生产法律法规学习读本

安全生产综合法律法规

王金锋 主编

加大全民普法力度，建设社会主义法治文化，树立宪法法律至上、法律面前人人平等的法治理念。
——中国共产党第十九次全国代表大会《决胜全面建成小康社会 夺取新时代中国特色社会主义伟大胜利》

汕头大学出版社

图书在版编目（CIP）数据

安全生产综合法律法规/王金锋主编. -- 汕头：汕头大学出版社（2021.7重印）

（安全生产法律法规学习读本）

ISBN 978-7-5658-2951-2

Ⅰ.①安… Ⅱ.①王… Ⅲ.①安全生产-安全法规-中国-学习参考资料 Ⅳ.①D922.544

中国版本图书馆 CIP 数据核字（2018）第 035695 号

安全生产综合法律法规 ANQUAN SHENGCHAN ZONGHE FALÜ FAGUI

| 主　　编：王金锋 |
| 责任编辑：邹　峰 |
| 责任技编：黄东生 |
| 封面设计：大华文苑 |
| 出版发行：汕头大学出版社 |
| 　　　　　广东省汕头市大学路 243 号汕头大学校园内　邮政编码：515063 |
| 电　　话：0754-82904613 |
| 印　　刷：三河市南阳印刷有限公司 |
| 开　　本：690mm×960mm 1/16 |
| 印　　张：18 |
| 字　　数：226 千字 |
| 版　　次：2018 年 5 月第 1 版 |
| 印　　次：2021 年 7 月第 2 次印刷 |
| 定　　价：59.60 元（全 2 册） |

ISBN 978-7-5658-2951-2

版权所有，翻版必究

如发现印装质量问题，请与承印厂联系退换

前　言

习近平总书记指出："推进全民守法，必须着力增强全民法治观念。要坚持把全民普法和守法作为依法治国的长期基础性工作，采取有力措施加强法制宣传教育。要坚持法治教育从娃娃抓起，把法治教育纳入国民教育体系和精神文明创建内容，由易到难、循序渐进不断增强青少年的规则意识。要健全公民和组织守法信用记录，完善守法诚信褒奖机制和违法失信行为惩戒机制，形成守法光荣、违法可耻的社会氛围，使遵法守法成为全体人民共同追求和自觉行动。"

中共中央、国务院曾经转发了中央宣传部、司法部关于在公民中开展法治宣传教育的规划，并发出通知，要求各地区各部门结合实际认真贯彻执行。通知指出，全民普法和守法是依法治国的长期基础性工作。深入开展法治宣传教育，是全面建成小康社会和新农村的重要保障。

普法规划指出：各地区各部门要根据实际需要，从不同群体的特点出发，因地制宜开展有特色的法治宣传教育坚持集中法治宣传教育与经常性法治宣传教育相结合，深化法律进机关、进乡村、进社区、进学校、进企业、进单位的"法律六进"主题活动，完善工作标准，建立长效机制。

特别是农业、农村和农民问题，始终是关系党和人民事业发展的全局性和根本性问题。党中央、国务院发布的《关于推进社会主义新农村建设的若干意见》中明确提出要"加强农村法制建设，深入开展农村普法教育，增强农民的法制观念，提高农民依法行使权利和履行义务的自觉性。"多年普法实践证明，普及法律知识，提高法制观念，增强全社会依法办事意识具有重要作用。特别是在广大农村进行普法教育，是提高全民法律素质的需要。

多年来，我国在农村实行的改革开放取得了极大成功，农村发生了翻天覆地的变化，广大农民生活水平大大得到了提高。但是，由于历史和社会等原因，现阶段我国一些地区农民文化素质还不高，不学法、不懂法、不守法现象虽然较原来有所改变，但仍有相当一部分群众的法制观念仍很淡化，不懂、不愿借助法律来保护自身权益，这就极易受到不法的侵害，或极易进行违法犯罪活动，严重阻碍了全面建成小康社会和新农村步伐。

为此，根据党和政府的指示精神以及普法规划，特别是根据广大农村农民的现状，在有关部门和专家的指导下，特别编辑了这套《全国普法学习读本》。主要包括了广大人民群众应知应懂、实际实用的法律法规。为了辅导学习，附录还收入了相应法律法规的条例准则、实施细则、解读解答、案例分析等；同时为了突出法律法规的实际实用特点，兼顾地方性和特殊性，附录还收入了部分某些地方性法律法规以及非法律法规的政策文件、管理制度、应用表格等内容，拓展了本书的知识范围，使法律法规更"接地气"，便于读者学习掌握和实际应用。

在众多法律法规中，我们通过甄别，淘汰了废止的，精选了最新的、权威的和全面的。但有部分法律法规有些条款不适应当下情况了，却没有颁布新的，我们又不能擅自改动，只得保留原有条款，但附录却有相应的补充修改意见或通知等。众多法律法规根据不同内容和受众特点，经过归类组合，优化配套。整套普法读本非常全面系统，具有很强的学习性、实用性和指导性，非常适合用于广大农村和城乡普法学习教育与实践指导。总之，是全国全民普法的良好读本。

目　　录

中华人民共和国安全生产法

第一章　总　　则 …………………………………………（1）
第二章　生产经营单位的安全生产保障 …………………（4）
第三章　从业人员的安全生产权利义务 …………………（10）
第四章　安全生产的监督管理 ……………………………（11）
第五章　生产安全事故的应急救援与调查处理 …………（14）
第六章　法律责任 …………………………………………（16）
第七章　附　　则 …………………………………………（23）
附　录
　　安全生产许可证条例（2014年修正本）………………（24）
　　安全生产"十三五"规划 ………………………………（29）

安全生产执法程序规定

第一章　总　　则 …………………………………………（51）
第二章　安全生产执法主体和管辖 ………………………（52）
第三章　安全生产行政许可程序 …………………………（54）
第四章　安全生产行政处罚程序 …………………………（56）
第五章　安全生产行政强制程序 …………………………（62）
第六章　附　　则 …………………………………………（65）
附　录
　　安全生产培训管理办法 …………………………………（66）
　　安全生产监管监察部门信息公开办法 …………………（75）
　　中共中央、国务院关于推进安全生产领域改革发展的意见 …（83）
　　国务院办公厅关于加强安全生产监管执法的通知 ……（94）

安全生产事故隐患排查治理暂行规定

第一章　总　则 …………………………………………（101）
第二章　生产经营单位的职责 …………………………（102）
第三章　监督管理 ………………………………………（105）
第四章　罚　则 …………………………………………（106）
第五章　附　则 …………………………………………（107）
附　录
　　安全生产举报奖励办法 ……………………………（108）
　　生产安全事故报告和调查处理条例 ………………（113）
　　生产经营单位安全生产不良记录"黑名单"管理暂行规定 …（122）

安全生产标准制修订工作细则

第一章　总　则 …………………………………………（126）
第二章　立项和计划 ……………………………………（127）
第三章　起　草 …………………………………………（128）
第四章　征求意见 ………………………………………（129）
第五章　审查和报批 ……………………………………（130）
第六章　发布和备案 ……………………………………（131）
第七章　附　则 …………………………………………（131）
附　录
　　国家安全监管总局关于进一步深化安全生产
　　行政执法工作的意见 ………………………………（132）

中华人民共和国安全生产法

中华人民共和国主席令
第十三号

《全国人民代表大会常务委员会关于修改〈中华人民共和国安全生产法〉的决定》已由中华人民共和国第十二届全国人民代表大会常务委员会第十次会议于 2014 年 8 月 31 日通过，现予公布，自 2014 年 12 月 1 日起施行。

中华人民共和国主席 习近平
2014 年 8 月 31 日

(2002 年 6 月 29 日第九届全国人民代表大会常务委员会第二十八次会议通过；根据 2009 年 8 月 27 日第十一届全国人民代表大会常务委员会第十次会议关于《关于修改部分法律的决定》第一次修正；根据 2014 年 8 月 31 日第十二届全国人民代表大会常务委员会第十次会议《关于修改〈中华人民共和国安全生产法〉的决定》第二次修正)

第一章 总 则

第一条 为了加强安全生产工作，防止和减少生产安全事故，保障人民群众生命和财产安全,促进经济社会持续健康发展,制定本法。

第二条 在中华人民共和国领域内从事生产经营活动的单位(以下统称生产经营单位)的安全生产,适用本法;有关法律、行政法规对消防安全和道路交通安全、铁路交通安全、水上交通安全、民用航空安全以及核与辐射安全、特种设备安全另有规定的,适用其规定。

第三条 安全生产工作应当以人为本,坚持安全发展,坚持安全第一、预防为主、综合治理的方针,强化和落实生产经营单位的主体责任,建立生产经营单位负责、职工参与、政府监管、行业自律和社会监督的机制。

第四条 生产经营单位必须遵守本法和其他有关安全生产的法律、法规,加强安全生产管理,建立、健全安全生产责任制和安全生产规章制度,改善安全生产条件,推进安全生产标准化建设,提高安全生产水平,确保安全生产。

第五条 生产经营单位的主要负责人对本单位的安全生产工作全面负责。

第六条 生产经营单位的从业人员有依法获得安全生产保障的权利,并应当依法履行安全生产方面的义务。

第七条 工会依法对安全生产工作进行监督。

生产经营单位的工会依法组织职工参加本单位安全生产工作的民主管理和民主监督,维护职工在安全生产方面的合法权益。生产经营单位制定或者修改有关安全生产的规章制度,应当听取工会的意见。

第八条 国务院和县级以上地方各级人民政府应当根据国民经济和社会发展规划制定安全生产规划,并组织实施。安全生产规划应当与城乡规划相衔接。

国务院和县级以上地方各级人民政府应当加强对安全生产工作的领导,支持、督促各有关部门依法履行安全生产监督管理职责,建立健全安全生产工作协调机制,及时协调、解决安全生产监督管理中存在的重大问题。

乡、镇人民政府以及街道办事处、开发区管理机构等地方人民政府的派出机关应当按照职责,加强对本行政区域内生产经营单位安全生产状况的监督检查,协助上级人民政府有关部门依法履行安全生产监督管理职责。

第九条 国务院安全生产监督管理部门依照本法,对全国安全生产工作实施综合监督管理;县级以上地方各级人民政府安全生产监督管理部门依照本法,对本行政区域内安全生产工作实施综合监督管理。

国务院有关部门依照本法和其他有关法律、行政法规的规定,在各自的职责范围内对有关行业、领域的安全生产工作实施监督管理;县级以上地方各级人民政府有关部门依照本法和其他有关法律、法规的规定,在各自的职责范围内对有关行业、领域的安全生产工作实施监督管理。

安全生产监督管理部门和对有关行业、领域的安全生产工作实施监督管理的部门,统称负有安全生产监督管理职责的部门。

第十条 国务院有关部门应当按照保障安全生产的要求,依法及时制定有关的国家标准或者行业标准,并根据科技进步和经济发展适时修订。

生产经营单位必须执行依法制定的保障安全生产的国家标准或者行业标准。

第十一条 各级人民政府及其有关部门应当采取多种形式,加强对有关安全生产的法律、法规和安全生产知识的宣传,增强全社会的安全生产意识。

第十二条 有关协会组织依照法律、行政法规和章程,为生产经营单位提供安全生产方面的信息、培训等服务,发挥自律作用,促进生产经营单位加强安全生产管理。

第十三条 依法设立的为安全生产提供技术、管理服务的机构,依照法律、行政法规和执业准则,接受生产经营单位的委托为其安全生产工作提供技术、管理服务。

生产经营单位委托前款规定的机构提供安全生产技术、管理服务的,保证安全生产的责任仍由本单位负责。

第十四条 国家实行生产安全事故责任追究制度,依照本法和有关法律、法规的规定,追究生产安全事故责任人员的法律责任。

第十五条　国家鼓励和支持安全生产科学技术研究和安全生产先进技术的推广应用，提高安全生产水平。

第十六条　国家对在改善安全生产条件、防止生产安全事故、参加抢险救护等方面取得显著成绩的单位和个人，给予奖励。

第二章　生产经营单位的安全生产保障

第十七条　生产经营单位应当具备本法和有关法律、行政法规和国家标准或者行业标准规定的安全生产条件；不具备安全生产条件的，不得从事生产经营活动。

第十八条　生产经营单位的主要负责人对本单位安全生产工作负有下列职责：

（一）建立、健全本单位安全生产责任制；

（二）组织制定本单位安全生产规章制度和操作规程；

（三）组织制定并实施本单位安全生产教育和培训计划；

（四）保证本单位安全生产投入的有效实施；

（五）督促、检查本单位的安全生产工作，及时消除生产安全事故隐患；

（六）组织制定并实施本单位的生产安全事故应急救援预案；

（七）及时、如实报告生产安全事故。

第十九条　生产经营单位的安全生产责任制应当明确各岗位的责任人员、责任范围和考核标准等内容。

生产经营单位应当建立相应的机制，加强对安全生产责任制落实情况的监督考核，保证安全生产责任制的落实。

第二十条　生产经营单位应当具备的安全生产条件所必需的资金投入，由生产经营单位的决策机构、主要负责人或者个人经营的投资人予以保证，并对由于安全生产所必需的资金投入不足导致的后果承担责任。

有关生产经营单位应当按照规定提取和使用安全生产费用，专门用于改善安全生产条件。安全生产费用在成本中据实列支。安全生产费用提取、使用和监督管理的具体办法由国务院财政部门会同国务院安全生产监督管理部门征求国务院有关部门意见后制定。

第二十一条　矿山、金属冶炼、建筑施工、道路运输单位和危险物品的生产、经营、储存单位，应当设置安全生产管理机构或者配备专职安全生产管理人员。

前款规定以外的其他生产经营单位，从业人员超过一百人的，应当设置安全生产管理机构或者配备专职安全生产管理人员；从业人员在一百人以下的，应当配备专职或者兼职的安全生产管理人员。

第二十二条　生产经营单位的安全生产管理机构以及安全生产管理人员履行下列职责：

（一）组织或者参与拟订本单位安全生产规章制度、操作规程和生产安全事故应急救援预案；

（二）组织或者参与本单位安全生产教育和培训，如实记录安全生产教育和培训情况；

（三）督促落实本单位重大危险源的安全管理措施；

（四）组织或者参与本单位应急救援演练；

（五）检查本单位的安全生产状况，及时排查生产安全事故隐患，提出改进安全生产管理的建议；

（六）制止和纠正违章指挥、强令冒险作业、违反操作规程的行为；

（七）督促落实本单位安全生产整改措施。

第二十三条　生产经营单位的安全生产管理机构以及安全生产管理人员应当恪尽职守，依法履行职责。

生产经营单位作出涉及安全生产的经营决策，应当听取安全生产管理机构以及安全生产管理人员的意见。

生产经营单位不得因安全生产管理人员依法履行职责而降低其工资、福利等待遇或者解除与其订立的劳动合同。

危险物品的生产、储存单位以及矿山、金属冶炼单位的安全生产管理人员的任免，应当告知主管的负有安全生产监督管理职责的部门。

第二十四条　生产经营单位的主要负责人和安全生产管理人员必须

具备与本单位所从事的生产经营活动相应的安全生产知识和管理能力。

危险物品的生产、经营、储存单位以及矿山、金属冶炼、建筑施工、道路运输单位的主要负责人和安全生产管理人员，应当由主管的负有安全生产监督管理职责的部门对其安全生产知识和管理能力考核合格。考核不得收费。

危险物品的生产、储存单位以及矿山、金属冶炼单位应当有注册安全工程师从事安全生产管理工作。鼓励其他生产经营单位聘用注册安全工程师从事安全生产管理工作。注册安全工程师按专业分类管理，具体办法由国务院人力资源和社会保障部门、国务院安全生产监督管理部门会同国务院有关部门制定。

第二十五条 生产经营单位应当对从业人员进行安全生产教育和培训，保证从业人员具备必要的安全生产知识，熟悉有关的安全生产规章制度和安全操作规程，掌握本岗位的安全操作技能，了解事故应急处理措施，知悉自身在安全生产方面的权利和义务。未经安全生产教育和培训合格的从业人员，不得上岗作业。

生产经营单位使用被派遣劳动者的，应当将被派遣劳动者纳入本单位从业人员统一管理，对被派遣劳动者进行岗位安全操作规程和安全操作技能的教育和培训。劳务派遣单位应当对被派遣劳动者进行必要的安全生产教育和培训。

生产经营单位接收中等职业学校、高等学校学生实习的，应当对实习学生进行相应的安全生产教育和培训，提供必要的劳动防护用品。学校应当协助生产经营单位对实习学生进行安全生产教育和培训。

生产经营单位应当建立安全生产教育和培训档案，如实记录安全生产教育和培训的时间、内容、参加人员以及考核结果等情况。

第二十六条 生产经营单位采用新工艺、新技术、新材料或者使用新设备，必须了解、掌握其安全技术特性，采取有效的安全防护措施，并对从业人员进行专门的安全生产教育和培训。

第二十七条 生产经营单位的特种作业人员必须按照国家有关规定经专门的安全作业培训，取得相应资格，方可上岗作业。

特种作业人员的范围由国务院安全生产监督管理部门会同国务院

有关部门确定。

第二十八条 生产经营单位新建、改建、扩建工程项目（以下统称建设项目）的安全设施，必须与主体工程同时设计、同时施工、同时投入生产和使用。安全设施投资应当纳入建设项目概算。

第二十九条 矿山、金属冶炼建设项目和用于生产、储存、装卸危险物品的建设项目，应当按照国家有关规定进行安全评价。

第三十条 建设项目安全设施的设计人、设计单位应当对安全设施设计负责。

矿山、金属冶炼建设项目和用于生产、储存、装卸危险物品的建设项目的安全设施设计应当按照国家有关规定报经有关部门审查，审查部门及其负责审查的人员对审查结果负责。

第三十一条 矿山、金属冶炼建设项目和用于生产、储存、装卸危险物品的建设项目的施工单位必须按照批准的安全设施设计施工，并对安全设施的工程质量负责。

矿山、金属冶炼建设项目和用于生产、储存危险物品的建设项目竣工投入生产或者使用前，应当由建设单位负责组织对安全设施进行验收；验收合格后，方可投入生产和使用。安全生产监督管理部门应当加强对建设单位验收活动和验收结果的监督核查。

第三十二条 生产经营单位应当在有较大危险因素的生产经营场所和有关设施、设备上，设置明显的安全警示标志。

第三十三条 安全设备的设计、制造、安装、使用、检测、维修、改造和报废，应当符合国家标准或者行业标准。

生产经营单位必须对安全设备进行经常性维护、保养，并定期检测，保证正常运转。维护、保养、检测应当作好记录，并由有关人员签字。

第三十四条 生产经营单位使用的危险物品的容器、运输工具，以及涉及人身安全、危险性较大的海洋石油开采特种设备和矿山井下特种设备，必须按照国家有关规定，由专业生产单位生产，并经具有专业资质的检测、检验机构检测、检验合格，取得安全使用证或者安全标志，方可投入使用。检测、检验机构对检测、检验结果负责。

第三十五条 国家对严重危及生产安全的工艺、设备实行淘汰制度，具体目录由国务院安全生产监督管理部门会同国务院有关部门制定并公布。法律、行政法规对目录的制定另有规定的，适用其规定。

省、自治区、直辖市人民政府可以根据本地区实际情况制定并公布具体目录，对前款规定以外的危及生产安全的工艺、设备予以淘汰。

生产经营单位不得使用应当淘汰的危及生产安全的工艺、设备。

第三十六条 生产、经营、运输、储存、使用危险物品或者处置废弃危险物品的，由有关主管部门依照有关法律、法规的规定和国家标准或者行业标准审批并实施监督管理。

生产经营单位生产、经营、运输、储存、使用危险物品或者处置废弃危险物品，必须执行有关法律、法规和国家标准或者行业标准，建立专门的安全管理制度，采取可靠的安全措施，接受有关主管部门依法实施的监督管理。

第三十七条 生产经营单位对重大危险源应当登记建档，进行定期检测、评估、监控，并制定应急预案，告知从业人员和相关人员在紧急情况下应当采取的应急措施。

生产经营单位应当按照国家有关规定将本单位重大危险源及有关安全措施、应急措施报有关地方人民政府安全生产监督管理部门和有关部门备案。

第三十八条 生产经营单位应当建立健全生产安全事故隐患排查治理制度，采取技术、管理措施，及时发现并消除事故隐患。事故隐患排查治理情况应当如实记录，并向从业人员通报。

县级以上地方各级人民政府负有安全生产监督管理职责的部门应当建立健全重大事故隐患治理督办制度，督促生产经营单位消除重大事故隐患。

第三十九条 生产、经营、储存、使用危险物品的车间、商店、仓库不得与员工宿舍在同一座建筑物内，并应当与员工宿舍保持安全距离。

生产经营场所和员工宿舍应当设有符合紧急疏散要求、标志明显、保持畅通的出口。禁止锁闭、封堵生产经营场所或者员工宿舍的出口。

第四十条 生产经营单位进行爆破、吊装以及国务院安全生产监督管理部门会同国务院有关部门规定的其他危险作业，应当安排专门人员进行现场安全管理,确保操作规程的遵守和安全措施的落实。

第四十一条 生产经营单位应当教育和督促从业人员严格执行本单位的安全生产规章制度和安全操作规程;并向从业人员如实告知作业场所和工作岗位存在的危险因素、防范措施以及事故应急措施。

第四十二条 生产经营单位必须为从业人员提供符合国家标准或者行业标准的劳动防护用品,并监督、教育从业人员按照使用规则佩戴、使用。

第四十三条 生产经营单位的安全生产管理人员应当根据本单位的生产经营特点,对安全生产状况进行经常性检查;对检查中发现的安全问题,应当立即处理;不能处理的,应当及时报告本单位有关负责人,有关负责人应当及时处理。检查及处理情况应当如实记录在案。

生产经营单位的安全生产管理人员在检查中发现重大事故隐患,依照前款规定向本单位有关负责人报告,有关负责人不及时处理的,安全生产管理人员可以向主管的负有安全生产监督管理职责的部门报告,接到报告的部门应当依法及时处理。

第四十四条 生产经营单位应当安排用于配备劳动防护用品、进行安全生产培训的经费。

第四十五条 两个以上生产经营单位在同一作业区域内进行生产经营活动,可能危及对方生产安全的,应当签订安全生产管理协议,明确各自的安全生产管理职责和应当采取的安全措施,并指定专职安全生产管理人员进行安全检查与协调。

第四十六条 生产经营单位不得将生产经营项目、场所、设备发包或者出租给不具备安全生产条件或者相应资质的单位或者个人。

生产经营项目、场所发包或者出租给其他单位的,生产经营单位应当与承包单位、承租单位签订专门的安全生产管理协议,或者在承包合同、租赁合同中约定各自的安全生产管理职责;生产经营单位对承包单位、承租单位的安全生产工作统一协调、管理,定期进行安全检查,发现安全问题的,应当及时督促整改。

第四十七条 生产经营单位发生生产安全事故时,单位的主要负责人应当立即组织抢救,并不得在事故调查处理期间擅离职守。

第四十八条　生产经营单位必须依法参加工伤保险，为从业人员缴纳保险费。

国家鼓励生产经营单位投保安全生产责任保险。

第三章　从业人员的安全生产权利义务

第四十九条　生产经营单位与从业人员订立的劳动合同，应当载明有关保障从业人员劳动安全、防止职业危害的事项，以及依法为业人员办理工伤保险的事项。

生产经营单位不得以任何形式与从业人员订立协议，免除或者减轻其对从业人员因生产安全事故伤亡依法应承担的责任。

第五十条　生产经营单位的从业人员有权了解其作业场所和工作岗位存在的危险因素、防范措施及事故应急措施，有权对本单位的安全生产工作提出建议。

第五十一条　从业人员有权对本单位安全生产工作中存在的问题提出批评、检举、控告；有权拒绝违章指挥和强令冒险作业。

生产经营单位不得因从业人员对本单位安全生产工作提出批评、检举、控告或者拒绝违章指挥、强令冒险作业而降低其工资、福利等待遇或者解除与其订立的劳动合同。

第五十二条　从业人员发现直接危及人身安全的紧急情况时，有权停止作业或者在采取可能的应急措施后撤离作业场所。

生产经营单位不得因从业人员在前款紧急情况下停止作业或者采取紧急撤离措施而降低其工资、福利等待遇或者解除与其订立的劳动合同。

第五十三条　因生产安全事故受到损害的从业人员，除依法享有工伤保险外，依照有关民事法律尚有获得赔偿的权利的，有权向本单位提出赔偿要求。

第五十四条　从业人员在作业过程中，应当严格遵守本单位的安全生产规章制度和操作规程，服从管理，正确佩戴和使用劳动防护用品。

第五十五条　从业人员应当接受安全生产教育和培训，掌握本职工作所需的安全生产知识，提高安全生产技能，增强事故预防和应急处理能力。

第五十六条 从业人员发现事故隐患或者其他不安全因素，应当立即向现场安全生产管理人员或者本单位负责人报告；接到报告的人员应当及时予以处理。

第五十七条 工会有权对建设项目的安全设施与主体工程同时设计、同时施工、同时投入生产和使用进行监督，提出意见。

工会对生产经营单位违反安全生产法律、法规，侵犯从业人员合法权益的行为，有权要求纠正；发现生产经营单位违章指挥、强令冒险作业或者发现事故隐患时，有权提出解决的建议，生产经营单位应当及时研究答复；发现危及从业人员生命安全的情况时，有权向生产经营单位建议组织从业人员撤离危险场所，生产经营单位必须立即作出处理。

工会有权依法参加事故调查，向有关部门提出处理意见，并要求追究有关人员的责任。

第五十八条 生产经营单位使用被派遣劳动者的，被派遣劳动者享有本法规定的从业人员的权利，并应当履行本法规定的从业人员的义务。

第四章 安全生产的监督管理

第五十九条 县级以上地方各级人民政府应当根据本行政区域内的安全生产状况，组织有关部门按照职责分工，对本行政区域内容易发生重大生产安全事故的生产经营单位进行严格检查。

安全生产监督管理部门应当按照分类分级监督管理的要求，制定安全生产年度监督检查计划，并按照年度监督检查计划进行监督检查，发现事故隐患，应当及时处理。

第六十条 负有安全生产监督管理职责的部门依照有关法律、法规的规定，对涉及安全生产的事项需要审查批准（包括批准、核准、许可、注册、认证、颁发证照等，下同）或者验收的，必须严格依照有关法律、法规和国家标准或者行业标准规定的安全生产条件和程序进行审查；不符合有关法律、法规和国家标准或者行业标准规定的安全生产条件的，不得批准或者验收通过。对未依法取得批准或者验收合格的单位擅自从事有关活动的，负责行政审批的部门发现或者接到举报后应当立即予以取缔，并依法予以处理。对已经依法取得批准的单位，负责行政审批的部门发现其不再具备安全生产条件的，应当撤销原批准。

第六十一条 负有安全生产监督管理职责的部门对涉及安全生产的事项进行审查、验收，不得收取费用；不得要求接受审查、验收的单位购买其指定品牌或者指定生产、销售单位的安全设备、器材或者其他产品。

第六十二条 安全生产监督管理部门和其他负有安全生产监督管理职责的部门依法开展安全生产行政执法工作，对生产经营单位执行有关安全生产的法律、法规和国家标准或者行业标准的情况进行监督检查，行使以下职权：

（一）进入生产经营单位进行检查，调阅有关资料，向有关单位和人员了解情况；

（二）对检查中发现的安全生产违法行为，当场予以纠正或者要求限期改正；对依法应当给予行政处罚的行为，依照本法和其他有关法律、行政法规的规定作出行政处罚决定；

（三）对检查中发现的事故隐患，应当责令立即排除；重大事故隐患排除前或者排除过程中无法保证安全的，应当责令从危险区域内撤出作业人员，责令暂时停产停业或者停止使用相关设施、设备；重大事故隐患排除后，经审查同意，方可恢复生产经营和使用；

（四）对有根据认为不符合保障安全生产的国家标准或者行业标准的设施、设备、器材以及违法生产、储存、使用、经营、运输的危险物品予以查封或者扣押，对违法生产、储存、使用、经营危险物品的作业场所予以查封，并依法作出处理决定。

监督检查不得影响被检查单位的正常生产经营活动。

第六十三条 生产经营单位对负有安全生产监督管理职责的部门

的监督检查人员（以下统称安全生产监督检查人员）依法履行监督检查职责，应当予以配合，不得拒绝、阻挠。

第六十四条 安全生产监督检查人员应当忠于职守，坚持原则，秉公执法。

安全生产监督检查人员执行监督检查任务时，必须出示有效的监督执法证件；对涉及被检查单位的技术秘密和业务秘密，应当为其保密。

第六十五条 安全生产监督检查人员应当将检查的时间、地点、内容、发现的问题及其处理情况，作出书面记录，并由检查人员和被检查单位的负责人签字；被检查单位的负责人拒绝签字的，检查人员应当将情况记录在案，并向负有安全生产监督管理职责的部门报告。

第六十六条 负有安全生产监督管理职责的部门在监督检查中，应当互相配合，实行联合检查；确需分别进行检查的，应当互通情况，发现存在的安全问题应当由其他有关部门进行处理的，应当及时移送其他有关部门并形成记录备查，接受移送的部门应当及时进行处理。

第六十七条 负有安全生产监督管理职责的部门依法对存在重大事故隐患的生产经营单位作出停产停业、停止施工、停止使用相关设施或者设备的决定，生产经营单位应当依法执行，及时消除事故隐患。生产经营单位拒不执行，有发生生产安全事故的现实危险的，在保证安全的前提下，经本部门主要负责人批准，负有安全生产监督管理职责的部门可以采取通知有关单位停止供电、停止供应民用爆炸物品等措施，强制生产经营单位履行决定。通知应当采用书面形式，有关单位应当予以配合。

负有安全生产监督管理职责的部门依照前款规定采取停止供电措施，除有危及生产安全的紧急情形外，应当提前二十四小时通知生产经营单位。生产经营单位依法履行行政决定、采取相应措施消除事故隐患的，负有安全生产监督管理职责的部门应当及时解除前款规定的措施。

第六十八条 监察机关依照行政监察法的规定，对负有安全生产监督管理职责的部门及其工作人员履行安全生产监督管理职责实施监察。

第六十九条　承担安全评价、认证、检测、检验的机构应当具备国家规定的资质条件,并对其作出的安全评价、认证、检测、检验的结果负责。

第七十条　负有安全生产监督管理职责的部门应当建立举报制度,公开举报电话、信箱或者电子邮件地址,受理有关安全生产的举报;受理的举报事项经调查核实后,应当形成书面材料;需要落实整改措施的,报经有关负责人签字并督促落实。

第七十一条　任何单位或者个人对事故隐患或者安全生产违法行为,均有权向负有安全生产监督管理职责的部门报告或者举报。

第七十二条　居民委员会、村民委员会发现其所在区域内的生产经营单位存在事故隐患或者安全生产违法行为时,应当向当地人民政府或者有关部门报告。

第七十三条　县级以上各级人民政府及其有关部门对报告重大事故隐患或者举报安全生产违法行为的有功人员,给予奖励。具体奖励办法由国务院安全生产监督管理部门会同国务院财政部门制定。

第七十四条　新闻、出版、广播、电影、电视等单位有进行安全生产公益宣传教育的义务,有对违反安全生产法律、法规的行为进行舆论监督的权利。

第七十五条　负有安全生产监督管理职责的部门应当建立安全生产违法行为信息库,如实记录生产经营单位的安全生产违法行为信息;对违法行为情节严重的生产经营单位,应当向社会公告,并通报行业主管部门、投资主管部门、国土资源主管部门、证券监督管理机构以及有关金融机构。

第五章　生产安全事故的应急救援与调查处理

第七十六条　国家加强生产安全事故应急能力建设,在重点行业、领域建立应急救援基地和应急救援队伍,鼓励生产经营单位和其他社会力量建立应急救援队伍,配备相应的应急救援装备和物资,提高应急救援的专业化水平。

国务院安全生产监督管理部门建立全国统一的生产安全事故应急救援信息系统，国务院有关部门建立健全相关行业、领域的生产安全事故应急救援信息系统。

第七十七条　县级以上地方各级人民政府应当组织有关部门制定本行政区域内生产安全事故应急救援预案，建立应急救援体系。

第七十八条　生产经营单位应当制定本单位生产安全事故应急救援预案，与所在地县级以上地方人民政府组织制定的生产安全事故应急救援预案相衔接，并定期组织演练。

第七十九条　危险物品的生产、经营、储存单位以及矿山、金属冶炼、城市轨道交通运营、建筑施工单位应当建立应急救援组织；生产经营规模较小的，可以不建立应急救援组织，但应当指定兼职的应急救援人员。

危险物品的生产、经营、储存、运输单位以及矿山、金属冶炼、城市轨道交通运营、建筑施工单位应当配备必要的应急救援器材、设备和物资，并进行经常性维护、保养，保证正常运转。

第八十条　生产经营单位发生生产安全事故后，事故现场有关人员应当立即报告本单位负责人。

单位负责人接到事故报告后，应当迅速采取有效措施，组织抢救，防止事故扩大，减少人员伤亡和财产损失，并按照国家有关规定立即如实报告当地负有安全生产监督管理职责的部门，不得隐瞒不报、谎报或者迟报，不得故意破坏事故现场、毁灭有关证据。

第八十一条　负有安全生产监督管理职责的部门接到事故报告后，应当立即按照国家有关规定上报事故情况。负有安全生产监督管理职责的部门和有关地方人民政府对事故情况不得隐瞒不报、谎报或者迟报。

第八十二条　有关地方人民政府和负有安全生产监督管理职责的部门的负责人接到生产安全事故报告后，应当按照生产安全事故应急救援预案的要求立即赶到事故现场，组织事故抢救。

参与事故抢救的部门和单位应当服从统一指挥，加强协同联动，采取有效的应急救援措施,并根据事故救援的需要采取警戒、疏散等措施,防止事故扩大和次生灾害的发生,减少人员伤亡和财产损失。

事故抢救过程中应当采取必要措施,避免或者减少对环境造成的危害。

任何单位和个人都应当支持、配合事故抢救,并提供一切便利条件。

第八十三条 事故调查处理应当按照科学严谨、依法依规、实事求是、注重实效的原则,及时、准确地查清事故原因,查明事故性质和责任,总结事故教训,提出整改措施,并对事故责任者提出处理意见。事故调查报告应当依法及时向社会公布。事故调查和处理的具体办法由国务院制定。

事故发生单位应当及时全面落实整改措施,负有安全生产监督管理职责的部门应当加强监督检查。

第八十四条 生产经营单位发生生产安全事故,经调查确定为责任事故的,除了应当查明事故单位的责任并依法予以追究外,还应当查明对安全生产的有关事项负有审查批准和监督职责的行政部门的责任,对有失职、渎职行为的,依照本法第八十七条的规定追究法律责任。

第八十五条 任何单位和个人不得阻挠和干涉对事故的依法调查处理。

第八十六条 县级以上地方各级人民政府安全生产监督管理部门应当定期统计分析本行政区域内发生生产安全事故的情况,并定期向社会公布。

第六章 法律责任

第八十七条 负有安全生产监督管理职责的部门的工作人员,有下列行为之一的,给予降级或者撤职的处分;构成犯罪的,依照刑法有关规定追究刑事责任:

(一)对不符合法定安全生产条件的涉及安全生产的事项予以批

准或者验收通过的；

（二）发现未依法取得批准、验收的单位擅自从事有关活动或者接到举报后不予取缔或者不依法予以处理的；

（三）对已经依法取得批准的单位不履行监督管理职责，发现其不再具备安全生产条件而不撤销原批准或者发现安全生产违法行为不予查处的；

（四）在监督检查中发现重大事故隐患，不依法及时处理的。

负有安全生产监督管理职责的部门的工作人员有前款规定以外的滥用职权、玩忽职守、徇私舞弊行为的，依法给予处分；构成犯罪的，依照刑法有关规定追究刑事责任。

第八十八条 负有安全生产监督管理职责的部门，要求被审查、验收的单位购买其指定的安全设备、器材或者其他产品的，在对安全生产事项的审查、验收中收取费用的，由其上级机关或者监察机关责令改正，责令退还收取的费用；情节严重的，对直接负责的主管人员和其他直接责任人员依法给予处分。

第八十九条 承担安全评价、认证、检测、检验工作的机构，出具虚假证明的，没收违法所得；违法所得在十万元以上的，并处违法所得二倍以上五倍以下的罚款；没有违法所得或者违法所得不足十万元的，单处或者并处十万元以上二十万元以下的罚款；对其直接负责的主管人员和其他直接责任人员处二万元以上五万元以下的罚款；给他人造成损害的，与生产经营单位承担连带赔偿责任；构成犯罪的，依照刑法有关规定追究刑事责任。

对有前款违法行为的机构，吊销其相应资质。

第九十条 生产经营单位的决策机构、主要负责人或者个人经营的投资人不依照本法规定保证安全生产所必需的资金投入，致使生产经营单位不具备安全生产条件的，责令限期改正，提供必需的资金；逾期未改正的，责令生产经营单位停产停业整顿。

有前款违法行为，导致发生生产安全事故的，对生产经营单位的主要负责人给予撤职处分，对个人经营的投资人处二万元以上二十万元以下的罚款；构成犯罪的，依照刑法有关规定追究刑事责任。

第九十一条　生产经营单位的主要负责人未履行本法规定的安全生产管理职责的,责令限期改正;逾期未改正的,处二万元以上五万元以下的罚款,责令生产经营单位停产停业整顿。

生产经营单位的主要负责人有前款违法行为,导致发生生产安全事故的,给予撤职处分;构成犯罪的,依照刑法有关规定追究刑事责任。

生产经营单位的主要负责人依照前款规定受刑事处罚或者撤职处分的,自刑罚执行完毕或者受处分之日起,五年内不得担任任何生产经营单位的主要负责人;对重大、特别重大生产安全事故负有责任的,终身不得担任本行业生产经营单位的主要负责人。

第九十二条　生产经营单位的主要负责人未履行本法规定的安全生产管理职责,导致发生生产安全事故的,由安全生产监督管理部门依照下列规定处以罚款：

（一）发生一般事故的,处上一年年收入百分之三十的罚款;

（二）发生较大事故的,处上一年年收入百分之四十的罚款;

（三）发生重大事故的,处上一年年收入百分之六十的罚款;

（四）发生特别重大事故的,处上一年年收入百分之八十的罚款。

第九十三条　生产经营单位的安全生产管理人员未履行本法规定的安全生产管理职责的,责令限期改正;导致发生生产安全事故的,暂停或者撤销其与安全生产有关的资格;构成犯罪的,依照刑法有关规定追究刑事责任。

第九十四条　生产经营单位有下列行为之一的,责令限期改正,可以处五万元以下的罚款;逾期未改正的,责令停产停业整顿,并处五万元以上十万元以下的罚款,对其直接负责的主管人员和其他直接责任人员处一万元以上二万元以下的罚款：

（一）未按照规定设置安全生产管理机构或者配备安全生产管理人员的;

（二）危险物品的生产、经营、储存单位以及矿山、金属冶炼、建筑施工、道路运输单位的主要负责人和安全生产管理人员未按照规定经考核合格的;

（三）未按照规定对从业人员、被派遣劳动者、实习学生进行安全生产教育和培训，或者未按照规定如实告知有关的安全生产事项的；

（四）未如实记录安全生产教育和培训情况的；

（五）未将事故隐患排查治理情况如实记录或者未向从业人员通报的；

（六）未按照规定制定生产安全事故应急救援预案或者未定期组织演练的；

（七）特种作业人员未按照规定经专门的安全作业培训并取得相应资格，上岗作业的。

第九十五条　生产经营单位有下列行为之一的，责令停止建设或者停产停业整顿，限期改正；逾期未改正的，处五十万元以上一百万元以下的罚款，对其直接负责的主管人员和其他直接责任人员处二万元以上五万元以下的罚款；构成犯罪的，依照刑法有关规定追究刑事责任：

（一）未按照规定对矿山、金属冶炼建设项目或者用于生产、储存、装卸危险物品的建设项目进行安全评价的；

（二）矿山、金属冶炼建设项目或者用于生产、储存、装卸危险物品的建设项目没有安全设施设计或者安全设施设计未按照规定报经有关部门审查同意的；

（三）矿山、金属冶炼建设项目或者用于生产、储存、装卸危险物品的建设项目的施工单位未按照批准的安全设施设计施工的；

（四）矿山、金属冶炼建设项目或者用于生产、储存危险物品的建设项目竣工投入生产或者使用前，安全设施未经验收合格的。

第九十六条　生产经营单位有下列行为之一的，责令限期改正，可以处五万元以下的罚款；逾期未改正的，处五万元以上二十万元以下的罚款，对其直接负责的主管人员和其他直接责任人员处一万元以上二万元以下的罚款；情节严重的，责令停产停业整顿；构成犯罪的，依照刑法有关规定追究刑事责任：

（一）未在有较大危险因素的生产经营场所和有关设施、设备上设置明显的安全警示标志的；

（二）安全设备的安装、使用、检测、改造和报废不符合国家标准或者行业标准的；

（三）未对安全设备进行经常性维护、保养和定期检测的；

（四）未为从业人员提供符合国家标准或者行业标准的劳动防护用品的；

（五）危险物品的容器、运输工具，以及涉及人身安全、危险性较大的海洋石油开采特种设备和矿山井下特种设备未经具有专业资质的机构检测、检验合格，取得安全使用证或者安全标志，投入使用的；

（六）使用应当淘汰的危及生产安全的工艺、设备的。

第九十七条　未经依法批准，擅自生产、经营、运输、储存、使用危险物品或者处置废弃危险物品的，依照有关危险物品安全管理的法律、行政法规的规定予以处罚；构成犯罪的，依照刑法有关规定追究刑事责任。

第九十八条　生产经营单位有下列行为之一的，责令限期改正，可以处十万元以下的罚款；逾期未改正的，责令停产停业整顿，并处十万元以上二十万元以下的罚款，对其直接负责的主管人员和其他直接责任人员处二万元以上五万元以下的罚款；构成犯罪的，依照刑法有关规定追究刑事责任：

（一）生产、经营、运输、储存、使用危险物品或者处置废弃危险物品，未建立专门安全管理制度、未采取可靠的安全措施的；

（二）对重大危险源未登记建档，或者未进行评估、监控，或者未制定应急预案的；

（三）进行爆破、吊装以及国务院安全生产监督管理部门会同国务院有关部门规定的其他危险作业，未安排专门人员进行现场安全管理的；

（四）未建立事故隐患排查治理制度的。

第九十九条　生产经营单位未采取措施消除事故隐患的，责令立即消除或者限期消除；生产经营单位拒不执行的，责令停产停业整顿，并处十万元以上五十万元以下的罚款，对其直接负责的主管人员和其他直接责任人员处二万元以上五万元以下的罚款。

第一百条 生产经营单位将生产经营项目、场所、设备发包或者出租给不具备安全生产条件或者相应资质的单位或者个人的,责令限期改正,没收违法所得;违法所得十万元以上的,并处违法所得二倍以上五倍以下的罚款;没有违法所得或者违法所得不足十万元的,单处或者并处十万元以上二十万元以下的罚款;对其直接负责的主管人员和其他直接责任人员处一万元以上二万元以下的罚款;导致发生生产安全事故给他人造成损害的,与承包方、承租方承担连带赔偿责任。

生产经营单位未与承包单位、承租单位签订专门的安全生产管理协议或者未在承包合同、租赁合同中明确各自的安全生产管理职责,或者未对承包单位、承租单位的安全生产统一协调、管理的,责令限期改正,可以处五万元以下的罚款,对其直接负责的主管人员和其他直接责任人员可以处一万元以下的罚款;逾期未改正的,责令停产停业整顿。

第一百零一条 两个以上生产经营单位在同一作业区域内进行可能危及对方安全生产的生产经营活动,未签订安全生产管理协议或者未指定专职安全生产管理人员进行安全检查与协调的,责令限期改正,可以处五万元以下的罚款,对其直接负责的主管人员和其他直接责任人员可以处一万元以下的罚款;逾期未改正的,责令停产停业。

第一百零二条 生产经营单位有下列行为之一的,责令限期改正,可以处五万元以下的罚款,对其直接负责的主管人员和其他直接责任人员可以处一万元以下的罚款;逾期未改正的,责令停产停业整顿;构成犯罪的,依照刑法有关规定追究刑事责任:

(一)生产、经营、储存、使用危险物品的车间、商店、仓库与员工宿舍在同一座建筑内,或者与员工宿舍的距离不符合安全要求的;

(二)生产经营场所和员工宿舍未设有符合紧急疏散需要、标志明显、保持畅通的出口,或者锁闭、封堵生产经营场所或者员工宿舍出口的。

第一百零三条 生产经营单位与从业人员订立协议,免除或者减轻其对从业人员因生产安全事故伤亡依法应承担的责任的,该协议无效；对生产经营单位的主要负责人、个人经营的投资人处二万元以上十万元以下的罚款。

第一百零四条 生产经营单位的从业人员不服从管理，违反安全生产规章制度或者操作规程的，由生产经营单位给予批评教育，依照有关规章制度给予处分；构成犯罪的，依照刑法有关规定追究刑事责任。

第一百零五条 违反本法规定，生产经营单位拒绝、阻碍负有安全生产监督管理职责的部门依法实施监督检查的，责令改正；拒不改正的，处二万元以上二十万元以下的罚款；对其直接负责的主管人员和其他直接责任人员处一万元以上二万元以下的罚款；构成犯罪的，依照刑法有关规定追究刑事责任。

第一百零六条 生产经营单位的主要负责人在本单位发生生产安全事故时，不立即组织抢救或者在事故调查处理期间擅离职守或者逃匿的，给予降级、撤职的处分，并由安全生产监督管理部门处上一年年收入百分之六十至百分之一百的罚款；对逃匿的处十五日以下拘留；构成犯罪的，依照刑法有关规定追究刑事责任。

生产经营单位的主要负责人对生产安全事故隐瞒不报、谎报或者迟报的，依照前款规定处罚。

第一百零七条 有关地方人民政府、负有安全生产监督管理职责的部门，对生产安全事故隐瞒不报、谎报或者迟报的，对直接负责的主管人员和其他直接责任人员依法给予处分；构成犯罪的，依照刑法有关规定追究刑事责任。

第一百零八条 生产经营单位不具备本法和其他有关法律、行政法规和国家标准或者行业标准规定的安全生产条件，经停产停业整顿仍不具备安全生产条件的，予以关闭；有关部门应当依法吊销其有关证照。

第一百零九条 发生生产安全事故，对负有责任的生产经营单位除要求其依法承担相应的赔偿等责任外，由安全生产监督管理部门依照下列规定处以罚款：

（一）发生一般事故的，处二十万元以上五十万元以下的罚款；

（二）发生较大事故的，处五十万元以上一百万元以下的罚款；

（三）发生重大事故的，处一百万元以上五百万元以下的罚款；

（四）发生特别重大事故的，处五百万元以上一千万元以下的罚款；情节特别严重的，处一千万元以上二千万元以下的罚款。

第一百一十条　本法规定的行政处罚，由安全生产监督管理部门和其他负有安全生产监督管理职责的部门按照职责分工决定。予以关闭的行政处罚由负有安全生产监督管理职责的部门报请县级以上人民政府按照国务院规定的权限决定；给予拘留的行政处罚由公安机关依照治安管理处罚法的规定决定。

第一百一十一条　生产经营单位发生生产安全事故造成人员伤亡、他人财产损失的，应当依法承担赔偿责任；拒不承担或者其负责人逃匿的，由人民法院依法强制执行。

生产安全事故的责任人未依法承担赔偿责任，经人民法院依法采取执行措施后，仍不能对受害人给予足额赔偿的，应当继续履行赔偿义务；受害人发现责任人有其他财产的，可以随时请求人民法院执行。

第七章　附　则

第一百一十二条　本法下列用语的含义：

危险物品，是指易燃易爆物品、危险化学品、放射性物品等能够危及人身安全和财产安全的物品。

重大危险源，是指长期地或者临时地生产、搬运、使用或者储存危险物品，且危险物品的数量等于或者超过临界量的单元（包括场所和设施）。

第一百一十三条　本法规定的生产安全一般事故、较大事故、重大事故、特别重大事故的划分标准由国务院规定。

国务院安全生产监督管理部门和其他负有安全生产监督管理职责的部门应当根据各自的职责分工，制定相关行业、领域重大事故隐患的判定标准。

第一百一十四条　本法自2002年11月1日起施行。

附 录

安全生产许可证条例（2014年修正本）

中华人民共和国国务院令

第653号

《国务院关于修改部分行政法规的决定》已经2014年7月29日国务院第54次常务会议通过，现予公布，自公布之日起施行。

总理　李克强

2014年7月29日

（2004年1月7日国务院第34次常务会议通过；2004年1月13日中华人民共和国国务院令第397号公布；自公布之日起施行；根据2013年5月31日国务院第十次常务会议通过；2013年7月18日中华人民共和国国务院令第638号公布；自公布之日起施行的《国务院关于废止和修改部分行政法规的决定》第一次修正；根据2014年7月9日国务院第54次常务会议通过；2014年7月29日中华人民共和国国务院令第653号公布；自公布之日起施行的《国务院关于修改部分行政法规的决定》第二次修正）

第一条　为了严格规范安全生产条件，进一步加强安全生产监督管理，防止和减少生产安全事故，根据《中华人民共和国安全生产法》的有关规定，制定本条例。

第二条 国家对矿山企业、建筑施工企业和危险化学品、烟花爆竹、民用爆炸物品生产企业（以下统称企业）实行安全生产许可制度。

企业未取得安全生产许可证的，不得从事生产活动。

第三条 国务院安全生产监督管理部门负责中央管理的非煤矿矿山企业和危险化学品、烟花爆竹生产企业安全生产许可证的颁发和管理。

省、自治区、直辖市人民政府安全生产监督管理部门负责前款规定以外的非煤矿矿山企业和危险化学品、烟花爆竹生产企业安全生产许可证的颁发和管理，并接受国务院安全生产监督管理部门的指导和监督。

国家煤矿安全监察机构负责中央管理的煤矿企业安全生产许可证的颁发和管理。

在省、自治区、直辖市设立的煤矿安全监察机构负责前款规定以外的其他煤矿企业安全生产许可证的颁发和管理，并接受国家煤矿安全监察机构的指导和监督。

第四条 省、自治区、直辖市人民政府建设主管部门负责建筑施工企业安全生产许可证的颁发和管理，并接受国务院建设主管部门的指导和监督。

第五条 省、自治区、直辖市人民政府民用爆炸物品行业主管部门负责民用爆炸物品生产企业安全生产许可证的颁发和管理，并接受国务院民用爆炸物品行业主管部门的指导和监督。

第六条 企业取得安全生产许可证，应当具备下列安全生产条件：

（一）建立、健全安全生产责任制，制定完备的安全生产规章制度和操作规程；

（二）安全投入符合安全生产要求；

（三）设置安全生产管理机构，配备专职安全生产管理人员；

（四）主要负责人和安全生产管理人员经考核合格；

（五）特种作业人员经有关业务主管部门考核合格，取得特种作业操作资格证书；

（六）从业人员经安全生产教育和培训合格；

（七）依法参加工伤保险，为从业人员缴纳保险费；

（八）厂房、作业场所和安全设施、设备、工艺符合有关安全生产法律、法规、标准和规程的要求；

（九）有职业危害防治措施，并为从业人员配备符合国家标准或者行业标准的劳动防护用品；

（十）依法进行安全评价；

（十一）有重大危险源检测、评估、监控措施和应急预案；

（十二）有生产安全事故应急救援预案、应急救援组织或者应急救援人员，配备必要的应急救援器材、设备；

（十三）法律、法规规定的其他条件。

第七条 企业进行生产前，应当依照本条例的规定向安全生产许可证颁发管理机关申请领取安全生产许可证，并提供本条例第六条规定的相关文件、资料。安全生产许可证颁发管理机关应当自收到申请之日起45日内审查完毕，经审查符合本条例规定的安全生产条件的，颁发安全生产许可证；不符合本条例规定的安全生产条件的，不予颁发安全生产许可证，书面通知企业并说明理由。

煤矿企业应当以矿（井）为单位，依照本条例的规定取得安全生产许可证。

第八条 安全生产许可证由国务院安全生产监督管理部门规定统一的式样。

第九条 安全生产许可证的有效期为3年。安全生产许可证有效期满需要延期的，企业应当于期满前3个月向原安全生产许可证颁发管理机关办理延期手续。

企业在安全生产许可证有效期内，严格遵守有关安全生产的法律法规，未发生死亡事故的，安全生产许可证有效期届满时，经原安全生产许可证颁发管理机关同意，不再审查，安全生产许可证有效期延期3年。

第十条 安全生产许可证颁发管理机关应当建立、健全安全生产许可证档案管理制度，并定期向社会公布企业取得安全生产许可证的情况。

第十一条 煤矿企业安全生产许可证颁发管理机关、建筑施工企业安全生产许可证颁发管理机关、民用爆炸物品生产企业安全生产许可证颁发管理机关，应当每年向同级安全生产监督管理部门通报其安全生产许可证颁发和管理情况。

第十二条 国务院安全生产监督管理部门和省、自治区、直辖市人民政府安全生产监督管理部门对建筑施工企业、民用爆炸物品生产企业、煤矿企业取得安全生产许可证的情况进行监督。

第十三条 企业不得转让、冒用安全生产许可证或者使用伪造的安全生产许可证。

第十四条 企业取得安全生产许可证后，不得降低安全生产条件，并应当加强日常安全生产管理，接受安全生产许可证颁发管理机关的监督检查。

安全生产许可证颁发管理机关应当加强对取得安全生产许可证的企业的监督检查，发现其不再具备本条例规定的安全生产条件的，应当暂扣或者吊销安全生产许可证。

第十五条 安全生产许可证颁发管理机关工作人员在安全生产许可证颁发、管理和监督检查工作中，不得索取或者接受企业的财物，不得谋取其他利益。

第十六条 监察机关依照《中华人民共和国行政监察法》的规定，对安全生产许可证颁发管理机关及其工作人员履行本条例规定的职责实施监察。

第十七条 任何单位或者个人对违反本条例规定的行为，有权向安全生产许可证颁发管理机关或者监察机关等有关部门举报。

第十八条 安全生产许可证颁发管理机关工作人员有下列行为之一的，给予降级或者撤职的行政处分；构成犯罪的，依法追究刑事责任：

（一）向不符合本条例规定的安全生产条件的企业颁发安全生产许可证的；

(二)发现企业未依法取得安全生产许可证擅自从事生产活动,不依法处理的;

(三)发现取得安全生产许可证的企业不再具备本条例规定的安全生产条件,不依法处理的;

(四)接到对违反本条例规定行为的举报后,不及时处理的;

(五)在安全生产许可证颁发、管理和监督检查工作中,索取或者接受企业的财物,或者谋取其他利益的。

第十九条 违反本条例规定,未取得安全生产许可证擅自进行生产的,责令停止生产,没收违法所得,并处 10 万元以上 50 万元以下的罚款;造成重大事故或者其他严重后果,构成犯罪的,依法追究刑事责任。

第二十条 违反本条例规定,安全生产许可证有效期满未办理延期手续,继续进行生产的,责令停止生产,限期补办延期手续,没收违法所得,并处 5 万元以上 10 万元以下的罚款;逾期仍不办理延期手续,继续进行生产的,依照本条例第十九条的规定处罚。

第二十一条 违反本条例规定,转让安全生产许可证的,没收违法所得,处 10 万元以上 50 万元以下的罚款,并吊销其安全生产许可证;构成犯罪的,依法追究刑事责任;接受转让的,依照本条例第十九条的规定处罚。

冒用安全生产许可证或者使用伪造的安全生产许可证的,依照本条例第十九条的规定处罚。

第二十二条 本条例施行前已经进行生产的企业,应当自本条例施行之日起 1 年内,依照本条例的规定向安全生产许可证颁发管理机关申请办理安全生产许可证;逾期不办理安全生产许可证,或者经审查不符合本条例规定的安全生产条件,未取得安全生产许可证,继续进行生产的,依照本条例第十九条的规定处罚。

第二十三条 本条例规定的行政处罚,由安全生产许可证颁发管理机关决定。

第二十四条 本条例自公布之日起施行。

安全生产"十三五"规划

国务院办公厅关于印发安全生产"十三五"规划的通知

国办发〔2017〕3号

各省、自治区、直辖市人民政府,国务院各部委、各直属机构:

《安全生产"十三五"规划》已经国务院同意,现印发给你们,请认真贯彻执行。

国务院办公厅

2017年1月12日

为贯彻落实党中央、国务院关于加强安全生产工作的决策部署,根据《中华人民共和国安全生产法》等法律法规和《中华人民共和国国民经济和社会发展第十三个五年规划纲要》,制定本规划。

一、面临的形势

(一)新进展。

"十二五"期间,党中央、国务院高度重视、大力加强和改进安全生产工作,推动经济社会科学发展、安全发展。党的十八大以来,习近平总书记作出一系列重要指示,深刻阐述了安全生产的重要意义、思想理念、方针政策和工作要求,强调必须坚守发展决不能以牺牲安全为代价这条不可逾越的红线,明确要求"党政同责、一岗双责、齐抓共管、失职追责"。李克强总理多次作出重要批示,强调要以对人民群众生命高度负责的态度,坚持预防为主、标本兼治,以更有效的举措和更完善的制度,切实落实和强化安全生产责任,筑牢安全防线。习近平总书记和李克强总理的重要指示批示,为我国安全生产工作提供了新的理论指导和行动指南。各地区、各有关部门和单位坚决贯彻落实党中央、国务院决策部署,进一步健全安全生产法律法规和政策措施,严格落实安全生产责任,全面加强安全生产监督管理,不断强化安全生产隐患排查治理和重点行业领域专项整治,深入开展安全生产大检查,严肃查处各类生产安全事故,大力推进依法治安和科技强安,加快安全生产基础保障能力建设,推动了安全生产形势持续稳定好转,全面完成了安全生产"十二五"规划目标任务。全国生产安全事故总量连续5年下降,2015年各类事故起数和死亡人数较2010年分别下降22.5%和16.8%,其中重特大事故起数和死亡人数分别下降55.3%和46.6%。

(二)新挑战。

"十三五"时期,我国仍处于新型工业化、城镇化持续推进的过程中,安全生产工作面临许多挑战。一是经济社会发展、城乡和区域发展不平衡,安全监管体制机制不完善,全社会安全意识、法治意识不强等深层次问题没有得到根本解决。二是生产经营规模不断扩大,矿山、化工等高危行业比重大,落后工艺、技术、装备和产能大量存在,各类事故隐患和安全风险交织叠加,安全生产基础依然薄弱。三是城市规模日益扩大,结构日趋复杂,城市建设、轨道交通、油气输送管道、危旧房屋、玻璃幕墙、电梯设备以及人员密集场所等安全风险突出,城市安全管理难度增大。四是传统和新型生产经营方式并存,新工艺、新装备、新材料、新技术广泛应用,新业态大量涌现,增加了事故成因的数量,复合型事故有所增多,重特大事故由传统高危行业领域向其他行业领域蔓延。五是安全监管监察能力与经济社会发展不相适应,企业主体责任不落实、监管环节有漏洞、法律法规不健全、执法监督不到位等问题依然突出,安全监管执法的规范化、权威性亟待增强。

(三)新机遇。

"十三五"时期,安全生产工作面临许多有利条件和发展机遇。一是党中央、国务院高度重视安全生产工作,作出了一系列重大决策部署,深入推进安全生产领域改革发展,为安全生产提供了强大政策支持;地方各级党委政府加强领导、强化监管,狠抓安全生产责任落实,为安全生产工作提供了有力的组织保障。二是随着"四个全面"战略布局持续推进,五大发展理念深入人心,社会治理能力不断提高,全社会文明素质、安全意识和法治观念加快提升,安全发展的社会环境进一步优化。三是经济社会发展提质增效、产业结构优化升级、科技创新快速发展,将加快淘汰落后工艺、技术、装备和产能,有利于降低安全风险,提高本质安全水平。四是人民群众日益增长的安全需求,以及全社会对安全生产工作的高度关注,为推动安全生产工作提供了巨大动力和能量。

二、指导思想、基本原则和规划目标

(一)指导思想。

全面贯彻党的十八大和十八届三中、四中、五中、六中全会精神,深入学习贯彻习近平总书记系列重要讲话精神,认真落实党中央、国务院决策部署,紧紧围绕统筹推进"五位一体"总体布局和协调推进"四个全面"战略布局,弘扬安全发展理念,遵循安全生产客观规律,主动适应经济发展新常态,科学统筹经济社会发展与安全生产,坚持改革创新、依法监管、源头防范、系统治理,着力完善体制机制,着力健全责任体系,着力加强法治建设,着力强化基础保障,大力提升整体安全生产水平,有效防范遏制各类生产安全事故,为全面建成小康社会创造良好稳定的安全生产环境。

(二)基本原则。

改革引领,创新驱动。坚持目标导向和问题导向,全面推进安全生产领域改革发展,加快安全生产理论创新、制度创新、体制创新、机制创新、科技创新和文化创新,推动安全生产与经济社会协调发展。

依法治理,系统建设。弘扬社会主义法治精神,坚持运用法治思维和法治方式,完善安全生产法律法规标准体系,强化执法的严肃性、权威性,发挥科学技术的保障作用,推进科技支撑、应急救援和宣教培训等体系建设。

预防为主,源头管控。实施安全发展战略,把安全生产贯穿于规划、设计、建设、管理、生产、经营等各环节,严格安全生产市场准入,不断完善风险分级管控和隐患排查治理双重预防机制,有效控制事故风险。

社会协同,齐抓共管。完善"党政统一领导、部门依法监管、企业全面负责、群众参与监督、全社会广泛支持"的安全生产工作格局,综合运用法律、行政、经济、市场等手段,不断提升安全生产社会共治的能力与水平。

(三)规划目标。

到 2020 年,安全生产理论体系更加完善,安全生产责任体系更加严密,安全监管体制机制基本成熟,安全生产法律法规标准体系更加健全,全社会安全文明程度明显提升,事故总量显著减少,重特大事故得到有效遏制,职业病危害防治取得积极进展,安全生产总体水平与全面建成小康社会目标相适应。

专栏1 "十三五"安全生产指标

序号	指标名称	降幅
1	生产安全事故起数	10%
2	生产安全事故死亡人数	10%
3	重特大事故起数	20%
4	重特大事故死亡人数	22%
5	亿元国内生产总值生产安全事故死亡率	30%
6	工矿商贸就业人员十万人生产安全事故死亡率	19%
7	煤矿百万吨死亡率	15%
8	营运车辆万车死亡率	6%
9	万台特种设备死亡人数	20%

注:降幅为 2020 年末较 2015 年末下降的幅度。

三、主要任务

(一)构建更加严密的责任体系。

1. 强化企业主体责任。

落实企业主要负责人对本单位安全生产和职业健康工作的全面责任,完善落实混合所有制、境外中资企业安全生产责任。督促企业依法设置安全生产管理机构，配备安全生产管理人员和注册安全工程师。严格实行企业全员安全生产责任制，明确各岗位的责任人员、责任范围和考核标准，加强对安全生产责任制落实情况的监督考核。完善企业从业人员安全生产教育培训制度。严格执行新建改建扩建工程项目安全设施、职业健康"三同时"（同时设计、同时施工、同时投入生产和使用）制度。制定安全风险辨识与管理指南，完善重大危险源登记建档、检测、评估、监控制度。健全隐患分类分级标准，建立隐患排查治理第三方评价制度以及隐患自查自改自报的管理制度。严格落实企业安全生产条件，保障安全投入，推动企业安全生产标准化达标升级，实现安全管理、操作行为、设备设施、作业环境标准化。鼓励企业建立与国际接轨的安全管理体系。

2. 落实安全监督管理责任。

坚持"党政同责、一岗双责、齐抓共管、失职追责"和"管行业必须管安全、管业务必须管安全、管生产经营必须管安全"，强化地方各级党委、政府对安全生产工作的领导，把安全生产列入重要议事日程，纳入本地区经济社会发展总体规划，推动安全生产与经济社会协调发展。厘清安全生产综合监管与行业监管的关系，依法依规制定安全生产权力和责任清单，明确省、市、县负有安全生产监督管理职责部门的执法责任和监管范围，落实各有关部门的安全监管责任。完善矿山、危险化学品、道路交通、海洋石油等重点行业领域安全监管体制。落实开发区、工业园区、港区、风景区等功能区安全监管责任。健全联合执法、派驻执法、委托执法等机制，消除监管盲区和监管漏洞，解决交叉执法、重复执法等问题。

3. 严格目标考核与责任追究。

实行党政领导干部任期安全生产责任制，严格各级人民政府对同级安全生产委员会成员单位和下级政府的安全生产工作责任考核。把安全生产纳入经济社会发展和干部政绩业绩考核评价体系，加大安全生产工作的考核权重，严格落实"一票否决"制度。建立安全生产巡查制度，督促各部门和下级政府履职尽责。加快企业安全生产诚信体系建设，完善安全生产不良信用记录及失信行为惩戒机制,在项目核准、政府供应土地、资金政策等方面加大对失信企业的惩治力度。建立生产安全事故重大责任人员职业禁入制度。推动企业建立安全生产责任量化评估结果与薪酬挂钩制度。

(二)强化安全生产依法治理。

1. 完善法律法规标准体系。

加强安全生产立法顶层设计,制定安全生产中长期立法规划,增强安全生产法制建设的系统性。建立健全安全生产法律法规立改废释并举的工作协调机制,实行安全生产法律法规执行效果评估制度。加强安全生产与职业健康法律法规衔接融合。加快制修订社会高度关注、实践急需、条件相对成熟的重点行业领域专项和配套法规。加强安全生产地方性法规建设,推动将生产经营过程中极易导致重特大生产安全事故的违法行为纳入刑事追究范围,提高违法成本。完善安全生产法律法规解读、公众互动交流信息平台,健全普法宣传教育机制。

专栏2 安全生产法律法规制修订重点

> 推动危险化学品安全法、安全生产法实施条例、生产安全事故应急条例、高危粉尘作业与高毒作业职业卫生监督管理条例、电梯安全条例等制定工作,以及矿山安全法、道路交通安全法、海上交通安全法、消防法、铁路法、安全生产许可证条例、煤矿安全监察条例、烟花爆竹安全管理条例、生产安全事故报告和调查处理条例、道路交通安全法实施条例、内河交通安全管理条例、水库大坝安全管理条例等修订工作。

建立以强制性标准为主体、推荐性标准为补充的安全生产标准体系。根据安全生产执法结果、事故原因分析和新工艺技术装备应用等情况,及时制修订相关技术标准。鼓励有条件的地区、协会、企业率先制定新产品、新工艺、新业态的安全生产技术标准。支持企业制定高于国家、行业、地方标准的安全生产标准。建立与"一带一路"沿线国家安全生产标准的对标衔接机制。

> **专栏3　安全生产标准制修订重点**
>
> 　　煤矿、非煤矿山、危险化学品、金属冶炼、新型煤化工、高铁运输、城市轨道交通、海洋石油、太阳能发电、地热发电、海洋能发电、城市地下综合管廊、安全防护距离、交通安全设施、个体防护装备、页岩气和煤层气开发、重大事故隐患判定、安全风险分级管控、职业病危害控制、安全生产应急管理、粉尘防爆、化工新工艺准入、油气输送管网建设与运行、风电建设与运行、人工影响天气作业等方面的安全生产标准。

2. 加大监管执法力度。

完善安全监管监察执法的制度规范，确定执法的主体、方式、程序、频次和覆盖面。统一安全生产执法标志标识和制式服装。健全执法标准，规范执法文书。建立安全生产行政执法裁量基准制度。建立定区域、定人员、定责任的安全监管监察执法机制。加强对安全生产强制性标准执行情况的监管监察执法。实行安全生产与职业卫生一体化监管执法。完善安全生产行政执法与刑事司法衔接机制，健全线索通报、案件移送、协助调查等制度，依法惩治安全生产领域的违法行为。全面落实行政执法责任制，建立执法行为审议和重大行政执法决策机制，评估执法效果，防止滥用职权。健全执法全过程记录和信息公开制度，公开执法检查内容、过程和结果，定期发布重点监管对象名录。改进事故调查处理工作，完善事故调查处理规则，加强技术与原因分析，强化事故查处挂牌督办、提级调查等措施，落实事故整改措施监督检查和总结评估制度。

3. 健全审批许可制度。

深化行政审批和安全准入改革，简化程序，严格标准。编制安全生产行政审批事项服务指南，制定审查工作细则，规范行政审批的程序、标准和内容，及时公开行政审批事项的受理、进展情况和结果。推动安全生产同类审批事项合并审查。改革安全生产专业技术服务机构资质管理办法，明晰各级安全监管监察部门、生产经营单位和专业技术服务机构的职责。加快培育安全生产专业技术服务机构，严格专业技术服务机构和人员从业规范。健全专业技术服务机构服务信息公开、资质条件公告、守信激励和失信惩戒等制度,加强日常监督检查。建立政府购买安全生产服务制度,引入第三方提供安全监管监察执法技术支撑。实行企业自主选择专业技术服务机构。专业技术服务机构依法执业并对技术服务结果负责。

4. 提高监管监察执法效能。

制定安全监管监察能力建设标准,实施安全监管监察能力建设规划。完善各级安全监管监察部门执法工作条件,加快形成与监督检查、取证听证、调查处理全过程相配套的执法能力。建立与经济社会发展、企业数量、安全形势相适应的执法力量配备以及工作经费和条件保障机制。严格执法人员资格管理,制定安全监管监察执法人员选拔和专业能力标准,建立以依法履职为核心的执法人员能力评价体系。定期开展安全监管监察执法效果评估。强化安全生产基层执法力量,优化安全监管监察执法人员结构。开展以现场实操为主的基层执法人员实训,每3年对全国安全监管监察执法人员轮训一遍。

(三) 坚决遏制重特大事故。

加快构建风险等级管控、隐患排查治理两条防线,对重点领域、重点区域、重点部位、重点环节和重大危险源,采取有效的技术、工程和管理控制措施,健全监测预警应急机制,切实降低重特大事故发生频次和危害后果,最大限度减少人员伤亡和财产损失。

煤矿:依法推动高瓦斯、煤与瓦斯突出、水文地质条件复杂且不清、冲击地压等灾害严重的不安全矿井有序退出。完善基于区域特征、煤种煤质、安全生产条件、产能等因素的小煤矿淘汰退出机制。新建、改扩建、整合技改矿井全面实现采掘机械化。优化井下生产布局,减少井下作业人员。推进煤矿致灾因素排查治理。强化煤矿安全监测监控和瓦斯超限风险管控,优先推行瓦斯抽采、区域治理,促进煤矿瓦斯规模化抽采利用。构建水害防治工作体系,落实"防、堵、疏、排、截"五项综合治理措施,提升基础、技术、现场和应急管理水平。强化煤矿粉尘防控,推进煤矿粉尘"抑、减、捕"等源头治理。加强对爆炸性粉尘的管理和监测监控,严格对明火、自燃及机电设备等高温热源的排查管控,杜绝重大灾害隐患的牵引叠加。推动企业健全矿井风险防控技术体系，建立矿井重大灾害预警、设备故障诊断系统。

专栏4　煤矿重大灾害治理重点

> 瓦斯：通风系统不完善、不可靠，抽采系统能力不足，瓦斯治理不到位，防突措施不落实，瓦斯超限作业，监控系统功能不全等。
>
> 水害：水文地质条件不清，探放水未落实"三专"（专业人员、专用设备、专门队伍）要求，承压水超前治理不到位，未按规定留设或开采防隔水煤柱等。
>
> 冲击地压：冲击地压矿井采掘布局不合理，未进行冲击地压预测预报，未有效实施解危措施等。
>
> 粉尘：粉尘防控体系落实不到位，粉尘检测检验和防治标准不健全，粉尘监测监控系统不完善，粉尘防治技术措施实施不到位等。

非煤矿山：完善非煤矿山隐患排查治理体系，开展采空区、病库、危库、险库和"头顶库"专项治理。开展非煤矿山安全生产基本数据普查，推动非煤矿山图纸电子化。制定危险性较大设备检测检验、风险分级监管、尾矿库注销等制度。严格执行主要矿种最小开采规模、最低服务年限准入标准。实行矿山外包用工安全责任清单化管理。鼓励对地下矿山采空区实施超前探测、对大水矿山实施井下帷幕注浆、对高陡边坡开展安全监测。推广尾矿井下充填、干式排尾，开展尾矿综合利用，建设无尾矿山。探索建立海域采矿安全风险防范体系。

危险化学品：推进重点地区制定化工行业安全发展规划。加快实施人口密集区域危险化学品和化工企业生产、仓储场所安全搬迁工程。开展危险化学品专项整治和综合治理。推进化工园区和涉及危险化学品的重大风险功能区区域定量风险评估，科学确定风险容量，推动实现区域安全管理一体化。强化高风险工艺、高危物质、重大危险源管控。健全危险化学品生产、储存、使用、经营、运输和废弃处置等环节的信息共享机制。建立危险化学品发货和装载查验、登记、核准制度。加强危险化学品建设项目立项、规划选址、设计、建设、试生产和运行监管。完善危险化学品分类分级监管机制。推进新工艺安全风险分析和评估。建立化工安全仪表系统安全标志认证制度。推行全球化学品统一分类和标签制度。

> **专栏5　危险化学品事故防范重点**
>
> 　　重点部位：化学品仓储区、城区内化学品输送管线、油气站等易燃易爆剧毒设施；大型石化、煤化等生产装置；国家重要油气储运设施等重大危险源。
> 　　重点环节：动火、受限空间作业、检维修、设备置换、开停车、试生产、变更管理。

　　烟花爆竹：严格烟花爆竹生产准入条件，完善烟花爆竹生产企业关闭转产扶持奖励政策，坚决淘汰不具备安全生产条件的烟花爆竹生产企业，推动安全生产基础薄弱的非主产区企业退出生产。推动烟花爆竹生产企业开展"三库四防"（中转库、药物总库、成品总库以及防爆、防火、防雷、防静电）建设，实现关键危险场所智能化监控。推动骨干、优势企业升级改造，实现重点涉药工序机械化生产和人机、人药隔离操作。严格执行产品流向登记和信息化管理制度，加强黑火药等A级产品管控。推动烟花爆竹产销融合、经营连锁和运输专业化。

　　工贸行业：推动工贸企业健全安全管理体系，实行分类分级差异化监管。完善受限空间、交叉检修等作业安全操作规范。深化金属冶炼、粉尘防爆、涉氨制冷等重点领域环节专项治理。在冶金企业、涉危涉爆场所推广高危工艺智能化控制和在线监测监控。推动劳动密集型企业作业场所科学布局，实施空间物理隔离和安全技术改造。

> **专栏6　工贸行业事故防范重点**
>
> 　　粉尘涉爆：除尘系统、作业场所积尘。
> 　　金属冶炼：高温液态金属吊运、冶金煤气。
> 　　涉氨制冷：快速冻结装置、氨直接蒸发制冷空调系统。

　　道路交通：开展道路交通安全隐患专项治理。落实新建、改扩建道路建设项目安全设施"三同时"制度，推广新建、改扩建道路建设项目安全风险评估制度。加强班线途经道路的安全适应性评估。完善客货运输车辆安全配置标准。开展车辆运输车、液体危险货物运输车等安全治理。强化电动车辆生产、销售、登记、上路行驶等环节的安全监管,严禁未经许可非法生产低速电动车等车辆。加强对道路运输重点管控车辆及其驾驶人的动态监管。完善危险货物运输安全管理和监督检查体系。落实接驳运输、按规定时间停车休息等制度。规范非营运大客车注册登记管理,严厉打击非法改装、非法营运、超速超员、超限超载等违法行为。改革大中型客货车驾驶人职业培训考试机制,加强营运客货车驾驶人职业教育。

专栏7　道路交通事故防范重点

重点管控的车辆类型:危险货物运输车辆、长途客车、旅游包车、校车、重型载货汽车、低速载货汽车和面包车。

事故防范的重点路段:急弯陡坡、临水临崖、连续下坡、团雾多发路段,隧道桥梁、"公跨铁"立交、平交道口。

城市运行安全:统筹城市地上地下建设规划,落实安全保障条件。实施城市安全风险源普查,开展城市安全风险评估。完善城市燃气等各类管网,以及排水防涝、垃圾处理、交通、气象等基础设施建设、运行和管理标准。建设供电、供水、排水、供气、道路桥梁、地下工程等城市重要基础设施安全管理平台。加强对城市隐蔽性设施、地上地下管廊、渣土消纳场等的监测监控。建立大型工程安全技术风险防控机制,开展城市公共设施、老旧建筑隐患综合治理。加强轨道交通设备设施状态和运营状况监测,合理控制客流承载量。严格审批、管控大型群众性活动,完善人员密集场所避难逃生设施。

消防:推动城市、县城、全国重点镇和经济发达镇制修订城乡消防规划。开展消防队标准化建设,配齐配足灭火和应急救援车辆、器材和消防员个人防护装备。推动乡镇按标准建立专职或志愿消防队,构建覆盖城乡的灭火救援力量体系。开展易燃易爆单位、人员密集场所、高层建筑、大型综合体建筑、大型批发集贸市场、物流仓储等区域火灾隐患治理。推行消防安全标准化管理。提升大中小学、幼儿园、医院、养老机构、客运站（码头）等人员密集场所消防安全水平。依法推广家庭火灾报警和逃生装置。

建筑施工：完善建筑施工安全管理制度，强化建设、勘察、设计、施工和工程监理安全责任。加强施工现场安全管理，严厉打击建筑施工转包、违法发包分包和违反工程建设强制性标准等行为。强化深基坑、高支模等危险性较大的分部分项工程安全管理。严格建筑勘察、设计、施工和监理单位资质管理，严禁无资质或超越资质等级范围承揽业务。建立市场准入、违规行为查处、诚信体系建设、施工事故处罚相结合的管理制度。

专栏8　建筑施工事故防范重点

重点部位：大跨度桥梁及复杂隧道、高边坡及高挡墙、高架管线、围堰等。

关键环节：基坑支护及降水工程、结构拆除、土石方开挖、脚手架及模板支撑、起重吊装及安装拆卸工程、爆破拆除等。

水上交通：在重点航运海域、流域、内湖、水库、旅游景区建立极端气象、海洋、地质灾害综合预警防控机制。提高客船稳性、消防逃生等方面安全技术标准，严禁在客船改造中降低稳性。完善船岸通信导航监控系统布局，建设集约化、协同化、智能化的综合指挥系统。加强水上安全监管、应急处置、人员搜救和航海保障能力建设。

渔业船舶：严格渔船初次检验、营运检验和船用产品检验制度。开展渔船设计、修造企业能力评估。推进渔船更新改造和标准化。完善渔船渔港动态监管信息系统，对渔业通信基站进行升级优化。推动海洋渔船（含远洋渔船）配备防碰撞自动识别系统、北斗终端等安全通信导航设备，提升渔船装备管理和信息化水平。

特种设备：创新企业主体责任落实机制，健全分类安全监管制度，实施重点监督检查制度。完善特种设备隐患排查治理和安全防控体系，开展高风险和涉及民生的电梯、起重机械、大型游乐设施等特种设备隐患专项治理。以电梯、气瓶、移动式压力容器等产品为重点，建立生产单位、使用单位、检验检测机构特种设备数据报告制度，实现特种设备质量安全信息全生命周期可追溯。建立特种设备风险预警与应急处置平台，提升特种设备风险监测、预警和应急处置能力。

民用爆炸物品：加强民爆物品生产、流通、使用等关键环节的安全管控。推广民爆物品生产、销售、运输、储存、爆破作业、清退或炸药现场混装等一体化服务模式。以工业炸药、工业雷管为重点，推进机器人和智能成套装备在民爆行业的应用，减少民爆物品生产危险作业场所操作人员和危险品储存数量。

电力：推进电力企业安全风险预控体系建设，建立安全风险分级预警管控制度。建立电力安全协同管控机制，加强电力建设安全监管，落实电力设计单位、施工企业、工程监理企业以及发电企业、电网企业、电力用户等各方面的安全责任。健全电网安全风险分级、分类、排查管控机制，完善电网大面积停电情况下应急会商决策和社会联动机制。健全电力事故警示通报和约谈制度。加强水电站大坝的安全风险预控。强化煤电超低排放和节能改造安全监管。

铁路交通：推进铁路线路安全保护区划定和管理工作。加强"公跨铁"立交桥和铁路沿线安全综合治理。严格铁路施工、维修、设备制造、新线开通、危险货物运输等环节安全管控。加快铁路道口"平改立"，消除城区铁路平交道口，推进线路封闭工作。强化高铁设备运行状态数据的监测、采集和运用，严控高速铁路、长大桥梁、长大隧道安全风险。

民航运输：加快航空安全保障体系建设，提高航空安全监控、技术装备支撑和应急处置等能力。推进《中国民航航空安全方案》实施，完善民航业安全绩效评估系统，健全航空安全预警预防机制。规范通用航空作业管理，完善安全管理机制。健全适航审定组织体系。强化危险品运输安全管理。开展安保审计和航空安保管理体系建设。

农业机械：深入开展"平安农机"创建活动。完善农机注册登记制度。改革农机安全检验制度。加强农机驾驶操作人员安全培训和考核，逐步提高驾驶人员持证率。加强对重点农业机械、重要农时、农机合作社和农机大户的安全监管。推广先进适用的农机安全执法、检验、驾驶人考试、事故调查处理装备。

（四）推进职业病危害源头治理。

1. 夯实职业病危害防护基础。

开展职业病危害基本情况普查。完善职业病危害项目申报信息网络，构建职业病危害信息动态更新机制，健全职业卫生信息监测和统计制度。将职业病危害防治纳入企业安全生产标准化范围，推进职业卫生基础建设。加大职业病危害防治资金投入，加大对重点行业领域小微型企业职业病危害治理的支持和帮扶力度。加快职业病防治新工艺、新技术、新设备、新材料的推广应用。强化用人单位职业卫生管理，推动企业建立职业卫生监督员制度。完善职业卫生监管执法基本装备指导目录。严格执行职业病危害项目申报、工作场所职业病危害因素检测结果和防护措施公告制度，到2020年重点行业用人单位主要负责人和职业卫生管理人员的职业卫生培训率均达到95%以上。

2. 加强作业场所职业病危害管控。

突出作业场所高危粉尘和高毒物质危害预防和控制，有效遏制尘肺病和职业中毒。开展职业病危害风险评估，建立分类分级监管机制，强化职业病危害高风险企业重点监管。建立职业病危害防治名录管理制度，依法限制或淘汰职业病危害严重的技术、工艺、设备、材料，推动职业病危害严重企业技术改造、转型升级或淘汰退出。开展矿山、化工、金属冶炼、建材、电子制造等重点行业领域职业卫生专项治理。严格落实作业场所职业病危害告知、日常监测、定期报告、防护保障和健康体检等制度措施。

专栏9　职业病危害治理重点

重点行业：矿山、化工、金属冶炼、陶瓷生产、耐火材料、电子制造。
重点作业：采掘、粉碎、打磨、焊接、喷涂、刷胶、电镀。
重点因素：煤（岩）尘、石棉尘、矽尘、苯、正己烷、二氯乙烷。

3. 提高防治技术支撑水平。

构建国家、省、市、县四级职业病危害防治技术支撑网络。开展职业病危害因素鉴别分析、人体损伤鉴定等基础性研究，研发推广典型职业病危害作业的预防控制关键技术与装备,加快培育职业病危害防治专业队伍。加强职业病危害因素现场识别、职业病诊断鉴定技术保障、职业病综合治疗和康复能力建设。建设全国职业卫生大数据平台。建立国家职业卫生管理人员服务管理网络。

(五)强化安全科技引领保障。

1. 加强安全科技研发。

制定安全生产科技创新规划,建立政府、企业、社会多方参与的安全技术研发体系。组建基础理论研究协同创新团队,强化重特大事故防控理论研究。通过国家科技计划(专项、基金等)统筹支持安全科技研发工作,推进重大共性关键技术及装备研发。加快提升安全生产重点实验室和技术创新中心自主创新能力。完善安全生产智库体系。健全重点科技资源共享机制,强化安全生产关键成果储备。建立企业与科研院校联合实施的安全技术创新引导机制,形成产学研用战略联盟。

专栏10　安全生产科技研发重点方向

> 煤矿重大灾害风险判识及监控预警;超大规模矿山提升运输系统及自动化控制;露天矿山高陡边坡安全监测预警;深海石油天然气安全开采;危险货物港口、化工园区多灾害耦合风险评估与防控;化工工艺装备监测预警与事故防控;危险化学品火灾高效灭火材料及装备;在役油气输送管道风险动态快速监测预警;危险化学品泄漏高灵敏快速检测;危险化学品水上应急处置技术;重点车辆危险驾驶行为辨识与干预;道路交通事故检验鉴定与综合重建技术;高铁运行安全监测监控、防破坏和灾害预警;尘肺病与职业中毒防治;粉尘爆炸事故防控;高危作业场所人员安全行为自动识别;安全监管监察智能化。

2. 推动科技成果转化。

继续开展安全产业示范园区创建,制定安全科技成果转化和产业化指导意见以及国家安全生产装备发展指导目录,加快淘汰不符合安全标准、安全性能低下、职业病危害严重、危及安全生产的工艺技术和装备,提升安全生产保障能力。完善安全科技成果转化激励制度,健全安全科技成果评估和市场定价机制,建立市场主导的安全技术转移体系。健全安全生产新工艺、新技术、新装备推广应用的市场激励和政府补助机制。建设安全生产科技成果转化推广平台和孵化创新基地。在矿山、危险化学品等高危行业领域实施"机械化换人、自动化减人"，推广应用工业机器人、智能装备等，减少危险岗位人员数量和人员操作，到2020年底矿山、危险化学品等重点行业领域机械化程度达到80%以上。建立中小企业安全生产和职业病危害防治技术推广服务体系，鼓励研发机构与企业共建安全生产工艺技术协同创新联盟。

专栏11 安全生产工艺技术推广重点

> 大型矿山自动化开采；中小型矿山机械化开采；井下大型固定设施无人值守；矿山地压灾害监测与治理；中小型金属非金属矿山采掘设备；油气田硫化氢防护监测；高含硫油品加工安全技术；危险化学品库区雷电预警系统；高陡边坡坝体位移监测预警系统；柔性施压快速封堵技术与装备；水电站大坝安全在线监控；尘源自动跟踪喷雾降尘、吹吸式通风等尘毒危害治理技术装备；高毒物质替代技术；小型移动应急指挥系统；高铁、长大铁路隧道和桥梁专用铁路救援设备；客运车辆、危险化学品运输车辆安全防控技术；高速公路重大交通事故应急指挥决策系统。

3. 推进安全生产信息化建设。

推进信息技术与安全生产的深度融合，统一安全生产信息化标准，依托国家电子政务网络平台，完善安全生产信息基础设施和网络系统。全面推进安全监管监察部门安全生产大数据等信息技术应用，构建国家、省、市、县四级重大危险源管理体系，实现跨部门、跨地区数据资源共享共用，提升重大危险源监测、隐患排查、风险管控、应急处置等预警监控能力。推动矿山、金属冶炼等高危企业建设安全生产智能装备、在线监测监控、隐患自查自改自报等安全管理信息系统。推进危险化学品、民爆物品、烟花爆竹等企业建设全过程信息化追溯体系。鼓励中小企业通过购买信息化服务提高安全生产管理水平。

（六）提高应急救援处置效能。

1. 健全先期响应机制。

建立企业安全风险评估及全员告知制度。完善企业、政府的总体应急预案和重点岗位、重点部位现场应急处置方案。加强高危企业制度化、全员化、多形式的应急演练,提升事故先期处置和自救互救能力。推动高危行业领域规模以上企业专兼职应急救援队伍建设及应急物资装备配备。建设应急演练情景库,开展重特大生产安全事故情景构建。建立企业内部监测预警、态势研判及与政府、周边企业的信息通报、资源互助机制。落实预案管理及响应责任,加强政企预案衔接与联动。建立应急准备能力评估和专家技术咨询制度。

2. 增强现场应对能力。

完善事故现场救援统一指挥机制,建立事故现场应急救援指挥官制度。建立应急现场危害识别、监测与评估机制,规范事故现场救援管理程序,明确安全防范措施。推进安全生产应急救援联动指挥平台建设,强化各级应急救援机构与事故现场的远程通信指挥保障。加强应急救援基础数据库建设,建立应急救援信息动态采集、决策分析机制。健全应急救援队伍与装备调用制度。建立京津冀、长江经济带、泛珠三角、丝绸之路沿线等地区应急救援资源共享及联合处置机制。

3. 统筹应急资源保障。

加快应急救援队伍和基地建设,规范地方骨干、基层应急救援队伍建设及装备配备,加强配套管理与维护保养。健全安全生产应急救援社会化运行模式,培育市场化、专业化应急救援组织。强化安全生产应急救援实训演练,提高安全生产应急管理和救援指挥专业人员素养。完善安全生产应急物资储备与调运制度,加强应急物资装备实物储备、市场储备和生产能力储备。

专栏12　应急救援体系建设重点

> 行业领域:危险化学品、油气输送管道、矿山、高速铁路、高速公路、高含硫油气田、城市输供电系统、城市燃气管网等。
> 救援能力:人员快速搜救、大型油气储罐灭火、大功率排水、大口径钻进、大负荷稳定供电、仿真模拟、实训演练、通信指挥及决策、事故紧急医疗救援、应急物资及装备储备和调运等。

（七）提高全社会安全文明程度。

1. 强化舆论宣传引导。

深化安全生产理论研究。建立行业领域、区域安全生产综合评价体系。定期发布国家安全生产白皮书。鼓励主流媒体开办安全生产节目、栏目，加大安全生产公益宣传、知识技能培训、案例警示教育等工作力度。加强微博、微信和客户端建设，形成新媒体传播模式。推动传统媒体与新兴媒体融合发展，构建以"传媒云集市、信息高速路、卫星互联网"为标志的安全生产新闻宣传渠道。开展"安全生产月"、"安全生产万里行"等宣传活动。制定实施安全生产新闻宣传专业人才成长规划，加强新闻发言人、安全生产理论专家、通讯员和社会监督员等队伍建设。加强舆论引导，坚持正确舆论导向，规范网上信息传播技术，建立重特大事故舆情收集、分析研判和快速响应机制。

2. 提升全民安全素质。

将安全知识普及纳入国民教育体系，加强中小学安全教育。完善安全生产现代职业教育制度。支持高等学校和中等职业学校加强安全相关学科专业建设。引导有关企业、高等学校构建供需互动的安全主体专业毕业生安全岗位就业机制。实施安全生产卓越工程师培养计划，加强安全科技领军人才队伍建设，建立体现安全智力劳动价值的薪酬分配机制。构建责任明确、载体多样、管理规范的安全培训体系，完善安全生产考试考核基础条件，健全安全培训专业师资库，完善培训教材和考核标准。推进领导干部安全培训办学体制、运行机制、内容方式、师资管理改革，持续开展党政领导干部安全生产专题培训。建立高危企业主要负责人、安全生产管理人员定期复训考核制度。加强高危行业生产一线技能人才安全生产培训，建立健全全覆盖、多层次、经常性的产业工人安全生产培训制度。建立高危行业农民工岗前强制性安全培训制度。

3. 大力倡导安全文化。

鼓励和引导社会力量参与安全文化产品创作和推广。广泛开展面向群众的安全教育活动，推动安全知识、安全常识进企业、进学校、进机关、进社区、进农村、进家庭。深化与"一带一路"沿线国家的安全文化交流合作，建立多渠道、多层次的沟通交流机制。推动安全文化示范企业、安全发展示范城市等建设。强化汽车站、火车站、大型广场、大型商场、重点旅游景区等公共场所的安全文化建设。创新安全文化服务设施运行机制，推动安全文化设施向社会公众开放。

四、重点工程

（一）监管监察能力建设工程。

为各级安全监管监察部门补充配备执法装备、执法车辆以及制式服装，完善基础工作条件。建立国家、区域安全监管监察执法效果综合评估考核机制。建设完善国家安全监管监察执法综合实训华北、中南、西南、华南基地。建设安全生产行政审批"一库四平台"（行政审批项目库，网上审批运行平台、政务公开服务平台、法制监督平台、电子监察平台）和安全生产诚信系统。

（二）信息预警监控能力建设工程。

建设全国安全生产信息大数据平台。推动矿山等高危行业企业建设安全生产数据采集上报与信息管理系统，改造升级在线监测监控系统。完善国家主干公路网交通安全防控监测信息系统。建设渔船渔港动态监管、海洋渔业通信、应急救助和海洋渔船（含远洋渔船）船位监测系统。完善渔船集中检验监察平台。推进航空运输卫星通信信息监控能力建设。

（三）风险防控能力建设工程。

推动企业安全生产标准化达标升级。推进煤矿安全技术改造；创建煤矿煤层气（瓦斯）高效抽采和梯级利用、粉尘治理，兼并重组煤矿水文地质普查，以及大中型煤矿机械化、自动化、信息化和智能化融合等示范企业；建设智慧矿山。实施非煤矿山采空区和"头顶库"隐患治理；推动开采深度超过800米的矿井建设在线地压监测系统。开展油气输送管道安全隐患整治攻坚，建设国家油气输送管道地理信息系统；实施危险化学品重大危险源普查与监控。创建金属冶炼、粉尘防爆、液氨制冷等重点领域隐患治理示范企业。推进公路安全生命防护工程建设。加快深远海搜救、探测、打捞和航空安全保障能力建设。实施重点水域、重点港口、重点船舶以及重要基础设施隐患治理。

加强高速铁路安全防护。完善内河重要航运枢纽安全设施。

（四）职业病危害治理能力建设工程。

开展全国职业病危害状况普查、重点行业领域职业病危害检测详查。实施以高危粉尘作业和高毒作业职业病危害为重点的专项治理。建设区域职业病危害防治平台。完善职业病危害基础研究平台、省级职业病危害检测与物证分析实验室。

（五）城市安全能力建设工程。

实施危险化学品和化工企业生产、仓储安全搬迁，到2020年现有位于城镇内人口密集区域的危险化学品生产企业全部启动搬迁改造，完成大型城市城区内安全距离不达标的危险化学品仓储企业搬迁。建设城市安全运行数据综合管理系统。实施区域火灾隐患综合治理。完善城镇建成区消防站、消防装备、市政消火栓等基础设施。推动老旧电梯更新改造。

（六）科技支撑能力建设工程。

在高危行业领域创建"机械化换人、自动化减人"示范企业。建设完善国家矿山、危险化学品、职业病危害、城市安全、应急救援等行业领域重大事故防控技术支撑基地。建设安全监管监察执法装备创新研发基地和矿山物联网安全认证与检测平台。完善矿用产品安全准入验证分析中心实验室。建设具备宣传教育、实操实训、预测预警、检测检验和应急救援功能的省级综合技术支撑基地。

（七）应急救援能力建设工程。

建设国家安全生产应急救援综合指挥平台和应急通信保障系统。建设重点行业和区域安全生产应急救援联动指挥决策平台。建成国家安全生产应急救援综合实训演练基地，建设危险化学品和油气输送管道应急救援基地，完善国家、区域矿山应急救援基地，健全国家矿山医疗救护体系。推进国家陆地搜寻与救护基地建设和高危行业应急救援骨干队伍、基层应急救援队伍建设，加强安全生产应急救援物资储备库建设。

（八）文化服务能力建设工程。

建设国家安全生产新闻宣传数字传播系统和安全生产新闻宣传综

合平台。建成安全生产网络学院和远程教育培训平台。完善"安全科学与工程"一级学科。实施全民安全素质提升工程和企业产业工人安全生产能力提升工程。建设安全生产主题公园、主题街道、安全体验馆和安全教育基地。

五、规划实施保障

（一）落实目标责任。

加强组织领导，明确分工责任，强化规划实施的协调管理。各地区、各有关部门要制定规划实施方案，分解落实规划的主要任务和目标指标，明确责任主体，确定工作时序和重点，出台配套政策措施，推动实施规划重点工程。要以规划为引领，推动生产经营单位安全生产主体责任到位、安全投入到位、安全培训到位、安全管理到位、应急救援到位。各级安全生产委员会要充分发挥协调作用，及时掌握本地区规划目标和任务完成进度，研究解决跨部门、跨行业的安全生产重大问题。

（二）完善投入机制。

积极营造有利于各类投资主体公平有序竞争的安全投入环境，促进安全生产优势要素合理流动和有效配置。加强中央、地方财政安全生产预防及应急等专项资金使用管理，重点支持油气输送管道隐患治理、安全生产信息体系建设、应急救援基地建设等相关工作。鼓励采用政府和社会资本合作、投资补助等多种方式，吸引社会资本参与有合理回报和一定投资回收能力的安全基础设施项目建设和重大安全科技攻关。鼓励金融机构对生产经营单位技术改造项目给予信贷支持。

（三）强化政策保障。

统筹谋划安全生产政策措施，着力破解影响安全发展的重点难点问题。完善淘汰落后产能及不具备安全生产条件企业整顿关闭、重点煤矿安全升级改造、重大灾害治理、烟花爆竹企业退出转产政策。支持加快非煤矿山企业实施采空区治理、尾矿综合利用、油气输送管道隐患治理等方面工作。拓宽渔业互助保险和渔业保险覆盖范围。完善安全生产专用设备企业所得税优惠目录。健全企业安全生产费用提取与使用管理制度，建立企业安全生产责任保险制度。完善工伤保险与工伤事故及职业病预防相结合的机制，合理确立工伤保险基金工伤预防费的提取比例，充分发挥工伤保险浮动费率机制的作用。制定应急救援社会化有偿服务和应急救援人员因救援导致伤亡的人身保险保障、伤亡抚恤、褒奖等政策，探索研究应急救援物资装备征用补偿机制。

（四）加强评估考核。

做好有关国家专项规划、部门规划和地方规划与本规划的衔接，确保规划目标一致、任务统一、工程同步、政策配套。各地区、各有关部门要制定规划实施考核办法及执行评价指标体系，加强对规划实施情况的动态监测。健全规划实施的社会监督机制，鼓励社会公众积极参与规划实施评议。安全监管总局要在2018年牵头开展规划中期评估，并根据评估结果，及时对规划范围、主要目标、重点任务进行动态调整，优化政策措施和实施方案；在2020年对规划最终实施情况进行评估并向社会公布结果。

安全生产执法程序规定

国家安全监管总局关于印发
《安全生产执法程序规定》的通知
安监总政法〔2016〕72号

各省、自治区、直辖市及新疆生产建设兵团安全生产监督管理局：

为进一步规范安全生产执法行为，保障公民、法人或者其他组织的合法权益，国家安全监管总局制定了《安全生产执法程序规定》，现印发给你们，请遵照执行。

国家安全监管总局
2016年7月15日

第一章 总 则

第一条 为了规范安全生产执法行为，保障公民、法人或者其他组织的合法权益，根据有关法律、行政法规、规章，制定本规定。

第二条 本规定所称安全生产执法，是指安全生产监督管理部门依照法律、行政法规和规章，在履行安全生产（含职业卫生，下同）监督管理职权中，作出的行政许可、行政处罚、行政强制等行政行为。

第三条 安全生产监督管理部门应当建立安全生产执法信息公示制度,将执法的依据、程序和结果等事项向当事人公开,并在本单位官方网站上向社会公示,接受社会公众的监督;涉及国家秘密、商业秘密、个人隐私的除外。

第四条 安全生产监督管理部门应当公正行使安全生产执法职权。行使裁量权应当符合立法目的和原则,采取的措施和手段应当合法、必要、适当;可以采取多种措施和手段实现执法目的的,应当选择有利于保护公民、法人或者其他组织合法权益的措施和手段。

第五条 安全生产监督管理部门在安全生产执法过程中应当依法及时告知当事人、利害关系人相关的执法事实、理由、依据、法定权利和义务。

当事人对安全生产执法,依法享有陈述权、申辩权;有权依法申请行政复议或者提起行政诉讼。

第六条 安全生产执法采用国家安全生产监督管理总局统一制定的《安全生产监督管理部门行政执法文书》格式。

第二章 安全生产执法主体和管辖

第七条 安全生产监督管理部门的内设机构或者派出机构对外行使执法职权时,应当以安全生产监督管理部门的名义作出行政决定,并由该部门承担法律责任。

第八条 依法受委托的机关或者组织在委托的范围内,以委托的安全生产监督管理部门名义行使安全生产执法职权,由此所产生的后果由委托的安全生产监督管理部门承担法律责任。

第九条 委托的安全生产监督管理部门与受委托的机关或者组织之间应当签订委托书。委托书应当载明委托依据、委托事项、权限、期限、双方权利和义务、法律责任等事项。委托的安全生产监督管理部门、受委托的机关或者组织应当将委托的事项、权限、期限向社会公开。

第十条　委托的安全生产监督管理部门应当对受委托机关或者组织办理受委托事项的行为进行指导、监督。

受委托的机关或者组织应当自行完成受委托的事项，不得将受委托的事项再委托给其他行政机关、组织或者个人。

有下列情形之一的，委托的安全生产监督管理部门应当及时解除委托，并向社会公布：

（一）委托期限届满的；

（二）受委托行政机关或者组织超越、滥用行政职权或者不履行行政职责的；

（三）受委托行政机关或者组织不再具备履行相应职责的条件的；

（四）应当解除委托的其他情形。

第十一条　法律、法规和规章对安全生产执法地域管辖未作明确规定的，由行政管理事项发生地的安全生产监督管理部门管辖，但涉及个人资格许可事项的，由行政管理事项发生所在地或者实施资格许可的安全生产监督管理部门管辖。

第十二条　安全生产监督管理部门依照职权启动执法程序后，认为不属于自己管辖的，应当移送有管辖权的同级安全生产监督管理部门，并通知当事人；受移送的安全生产监督管理部门对于不属于自己管辖的，不得再行移送，应当报请其共同的上一级安全生产监督管理部门指定管辖。

第十三条　两个以上安全生产监督管理部门对同一事项都有管辖权的，由最先受理的予以管辖；发生管辖权争议的，由其共同的上一级安全生产监督管理部门指定管辖。情况紧急、不及时采取措施将对公共利益或者公民、法人或者其他组织合法权益造成重大损害的，行政管理事项发生地的安全生产监督管理部门应当进行必要处理，并立即通知有管辖权的安全生产监督管理部门。

第十四条　开展安全生产执法时，有下列情形之一的，安全生产执法人员应当自行申请回避；本人未申请回避的，本级安全生产监督管理部门应当责令其回避；公民、法人或者其他组织依法以书面形式提出回避申请：

（一）本人是本案的当事人或者当事人的近亲属的；
（二）与本人或者本人近亲属有直接利害关系的；
（三）与本人有其他利害关系，可能影响公正执行公务的。

安全生产执法人员的回避，由指派其进行执法工作的安全生产监督管理部门的负责人决定。实施执法工作的安全生产监督管理部门负责人的回避，由该部门负责人集体讨论决定。回避决定作出之前，安全生产执法人员不得擅自停止执法行为。

第三章 安全生产行政许可程序

第十五条 安全生产监督管理部门应当将本部门依法实施的行政许可事项、依据、条件、数量、程序、期限以及需要提交的全部材料的目录和申请书示范文本等进行公示。公示应当采取下列方式：
（一）在实施许可的办公场所设置公示栏、电子显示屏或者将公示信息资料集中在本部门专门场所供公众查阅；
（二）在联合办理、集中办理行政许可的场所公示；
（三）在本部门官方网站上公示。

第十六条 公民、法人或者其他组织依法申请安全生产行政许可的，应当依法向实施许可的安全生产监督管理部门提出。

第十七条 申请人申请安全生产行政许可，应当如实向实施许可的安全生产监督管理部门提交有关材料和反映真实情况，并对其申请材料实质内容的真实性负责。

第十八条 安全生产监督管理部门有多个内设机构办理安全生产行政许可事项的，应当确定一个机构统一受理申请人的申请，统一送达安全生产行政许可决定。

第十九条 申请人可以委托代理人代为提出安全生产行政许可申请，但依法应当由申请人本人申请的除外。

代理人代为提出申请的，应当出具载明委托事项和代理人权限的授权委托书，并出示能证明其身份的证件。

第二十条 公民、法人或者其他组织因安全生产行政许可行为取得的正当权益受法律保护。非因法定事由并经法定程序，安全生产监督管理部门不得撤销、变更、注销已经生效的行政许可决定。

安全生产监督管理部门不得增加法律、法规规定以外的其他行政许可条件。

第二十一条 安全生产监督管理部门实施安全生产行政许可，应当按照以下程序办理：

（一）申请。申请人向实施许可的安全生产监督管理部门提交申请书和法定的文件资料，也可以按规定通过信函、传真、互联网和电子邮件等方式提出安全生产行政许可申请；

（二）受理。实施许可的安全生产监督管理部门按照规定进行初步审查，对符合条件的申请予以受理并出具书面凭证；对申请文件、资料不齐全或者不符合要求的，应当当场告知或者在收到申请文件、资料之日起5个工作日内出具补正通知书，一次告知申请人需要补正的全部内容；对不符合条件的，不予受理并书面告知申请人理由；逾期不告知的，自收到申请材料之日起，即为受理；

（三）审查。实施许可的安全生产监督管理部门对申请材料进行书面审查，按照规定，需要征求有关部门意见的，应当书面征求有关部门意见，并得到书面回复；属于法定听证情形的，实施许可的安全生产监督管理部门应当举行听证；发现行政许可事项直接关系他人重大利益的，应当告知该利害关系人。需要到现场核查的，应当指派两名以上执法人员实施核查，并提交现场核查报告；

（四）作出决定。实施许可的安全生产监督管理部门应当在规定的时间内，作出许可或者不予许可的书面决定。对决定许可的，许可机关应当自作出决定之日起10个工作日内向申请人颁发、送达许可证件或者批准文件；对决定不予许可的，许可机关应当说明理由，并告知申请人享有的法定权利。

依照法律、法规规定实施安全生产行政许可，应当根据考试成绩、考核结果、检验、检测结果作出行政许可决定的，从其规定。

第二十二条 已经取得安全生产行政许可，因法定事由，有关许可事项需要变更的,应当按照有关规定向实施许可的安全生产监督管理部门提出变更申请,并提交相关文件、资料。实施许可的安全生产监督管理部门应当按照有关规定进行审查,办理变更手续。

第二十三条 需要申请安全生产行政许可延期的,应当在规定的期限内,向作出安全生产行政许可的安全生产监督管理部门提出延期申请,并提交延期申请书及规定的申请文件、资料。

提出安全生产许可延期申请时,可以同时提出变更申请,并按有关规定向作出安全生产行政许可的安全生产监督管理部门提交相关文件、资料。

作出安全生产行政许可的安全生产监督管理部门受理延期申请后,应当依照有关规定,对延期申请进行审查,作出是否准予延期的决定;作出安全生产行政许可的安全生产监管管理部门逾期未作出决定的,视为准予延期。

第二十四条 作出安全生产行政许可的安全生产监督管理部门或者其上级安全生产监督管理部门发现公民、法人或者其他组织属于吊销或者撤销法定情形的,应当依法吊销或者撤销该行政许可。

已经取得安全生产行政许可的公民、法人或者其他组织存在有效期届满未按规定提出申请延期、未被批准延期或者被依法吊销、撤销的,作出行政许可的安全生产监督管理部门应当依法注销该安全生产许可,并在新闻媒体或者本机关网站上发布公告。

第四章 安全生产行政处罚程序

第一节 简易程序

第二十五条 安全生产违法事实确凿并有法定依据,对个人处以50元以下罚款、对生产经营单位处以1千元以下罚款或者警告的行政处罚的,安全生产执法人员可以当场作出行政处罚决定。

适用简易程序当场作出行政处罚决定的,应当遵循以下程序:

(一)安全生产执法人员不得少于两名,应当向当事人或者有关人员出示有效的执法证件，表明身份；

（二）行政处罚（当场）决定书，告知当事人作出行政处罚决定的事实、理由和依据；

（三）听取当事人的陈述和申辩，并制作当事人陈述申辩笔录；

（四）将行政处罚决定书当场交付当事人，并由当事人签字确认；

（五）及时报告行政处罚决定，并在5日内报所属安全生产监督管理部门备案。

安全生产执法人员对在边远、水上、交通不便地区，当事人向指定银行缴纳罚款确有困难，经当事人提出，可以当场收缴罚款，但应当出具省级人民政府财政部门统一制发的罚款收据，并自收缴罚款之日起2日内，交至所属安全生产监督管理部门；安全生产监督管理部门应当在2日内将罚款缴付指定的银行。

第二节　一般程序

第二十六条　一般程序适用于依据简易程序作出的行政处罚以外的其他行政处罚案件，遵循以下程序：

（一）立案。

对经初步调查认为生产经营单位涉嫌违反安全生产法律法规和规章的行为、依法应给予行政处罚、属于本部门管辖范围的，应当予以立案，并填写立案审批表。对确需立即查处的安全生产违法行为，可以先行调查取证，并在5日内补办立案手续。

（二）调查取证。

1. 进行案件调查取证时，安全生产执法人员不得少于两名，应当向当事人或者有关人员出示有效的执法证件，表明身份；

2. 向当事人或者有关人员询问时，应制作询问笔录；

3. 安全生产执法人员应当全面、客观、公正地进行调查，收集、调取与案件有关的原始凭证作为证据。调取原始凭证确有困难的，可以复制，复制件应当注明"经核对与原件无异"的字样、采集人、出具人、采集时间和原始凭证存放的单位及其处所，并由出具证据的生产经营单位盖章；个体经营且没有印章的生产经营单位，应当由该个体经营者签名。

4. 安全生产执法人员在收集证据时,可以采取抽样取证的方法;在证据可能灭失或者以后难以取得的情况下,经本部门负责人批准,可以先行登记保存,并应当在 7 日内依法作出处理决定。

5. 调查取证结束后,负责承办案件的安全生产执法人员拟定处理意见,编写案件调查报告,并交案件承办机构负责人审核,审核后报所在安全生产监督管理部门负责人审批。

(三) 案件审理。

安全生产监督管理部门应当建立案件审理制度,对适用一般程序的安全生产行政处罚案件应当由内设的法制机构进行案件的合法性审查。

负责承办案件的安全生产执法人员应当根据审理意见,填写案件处理呈批表,连同有关证据材料一并报本部门负责人审批。

(四) 行政处罚告知。

经审批,应当给予行政处罚的案件,安全生产监督管理部门在依法作出行政处罚决定之前,应当告知当事人作出行政处罚决定的事实、理由、依据、拟作出的行政处罚决定、当事人享有的陈述和申辩权利等,并向当事人送达《行政处罚告知书》。

(五) 听证告知。

符合听证条件的,应当告知当事人有要求举行听证的权利,并向当事人送达《听证告知书》。

(六) 听取当事人陈述申辩。

安全生产监督管理部门听取当事人陈述申辩,除法律法规规定可以采用的方式外,原则上应当形成书面证据证明,没有当事人书面材料的,安全生产执法人员应当制作当事人陈述申辩笔录。

(七) 作出行政处罚决定的执行。

安全生产监督管理部门应当对案件调查结果进行审查,并根据不同情况,分别作出以下决定:

1. 依法应受行政处罚的违法行为的,根据情节轻重及具体情况,作出行政处罚决定;

2. 违法行为轻微,依法可以不予行政处罚的,不予行政处罚;违法事实不能成立，不得给予行政处罚；

3. 违法行为涉嫌犯罪的，移送司法机关处理。

对严重安全生产违法行为给予责令停产停业整顿、责令停产停业、责令停止建设、责令停止施工、吊销有关许可证、撤销有关执业资格或者岗位证书、5万元以上罚款、没收违法所得5万元以上的行政处罚的，应当由安全生产监督管理部门的负责人集体讨论决定。

（八）行政处罚决定送达。

《行政处罚决定书》应当当场交付当事人；当事人不在场的，安全监督管理部门应当在7日内，依照《民事诉讼法》的有关规定，将《行政处罚决定书》送达当事人或者其他的法定受送达人。送达必须有送达回执，由受送达人在送达回执上注明收到日期，签名或者盖章。具体可以采用下列方式：

1. 送达应当直接送交受送达人。受送达人是个人的，本人不在时，交他的同住成年家属签收，并在《行政处罚决定书》送达回执的备注栏内注明与受送达人的关系；受送达人是法人或者其他组织的，应当由法人的法定代表人、其他组织的主要负责人或者该法人、组织负责收件的人签收；受送达人指定代收人或者委托代理人的，交代收人或者委托代理人签收并注明受当事人委托的情况；

2. 直接送达确有困难的，可以挂号邮寄送达，也可以委托当地安全监督管理部门代为送达，代为送达的安全监督管理部门收到文书后，应当及时交受送达人签收；

3. 当事人或者他的同住成年家属拒绝接收的，送达人可以邀请有关基层组织或者所在单位的代表到场，说明情况，在《行政处罚决定书》送达回执上记明拒收的事由和日期，由送达人、见证人签名或者盖章，将行政处罚决定书留在当事人的住所；也可以把《行政处罚决定书》留在受送达人的住所，并采用拍照、录像等方式记录送达过程，即视为送达；

4. 受送达人下落不明，或者用以上方式无法送达的，可以公告送达，自公告发布之日起经过60日，即视为送达。公告送达，应当在案卷中注明原因和经过；

5. 经受送达人同意,还可采用传真、电子邮件等能够确认其收悉的方式送达;

6. 法律、法规规定的其他送达方式。

(九) 行政处罚决定的执行。

当事人应当在行政处罚决定的期限内,予以履行。当事人按时全部履行处罚决定的,安全生产监督管理部门应该保留相应的凭证;行政处罚部分履行的,应有相应的审批文书;当事人逾期不履行的,作出行政处罚决定的安全生产监督管理部门可按每日以罚款数额的3%加处罚款,但加处罚款的数额不得超出原罚款的数额;根据法律规定,将查封、扣押的设施、设备、器材拍卖所得价款抵缴罚款和申请人民法院强制执行等措施。

当事人对行政处罚决定不服,申请行政复议或者提起行政诉讼的,行政处罚不停止执行,法律、法规另有规定的除外。

(十) 备案。

安全生产监督管理部门实施5万元以上罚款、没收违法所得5万元以上、责令停产停业、责令停止建设、责令停止施工、责令停产停业整顿、撤销有关资格、岗位证书或者吊销有关许可证的行政处罚的,按有关规定报上一级安全生产监督管理部门备案。

对上级安全生产监督管理部门交办的案件给予行政处罚的,由决定行政处罚的安全生产监督管理部门自作出行政处罚决定之日起10日内报上级安全生产监督管理部门备案。

(十一) 结案。

行政处罚案件应当自立案之日起30日内作出行政处罚决定;由于客观原因不能完成的,经安全生产监督管理部门负责人同意,可以延长,但不得超过90日;特殊情况需进一步延长的,应当经上一级安全生产监督管理部门批准,可延长至180日。

案件执行完毕后,应填写结案审批表,经安全生产监督管理部门负责人批准后结案。

(十二) 归档。

安全生产行政处罚案件结案后,应按安全生产执法文书的时间顺序和执法程序排序进行归档。

第三节 听证程序

第二十七条 当事人要求听证的，应当在安全生产监督管理部门告知后3日内以书面方式提出；逾期未提出申请的，视为放弃听证权利。

第二十八条 当事人提出听证要求后，安全生产监督管理部门应当在收到书面申请之日起15日内举行听证会，并在举行听证会的7日前，通知当事人举行听证的时间、地点。

当事人应当按期参加听证。当事人有正当理由要求延期的，经组织听证的安全生产监督管理部门负责人批准可以延期1次；当事人未按期参加听证，并且未事先说明理由的，视为放弃听证权利。

第二十九条 听证参加人由听证主持人、听证员、案件调查人员、当事人、书记员组成。

当事人可以委托1至2名代理人参加听证，并按规定提交委托书。

听证主持人、听证员、书记员应当由组织听证的安全生产监督管理部门负责人指定的非本案调查人员担任。

第三十条 除涉及国家秘密、商业秘密或者个人隐私外，听证应当公开举行。

第三十一条 听证按照下列程序进行：

（一）书记员宣布听证会场纪律、当事人的权利和义务。听证主持人宣布案由，核实听证参加人名单，询问当事人是否申请回避。当事人提出回避申请的，由听证主持人宣布暂停听证；

（二）案件调查人员提出当事人的违法事实、出示证据，说明拟作出的行政处罚的内容及法律依据；

（三）当事人或者其委托代理人对案件的事实、证据、适用的法律等进行陈述和申辩，提交新的证据材料；

（四）听证主持人就案件的有关问题向当事人、案件调查人员、证人询问；

（五）案件调查人员、当事人或者其委托代理人相互辩论与质证；

（六）当事人或者其委托代理人作最后陈述；

（七）听证主持人宣布听证结束。

听证笔录应当当场交当事人核对无误后签名或者盖章。

第三十二条 有下列情形之一的，应当中止听证：

（一）需要重新调查取证的；

（二）需要通知新证人到场作证的；

（三）因不可抗力无法继续进行听证的。

第三十三条 有下列情形之一的，应当终止听证：

（一）当事人撤回听证要求的；

（二）当事人无正当理由不按时参加听证，或者未经听证主持人允许提前退席的；

（三）拟作出的行政处罚决定已经变更，不适用听证程序的。

第三十四条 听证结束后，听证主持人应当依据听证情况，形成听证会报告书，提出处理意见并附听证笔录报送安全生产监督管理部门负责人。

第三十五条 听证结束后，安全生产监督管理部门依照本法第二十六条第七项的规定，作出决定。

第五章　安全生产行政强制程序

第三十六条 安全生产行政强制的种类：

（一）对有根据认为不符合保障安全生产的国家标准或者行业标准的设施、设备、器材以及违法生产、储存、使用、经营的危险物品予以查封或者扣押，对违法生产、储存、使用、经营危险物品的作业场所予以查封；

（二）临时查封易制毒化学品有关场所、扣押相关的证据材料和违法物品；

（三）查封违法生产、储存、使用、经营危险化学品的场所，扣押违法生产、储存、使用、经营的危险化学品以及用于违法生产、使用危险化学品的原材料、设备工具；

（四）通知有关部门、单位强制停止供电，停止供应民用爆炸物品；

（五）封存造成职业病危害事故或者可能导致职业病危害事故发生的材料和设备；

（六）加处罚款；

（七）法律、法规规定的其他安全生产行政强制。

第三十七条 安全生产行政强制应当在法律、法规规定的职权范围内实施。安全生产行政强制措施权不得委托。

安全生产行政强制应当由安全生产监督管理部门具备资格的执法人员实施，其他人员不得实施。

第三十八条 实施安全生产行政强制，应当向安全生产监督管理部门负责人报告并经批准；情况紧急，需要当场实施安全生产行政强制的，执法人员应当在24小时内向安全生产监督管理部门负责人报告，并补办批准手续。安全生产监督管理部门负责人认为不应当采取安全生产行政强制的，应当立即解除。

第三十九条 实施安全生产行政强制应当符合下列规定：

（一）应有两名以上安全生产执法人员到场实施，现场出示执法证件及相关决定；

（二）实施前应当通知当事人到场；

（三）当场告知当事人采取安全生产行政强制的理由、依据以及当事人依法享有的权利、救济途径；

（四）听取当事人的陈述和申辩；

（五）制作现场笔录；

（六）现场笔录由当事人和安全生产执法人员签名或者盖章，当事人拒绝的，在笔录中予以注明；

（七）当事人不到场的，邀请见证人到场，由见证人和执法人员在现场笔录上签名或者盖章；

（八）法律、法规规定的其他程序。

第四十条 安全生产监督管理部门依法对存在重大事故隐患的生产经营单位作出停产停业、停止施工、停止使用相关设施或者设备的决定，生产经营单位应当依法执行，及时消除事故隐患。生产经营单位拒不执行，有发生生产安全事故的现实危险的，在保证安全的前提下，经本部门主要负责人批准，安全生产监督管理部门可以采取通知有关单位停止供电、停止供应民用爆炸物品等措施，强制生产经营单位履行决定，通知应当采用书面形式。

安全生产监督管理部门依照前款规定采取停止供电、停止供应民用爆炸物品措施，除有危及生产安全的紧急情形外，停止供电措施应当提前二十四小时通知生产经营单位。

第四十一条　安全生产监督管理部门依法通知有关单位采取停止供电、停止供应民用爆炸物品等措施决定书的内容应当包括：

（一）生产经营单位名称、地址及法定代表人姓名；

（二）采取停止供电、停止供应民用爆炸物品等措施的理由、依据和期限；

（三）停止供电的区域范围；

（四）安全生产监督管理部门的名称、印章和日期。

对生产经营单位的通知除包含前款规定的内容外，还应当载明申请行政复议或者提起行政诉讼的途径。

第四十二条　生产经营单位依法履行行政决定、采取相应措施消除事故隐患的，经安全生产监督管理部门复核通过，安全生产监督管理部门应当及时作出解除停止供电、停止供应民用爆炸物品等措施并书面通知有关单位。

第四十三条　安全生产监督管理部门适用加处罚款情形的，按照下列规定执行：

（一）在《行政处罚决定书》中，告知加处罚款的标准；

（二）当事人在决定期限内不履行义务，依照《中华人民共和国行政强制法》规定，制作并向当事人送达缴纳罚款《催告书》；

（三）听取当事人陈述、申辩，并制作陈述申辩笔录；

（四）制作并送达《加处罚款决定书》。

第四十四条　当事人仍不履行罚款处罚决定，又不提起行政复议、行政诉讼的，安全生产监督管理部门按照下列规定，依法申请人民法院强制执行：

（一）依照《中华人民共和国行政强制法》第五十四条向当事人送达《催告书》，催促当事人履行有关缴纳罚款、履行行政决定等义务；

（二）缴纳罚款《催告书》送达10日后，由执法机关自提起行政复议、行政诉讼期限届满之日起3个月内向安全生产监督管理部门所在地基层人民法院申请强制执行；执行对象是不动产的，向不动产所在地有管辖权的人民法院申请强制执行，并提交下列材料：

1. 强制执行申请书；
2. 行政决定书及作出决定的事实、理由和依据；
3. 当事人的意见及行政机关催告情况；
4. 申请强制执行标的情况；
5. 法律、行政法规规定的其他材料。

强制执行申请书应当由安全生产监督管理部门负责人签名，加盖本部门的印章，并注明日期。

（三）依照《中华人民共和国行政强制法》第五十九条规定，因情况紧急，为保障公共安全，安全生产监督管理部门可以申请人民法院立即执行；

（四）安全生产监督管理部门对人民法院不予受理或者不予执行的裁定有异议的，可以自收到裁定之日起在15日内向上一级人民法院申请复议。

第六章　附　则

第四十五条　安全生产监督管理部门以及法律、法规授权的机关或者组织和依法受委托的机关或者组织履行安全生产执法职权，按照有关法律、法规、规章和本规定的程序办理。

第四十六条　省级安全生产监督管理部门可以根据本规定制定相关实施细则。

附 录

安全生产培训管理办法

国家安全生产监督管理总局令
第 80 号

《国家安全监管总局关于废止和修改劳动防护用品和安全培训等领域十部规章的决定》已经 2015 年 2 月 26 日国家安全生产监督管理总局局长办公会议通过,现予以公布,自 2015 年 7 月 1 日起施行。

国家安全生产监督管理总局
2015 年 5 月 29 日

(2012 年 1 月 19 日国家安全监管总局令第 44 号公布;根据 2013 年 8 月 29 日国家安全监管总局令第 63 号修正,2015 年 5 月 29 日国家安全监管总局令第 80 号第二次修正)

第一章 总 则

第一条 为了加强安全生产培训管理,规范安全生产培训秩序,保证安全生产培训质量,促进安全生产培训工作健康发展,根据《中华人民共和国安全生产法》和有关法律、行政法规的规定,制定本办法。

第二条 安全培训机构、生产经营单位从事安全生产培训(以下简称安全培训)活动以及安全生产监督管理部门、煤矿安全监察机构、地方人民政府负责煤矿安全培训的部门对安全培训工作实施监督管理，适用本办法。

第三条 本办法所称安全培训是指以提高安全监管监察人员、生产经营单位从业人员和从事安全生产工作的相关人员的安全素质为目的的教育培训活动。

前款所称安全监管监察人员是指县级以上各级人民政府安全生产监督管理部门、各级煤矿安全监察机构从事安全监管监察、行政执法的安全生产监管人员和煤矿安全监察人员；生产经营单位从业人员是指生产经营单位主要负责人、安全生产管理人员、特种作业人员及其他从业人员；从事安全生产工作的相关人员是指从事安全教育培训工作的教师、危险化学品登记机构的登记人员和承担安全评价、咨询、检测、检验的人员及注册安全工程师、安全生产应急救援人员等。

第四条 安全培训工作实行统一规划、归口管理、分级实施、分类指导、教考分离的原则。

国家安全生产监督管理总局（以下简称国家安全监管总局）指导全国安全培训工作，依法对全国的安全培训工作实施监督管理。

国家煤矿安全监察局（以下简称国家煤矿安监局）指导全国煤矿安全培训工作，依法对全国煤矿安全培训工作实施监督管理。

国家安全生产应急救援指挥中心指导全国安全生产应急救援培训工作。

县级以上地方各级人民政府安全生产监督管理部门依法对本行政区域内的安全培训工作实施监督管理。

省、自治区、直辖市人民政府负责煤矿安全培训的部门、省级煤矿安全监察机构（以下统称省级煤矿安全培训监管机构）按照各自工作职责，依法对所辖区域煤矿安全培训工作实施监督管理。

第五条 安全培训的机构应当具备从事安全培训工作所需要的条件。从事危险物品的生产、经营、储存单位以及矿山、金属冶炼单位的主要负责人和安全生产管理人员，特种作业人员以及注册安全工程师等相关人员培训的安全培训机构，应当将教师、教学和实习实训设施等情况书面报告所在地安全生产监督管理部门、煤矿安全培训监管机构。

安全生产相关社会组织依照法律、行政法规和章程,为生产经营单位提供安全培训有关服务,对安全培训机构实行自律管理,促进安全培训工作水平的提升。

第二章 安全培训

第六条 安全培训应当按照规定的安全培训大纲进行。

安全监管监察人员,危险物品的生产、经营、储存单位与非煤矿山、金属冶炼单位的主要负责人和安全生产管理人员、特种作业人员以及从事安全生产工作的相关人员的安全培训大纲,由国家安全监管总局组织制定。

煤矿企业的主要负责人和安全生产管理人员、特种作业人员的培训大纲由国家煤矿安监局组织制定。

除危险物品的生产、经营、储存单位和矿山、金属冶炼单位以外其他生产经营单位的主要负责人、安全生产管理人员及其他从业人员的安全培训大纲,由省级安全生产监督管理部门、省级煤矿安全培训监管机构组织制定。

第七条 国家安全监管总局、省级安全生产监督管理部门定期组织优秀安全培训教材的评选。

安全培训机构应当优先使用优秀安全培训教材。

第八条 国家安全监管总局负责省级以上安全生产监督管理部门的安全生产监管人员、各级煤矿安全监察机构的煤矿安全监察人员的培训工作。

省级安全生产监督管理部门负责市级、县级安全生产监督管理部门的安全生产监管人员的培训工作。

生产经营单位的从业人员的安全培训,由生产经营单位负责。

危险化学品登记机构的登记人员和承担安全评价、咨询、检测、检验的人员及注册安全工程师、安全生产应急救援人员的安全培训,按照有关法律、法规、规章的规定进行。

第九条 对从业人员的安全培训,具备安全培训条件的生产经营单位应当以自主培训为主，也可以委托具备安全培训条件的机构进行安全培训。

不具备安全培训条件的生产经营单位，应当委托具有安全培训条件的机构对从业人员进行安全培训。

生产经营单位委托其他机构进行安全培训的，保证安全培训的责任仍由本单位负责。

第十条 生产经营单位应当建立安全培训管理制度，保障从业人员安全培训所需经费，对从业人员进行与其所从事岗位相应的安全教育培训；从业人员调整工作岗位或者采用新工艺、新技术、新设备、新材料的，应当对其进行专门的安全教育和培训。未经安全教育和培训合格的从业人员，不得上岗作业。

生产经营单位使用被派遣劳动者的，应当将被派遣劳动者纳入本单位从业人员统一管理，对被派遣劳动者进行岗位安全操作规程和安全操作技能的教育和培训。劳务派遣单位应当对被派遣劳动者进行必要的安全生产教育和培训。

生产经营单位接收中等职业学校、高等学校学生实习的，应当对实习学生进行相应的安全生产教育和培训，提供必要的劳动防护用品。学校应当协助生产经营单位对实习学生进行安全生产教育和培训。

从业人员安全培训的时间、内容、参加人员以及考核结果等情况，生产经营单位应当如实记录并建档备查。

第十一条 生产经营单位从业人员的培训内容和培训时间，应当符合《生产经营单位安全培训规定》和有关标准的规定。

第十二条 中央企业的分公司、子公司及其所属单位和其他生产经营单位，发生造成人员死亡的生产安全事故的，其主要负责人和安全生产管理人员应当重新参加安全培训。

特种作业人员对造成人员死亡的生产安全事故负有直接责任的，应当按照《特种作业人员安全技术培训考核管理规定》重新参加安全培训。

第十三条 国家鼓励生产经营单位实行师傅带徒弟制度。

矿山新招的井下作业人员和危险物品生产经营单位新招的危险工

艺操作岗位人员，除按照规定进行安全培训外，还应当在有经验的职工带领下实习满2个月后，方可独立上岗作业。

第十四条 国家鼓励生产经营单位招录职业院校毕业生。

职业院校毕业生从事与所学专业相关的作业，可以免予参加初次培训，实际操作培训除外。

第十五条 安全培训机构应当建立安全培训工作制度和人员培训档案。安全培训相关情况，应当如实记录并建档备查。

第十六条 安全培训机构从事安全培训工作的收费，应当符合法律、法规的规定。法律、法规没有规定的，应当按照行业自律标准或者指导性标准收费。

第十七条 国家鼓励安全培训机构和生产经营单位利用现代信息技术开展安全培训，包括远程培训。

第三章　安全培训的考核

第十八条 安全监管监察人员、从事安全生产工作的相关人员、依照有关法律法规应当接受安全生产知识和管理能力考核的生产经营单位主要负责人和安全生产管理人员、特种作业人员的安全培训的考核，应当坚持教考分离、统一标准、统一题库、分级负责的原则，分步推行有远程视频监控的计算机考试。

第十九条 安全监管监察人员，危险物品的生产、经营、储存单位及非煤矿山、金属冶炼单位主要负责人、安全生产管理人员和特种作业人员，以及从事安全生产工作的相关人员的考核标准，由国家安全监管总局统一制定。

煤矿企业的主要负责人、安全生产管理人员和特种作业人员的考核标准，由国家煤矿安监局制定。

除危险物品的生产、经营、储存单位和矿山、金属冶炼单位以外其他生产经营单位主要负责人、安全生产管理人员及其他从业人员的考核标准，由省级安全生产监督管理部门制定。

第二十条 国家安全监管总局负责省级以上安全生产监督管理部门的安全生产监管人员、各级煤矿安全监察机构的煤矿安全监察人员的考核；负责中央企业的总公司、总厂或者集团公司的主要负责人和安全生产管理人员的考核。

省级安全生产监督管理部门负责市级、县级安全生产监督管理部门的安全生产监管人员的考核；负责省属生产经营单位和中央企业分公司、子公司及其所属单位的主要负责人和安全生产管理人员的考核；负责特种作业人员的考核。

市级安全生产监督管理部门负责本行政区域内除中央企业、省属生产经营单位以外的其他生产经营单位的主要负责人和安全生产管理人员的考核。

省级煤矿安全培训监管机构负责所辖区域内煤矿企业的主要负责人、安全生产管理人员和特种作业人员的考核。

除主要负责人、安全生产管理人员、特种作业人员以外的生产经营单位的其他从业人员的考核，由生产经营单位按照省级安全生产监督管理部门公布的考核标准，自行组织考核。

第二十一条　安全生产监督管理部门、煤矿安全培训监管机构和生产经营单位应当制定安全培训的考核制度，建立考核管理档案备查。

第四章　安全培训的发证

第二十二条　接受安全培训人员经考核合格的，由考核部门在考核结束后10个工作日内颁发相应的证书。

第二十三条　安全生产监管人员经考核合格后，颁发安全生产监管执法证；煤矿安全监察人员经考核合格后，颁发煤矿安全监察执法证；危险物品的生产、经营、储存单位和矿山、金属冶炼单位主要负责人、安全生产管理人员经考核合格后，颁发安全合格证；特种作业人员经考核合格后，颁发《中华人民共和国特种作业操作证》（以下简称特种作业操作证）；危险化学品登记机构的登记人员经考核合格后，颁发上岗证；其他人员经培训合格后，颁发培训合格证。

第二十四条　安全生产监管执法证、煤矿安全监察执法证、安全合格证、特种作业操作证和上岗证的式样，由国家安全监管总局统一规定。培训合格证的式样，由负责培训考核的部门规定。

第二十五条 安全生产监管执法证、煤矿安全监察执法证、安全合格证的有效期为3年。有效期届满需要延期的，应当于有效期届满30日前向原发证部门申请办理延期手续。

特种作业人员的考核发证按照《特种作业人员安全技术培训考核管理规定》执行。

第二十六条 特种作业操作证和省级安全生产监督管理部门、省级煤矿安全培训监管机构颁发的主要负责人、安全生产管理人员的安全合格证，在全国范围内有效。

第二十七条 承担安全评价、咨询、检测、检验的人员和安全生产应急救援人员的考核、发证，按照有关法律、法规、规章的规定执行。

第五章 监督管理

第二十八条 安全生产监督管理部门、煤矿安全培训监管机构应当依照法律、法规和本办法的规定，加强对安全培训工作的监督管理，对生产经营单位、安全培训机构违反有关法律、法规和本办法的行为，依法作出处理。

省级安全生产监督管理部门、省级煤矿安全培训监管机构应当定期统计分析本行政区域内安全培训、考核、发证情况，并报国家安全监管总局。

第二十九条 安全生产监督管理部门和煤矿安全培训监管机构应当对安全培训机构开展安全培训活动的情况进行监督检查，检查内容包括：

（一）具备从事安全培训工作所需要的条件的情况；

（二）建立培训管理制度和教师配备的情况；

（三）执行培训大纲、建立培训档案和培训保障的情况；

（四）培训收费的情况；

（五）法律法规规定的其他内容。

第三十条 安全生产监督管理部门、煤矿安全培训监管机构应当对生产经营单位的安全培训情况进行监督检查，检查内容包括：

（一）安全培训制度、年度培训计划、安全培训管理档案的制定和实施的情况；

（二）安全培训经费投入和使用的情况；

（三）主要负责人、安全生产管理人员接受安全生产知识和管理能力考核的情况；

（四）特种作业人员持证上岗的情况；

（五）应用新工艺、新技术、新材料、新设备以及转岗前对从业人员安全培训的情况；

（六）其他从业人员安全培训的情况；

（七）法律法规规定的其他内容。

第三十一条 任何单位或者个人对生产经营单位、安全培训机构违反有关法律、法规和本办法的行为，均有权向安全生产监督管理部门、煤矿安全监察机构、煤矿安全培训监管机构报告或者举报。

接到举报的部门或者机构应当为举报人保密，并按照有关规定对举报进行核查和处理。

第三十二条 监察机关依照《中华人民共和国行政监察法》等法律、行政法规的规定，对安全生产监督管理部门、煤矿安全监察机构、煤矿安全培训监管机构及其工作人员履行安全培训工作监督管理职责情况实施监察。

第六章 法律责任

第三十三条 安全生产监督管理部门、煤矿安全监察机构、煤矿安全培训监管机构的工作人员在安全培训监督管理工作中滥用职权、玩忽职守、徇私舞弊的，依照有关规定给予处分；构成犯罪的，依法追究刑事责任。

第三十四条 安全培训机构有下列情形之一的，责令限期改正，处1万元以下的罚款；逾期未改正的，给予警告，处1万元以上3万元以下的罚款：

（一）不具备安全培训条件的；

（二）未按照统一的培训大纲组织教学培训的；

（三）未建立培训档案或者培训档案管理不规范的；

安全培训机构采取不正当竞争手段，故意贬低、诋毁其他安全培训机构的，依照前款规定处罚。

第三十五条 生产经营单位主要负责人、安全生产管理人员、特种作业人员以欺骗、贿赂等不正当手段取得安全合格证或者特种作业操作证的，除撤销其相关证书外，处3000元以下的罚款，并自撤销其相关证书之日起3年内不得再次申请该证书。

第三十六条 生产经营单位有下列情形之一的，责令改正，处3万元以下的罚款：

（一）从业人员安全培训的时间少于《生产经营单位安全培训规定》或者有关标准规定的；

（二）矿山新招的井下作业人员和危险物品生产经营单位新招的危险工艺操作岗位人员，未经实习期满独立上岗作业的；

（三）相关人员未按照本办法第十二条规定重新参加安全培训的。

第三十七条 生产经营单位存在违反有关法律、法规中安全生产教育培训的其他行为的，依照相关法律、法规的规定予以处罚。

第七章 附 则

第三十八条 本办法自2012年3月1日起施行。2004年12月28日公布的《安全生产培训管理办法》（原国家安全生产监督管理局〈国家煤矿安全监察局〉令第20号）同时废止。

安全生产监管监察部门信息公开办法

国家安全生产监督管理总局令

第 56 号

《安全生产监管监察部门信息公开办法》已经 2012 年 9 月 3 日国家安全生产监督管理总局局长办公会议审议通过,现予公布,自 2012 年 11 月 1 日起施行。

国家安全监管总局局长
2012 年 9 月 21 日

第一章 总 则

第一条 为了深化政务公开,加强政务服务,保障公民、法人和其他组织依法获取安全生产监管监察部门信息,促进依法行政,依据《中华人民共和国政府信息公开条例》(以下简称《政府信息公开条例》)和有关法律、行政法规的规定,制定本办法。

第二条 安全生产监督管理部门、煤矿安全监察机构(以下统称安全生产监管监察部门)公开本部门信息,适用本办法。

第三条 本办法所称安全生产监管监察部门信息(以下简称信息),是指安全生产监管监察部门在依法履行安全生产监管监察职责过程中,制作或者获取的,以一定形式记录、保存的信息。

第四条 安全生产监管监察部门应当加强对信息公开工作的组织领导,建立健全安全生产政府信息公开制度。

第五条 安全生产监管监察部门应当指定专门机构负责本部门信息公开的日常工作,具体职责是:

(一)组织制定本部门信息公开的制度;

（二）组织编制本部门信息公开指南、公开目录和公开工作年度报告；

（三）组织、协调本部门内设机构的信息公开工作；

（四）组织维护和更新本部门已经公开的信息；

（五）统一受理和答复向本部门提出的信息公开申请；

（六）负责对拟公开信息的保密审查工作进行程序审核；

（七）本部门规定与信息公开有关的其他职责。

安全生产监管监察部门的其他内设机构应当依照本办法的规定，负责审核并主动公开本机构有关信息，并配合协助前款规定的专门机构做好本部门信息公开工作。

第六条 安全生产监管监察部门应当依据有关法律、行政法规的规定加强对信息公开工作的保密审查，确保国家秘密信息安全。

第七条 安全生产监管监察部门负责行政监察的机构应当加强对本部门信息公开工作的监督检查。

第八条 安全生产监管监察部门应当建立健全信息公开的协调机制。安全生产监管监察部门拟发布的信息涉及其他行政机关或者与其他行政机关联合制作的，应当由负责发布信息的内设机构与其他行政机关进行沟通、确认，确保信息发布及时、准确。

安全生产监管监察部门拟发布的信息依照国家有关规定需要批准的，未经批准不得发布。

第九条 安全生产监管监察部门应当遵循依法、公正、公开、便民的原则，及时、准确地公开信息，但危及国家安全、公共安全、经济安全和社会稳定的信息除外。

安全生产监管监察部门发现影响或者可能影响社会稳定、扰乱安全生产秩序的虚假或者不完整信息的，应当按照实事求是和审慎处理的原则，在职责范围内发布准确的信息予以澄清，及时回应社会关切，正确引导社会舆论。

第二章 公开范围

第十条 安全生产监管监察部门应当依照《政府信息公开条例》

第九条的规定，在本部门职责范围内确定主动公开的信息的具体内容，并重点公开下列信息：

（一）本部门基本信息，包括职能、内设机构、负责人姓名、办公地点、办事程序、联系方式等；

（二）安全生产法律、法规、规章、标准和规范性文件；

（三）安全生产的专项规划及相关政策；

（四）安全生产行政许可的事项、负责承办的内设机构、依据、条件、数量、程序、期限以及申请行政许可需要提交的全部材料的目录及办理情况；

（五）行政事业性收费的项目、依据、标准；

（六）地方人民政府规定需要主动公开的财政信息；

（七）开展安全生产监督检查的情况；

（八）生产安全事故的发生情况，社会影响较大的生产安全事故的应急处置和救援情况，经过有关人民政府或者主管部门依法批复的事故调查和处理情况；

（九）法律、法规和规章规定应当公开的其他信息。

安全生产有关决策、规定或者规划、计划、方案等，涉及公民、法人和其他组织切身利益或者有重大社会影响的，在决策前应当广泛征求有关公民、法人和其他组织的意见，并以适当方式反馈或者公布意见采纳情况。

第十一条　除本办法第十条规定应当主动公开的信息外，公民、法人或者其他组织可以根据自身生产、生活、科研等特殊需要，申请获取相关信息。

公民、法人或者其他组织使用安全生产监管监察部门公开的信息，不得损害国家利益、公共利益和他人的合法权益。

第十二条　安全生产监管监察部门的下列信息不予公开：

（一）涉及国家秘密以及危及国家安全、公共安全、经济安全和社会稳定的；

（二）属于商业秘密或者公开后可能导致商业秘密被泄露的；

（三）属于个人隐私或者公开后可能导致对个人隐私权造成侵害的；

（四）在日常工作中制作或者获取的内部管理信息；

（五）尚未形成，需要进行汇总、加工、重新制作（作区分处理的除外），或者需要向其他行政机关、公民、法人或者其他组织搜集的信息；

（六）处于讨论、研究或者审查中的过程性信息；

（七）依照法律、法规和国务院规定不予公开的其他信息。

安全生产监管监察部门有证据证明与申请人生产、生活、科研等特殊需要无关的信息，可以不予提供。

与安全生产行政执法有关的信息，公开后可能影响检查、调查、取证等安全生产行政执法活动，或者危及公民、法人和其他组织人身或者财产安全的，安全生产监管监察部门可以暂时不予公开。在行政执法活动结束后，再依照本办法的规定予以公开。

涉及商业秘密、个人隐私，经权利人同意公开，或者安全生产监管监察部门认为不公开可能对公共利益造成重大影响的信息，可以予以公开。

第三章 公开方式和程序

第十三条 安全生产监管监察部门应当通过政府网站、公报、新闻发布会或者报刊、广播、电视等便于公众知晓的方式主动公开本办法第十条规定的信息，并依照《政府信息公开条例》的规定及时向当地档案馆和公共图书馆提供主动公开的信息。具体办法由安全生产监管监察部门与当地档案馆、公共图书馆协商制定。

安全生产监管监察部门可以根据需要，在办公地点设立信息查阅室、信息公告栏、电子信息屏等场所、设施公开信息。

第十四条 安全生产监管监察部门制作的信息，由制作该信息的部门负责公开；安全生产监管监察部门从公民、法人或者其他组织获取的信息，由保存该信息的行政机关负责公开。法律、法规对政府信息公开的权限另有规定的，从其规定。

第十五条 安全生产监管监察部门在制作信息时，应当明确该信息的公开属性，包括主动公开、依申请公开或者不予公开。

对于需要主动公开的信息，安全生产监管监察部门应当自该信息形成或者变更之日起20个工作日内予以公开。法律、法规对公开期限另有规定的，从其规定。

第十六条　公民、法人或者其他组织依照本办法第十一条的规定申请获取信息的，应当按照"一事一申请"的原则填写《信息公开申请表》，向安全生产监管监察部门提出申请；填写《信息公开申请表》确有困难的，申请人可以口头提出，由受理该申请的安全生产监管监察部门代为填写，申请人签字确认。

第十七条　安全生产监管监察部门收到《信息公开申请表》后，负责信息公开的专门机构应当进行审查，符合要求的，予以受理，并在收到《信息公开申请表》之日起3个工作日内向申请人出具申请登记回执；不予受理的，应当书面告知申请人不予受理的理由。

第十八条　安全生产监管监察部门受理信息公开申请后，负责信息公开的专门机构能够当场答复的，应当当场答复；不能够当场答复的，应当及时转送本部门相关内设机构办理。

安全生产监管监察部门受理的信息公开申请，应当自收到《信息公开申请表》之日起15个工作日内按照本办法第十九条的规定予以答复；不能在15个工作日内作出答复的，经本部门负责信息公开的专门机构负责人同意，可以适当延长答复期限，并书面告知申请人，延长答复的期限最长不得超过15个工作日。

申请获取的信息涉及第三方权益的，受理申请的安全生产监管监察部门征求第三方意见所需时间不计算在前款规定的期限内。

第十九条　对于已经受理的信息公开申请，安全生产监管监察部门应当根据下列情况分别予以答复：

（一）属于本部门信息公开范围的，应当书面告知申请人获取该信息的方式、途径，或者直接向申请人提供该信息；

（二）属于不予公开范围的，应当书面告知申请人不予公开的理由、依据；

（三）依法不属于本部门职能范围或者信息不存在的，应当书面告知申请人，对能够确定该信息的公开机关的，应当告知申请人该行政机关的名称和联系方式；

（四）申请内容不明确的，应当书面告知申请人作出更改、补充。

申请获取的信息中含有不应当公开的内容，但是能够作区分处理的，安全生产监管监察部门应当向申请人提供可以公开的信息内容。

第二十条 申请获取的信息涉及商业秘密、个人隐私，或者公开后可能损害第三方合法权益的，受理申请的安全生产监管监察部门应当书面征求第三方的意见。第三方不同意公开的，不得公开；但是，受理申请的安全生产监管监察部门认为不公开可能对公共利益造成重大影响的，应当予以公开，并将决定公开的信息内容和理由书面通知第三方。

第二十一条 公民、法人和其他组织有证据证明与其自身相关的信息不准确的，有权要求更正。受理申请的安全生产监管监察部门经核实后，应当予以更正，并将更正后的信息书面告知申请人；无权更正的，应当转送有权更正的部门或者其他行政机关处理，并告知申请人。

第二十二条 对于依申请公开的信息，安全生产监管监察部门应当按照申请人要求的形式予以提供；无法按照申请人要求的形式提供的，可以通过安排申请人查阅相关资料、提供复制件或者其他适当的形式提供。

第二十三条 安全生产监管监察部门依申请提供信息，除可以按照国家规定的标准向申请人收取检索、复制、邮寄等成本费用外，不得收取其他费用。

申请获取信息的公民确有经济困难的，经本人申请、安全生产监管监察部门负责信息公开的专门机构负责人审核同意，可以减免相关费用。

第四章 监督与保障

第二十四条 安全生产监管监察部门应当建立健全信息发布保密审查制度，明确保密审查的人员、方法、程序和责任。

安全生产监管监察部门在公开信息前，应当依照《中华人民共和国保守国家秘密法》、《安全生产工作国家秘密范围的规定》等法律、行政法规和有关保密制度,对拟公开的信息进行保密审查。

安全生产监管监察部门在保密审查过程中不能确定是否涉及国家秘密的,应当说明信息来源和本部门的保密审查意见,报上级安全生产监管监察部门或者本级保密行政管理部门确定。

第二十五条　安全生产监管监察部门应当编制、公布本部门信息公开指南及信息公开目录,并及时更新。

信息公开指南应当包括信息的分类、编排体系、获取方式和信息公开专门机构的名称、办公地址、办公时间、联系电话、传真号码、电子邮箱等内容。

信息公开目录应当包括信息的索引、名称、信息内容概述、生成日期、公开时间等内容。

第二十六条　安全生产监管监察部门应当建立健全信息公开工作考核制度、社会评议制度和责任追究制度,定期对信息公开工作进行考核、评议。

第二十七条　安全生产监管监察部门应当于每年3月31日前公布本部门上一年度信息公开工作年度报告。年度报告应当包括下列内容:

(一)本部门主动公开信息的情况;

(二)本部门依申请公开信息和不予公开信息的情况;

(三)信息公开工作的收费及减免情况;

(四)因信息公开申请行政复议、提起行政诉讼的情况;

(五)信息公开工作存在的主要问题及改进情况;

(六)其他需要报告的事项。

第二十八条　公民、法人或者其他组织认为安全生产监管监察部门不依法履行信息公开义务的,可以向上级安全生产监管监察部门举报。收到举报的安全生产监管监察部门应当依照《信访条例》的规定予以处理,督促被举报的安全生产监管监察部门依法履行信息公开义务。

第二十九条　公民、法人或者其他组织认为信息公开工作中的具体行政行为侵犯其合法权益的,可以依法申请行政复议或者提起行政诉讼。

第三十条 安全生产监管监察部门及其工作人员违反本办法的规定，有下列情形之一的，由本部门负责行政监察的机构或者其上级安全生产监管监察部门责令改正；情节严重的，对部门主要负责人、直接负责的主管人员和其他直接责任人员依法给予处分；构成犯罪的，依法追究刑事责任：

（一）不依法履行信息公开义务的；

（二）不及时更新公开的信息内容、信息公开指南和信息公开目录的；

（三）违反规定收取费用的；

（四）通过其他组织、个人以有偿服务方式提供信息的；

（五）公开不应当公开的信息的；

（六）故意提供虚假信息的；

（七）违反有关法律法规和本办法规定的其他行为。

第五章 附 则

第三十一条 国家安全生产监督管理总局管理的具有行政职能的事业单位的有关信息公开，参照本办法执行。

第三十二条 本办法自 2012 年 11 月 1 日起施行。

中共中央、国务院关于推进安全生产领域改革发展的意见

(2016年12月9日发布,新中国成立以来第一个以党中央、国务院名义出台的安全生产工作的纲领性文件)

安全生产是关系人民群众生命财产安全的大事,是经济社会协调健康发展的标志,是党和政府对人民利益高度负责的要求。党中央、国务院历来高度重视安全生产工作,党的十八大以来作出一系列重大决策部署,推动全国安全生产工作取得积极进展。同时也要看到,当前我国正处在工业化、城镇化持续推进过程中,生产经营规模不断扩大,传统和新型生产经营方式并存,各类事故隐患和安全风险交织叠加,安全生产基础薄弱、监管体制机制和法律制度不完善、企业主体责任落实不力等问题依然突出,生产安全事故易发多发,尤其是重特大安全事故频发势头尚未得到有效遏制,一些事故发生呈现由高危行业领域向其他行业领域蔓延趋势,直接危及生产安全和公共安全。为进一步加强安全生产工作,现就推进安全生产领域改革发展提出如下意见。

一、总体要求

(一)指导思想

全面贯彻党的十八大和十八届三中、四中、五中、六中全会精神,以邓小平理论、"三个代表"重要思想、科学发展观为指导,深入贯彻习近平总书记系列重要讲话精神和治国理政新理念新思想新战略,进一步增强"四个意识",紧紧围绕统筹推进"五位一体"总体布局和协调推进"四个全面"战略布局,牢固树立新发展理念,坚持安全发展,坚守发展决不能以牺牲安全为代价这条不可逾越的红线,以防范遏制重特大生产安全事故为重点,坚持安全第一、预防为主、综合治理的方针,加强领导、改革创新、协调联动、齐抓共管,着力强化企业安全生产主体责任,着力堵塞监督管理漏洞,着力解决不遵守法

律法规的问题，依靠严密的责任体系、严格的法治措施、有效的体制机制、有力的基础保障和完善的系统治理，切实增强安全防范治理能力，大力提升我国安全生产整体水平，确保人民群众安康幸福、共享改革发展和社会文明进步成果。

（二）基本原则

——坚持安全发展。贯彻以人民为中心的发展思想，始终把人的生命安全放在首位，正确处理安全与发展的关系，大力实施安全发展战略，为经济社会发展提供强有力的安全保障。

——坚持改革创新。不断推进安全生产理论创新、制度创新、体制机制创新、科技创新和文化创新，增强企业内生动力，激发全社会创新活力，破解安全生产难题，推动安全生产与经济社会协调发展。

——坚持依法监管。大力弘扬社会主义法治精神，运用法治思维和法治方式，深化安全生产监管执法体制改革，完善安全生产法律法规和标准体系，严格规范公正文明执法，增强监管执法效能，提高安全生产法治化水平。

——坚持源头防范。严格安全生产市场准入，经济社会发展要以安全为前提，把安全生产贯穿城乡规划布局、设计、建设、管理和企业生产经营活动全过程。构建风险分级管控和隐患排查治理双重预防工作机制，严防风险演变、隐患升级导致生产安全事故发生。

——坚持系统治理。严密层级治理和行业治理、政府治理、社会治理相结合的安全生产治理体系，组织动员各方面力量实施社会共治。综合运用法律、行政、经济、市场等手段，落实人防、技防、物防措施，提升全社会安全生产治理能力。

（三）目标任务

到 2020 年，安全生产监管体制机制基本成熟，法律制度基本完善，全国生产安全事故总量明显减少，职业病危害防治取得积极进展，重特大生产安全事故频发势头得到有效遏制，安全生产整体水平与全面建成小康社会目标相适应。到 2030 年，实现安全生产治理体系和治理能力现代化，全民安全文明素质全面提升，安全生产保障能力显著增强，为实现中华民族伟大复兴的中国梦奠定稳固可靠的安全生产基础。

二、健全落实安全生产责任制

(四) 明确地方党委和政府领导责任

坚持党政同责、一岗双责、齐抓共管、失职追责，完善安全生产责任体系。地方各级党委和政府要始终把安全生产摆在重要位置，加强组织领导。党政主要负责人是本地区安全生产第一责任人，班子其他成员对分管范围内的安全生产工作负领导责任。地方各级安全生产委员会主任由政府主要负责人担任，成员由同级党委和政府及相关部门负责人组成。

地方各级党委要认真贯彻执行党的安全生产方针，在统揽本地区经济社会发展全局中同步推进安全生产工作，定期研究决定安全生产重大问题。加强安全生产监管机构领导班子、干部队伍建设。严格安全生产履职绩效考核和失职责任追究。强化安全生产宣传教育和舆论引导。发挥人大对安全生产工作的监督促进作用、政协对安全生产工作的民主监督作用。推动组织、宣传、政法、机构编制等单位支持保障安全生产工作。动员社会各界积极参与、支持、监督安全生产工作。

地方各级政府要把安全生产纳入经济社会发展总体规划，制定实施安全生产专项规划，健全安全投入保障制度。及时研究部署安全生产工作，严格落实属地监管责任。充分发挥安全生产委员会作用，实施安全生产责任目标管理。建立安全生产巡查制度，督促各部门和下级政府履职尽责。加强安全生产监管执法能力建设，推进安全科技创新，提升信息化管理水平。严格安全准入标准，指导管控安全风险，督促整治重大隐患，强化源头治理。加强应急管理，完善安全生产应急救援体系。依法依规开展事故调查处理，督促落实问题整改。

(五) 明确部门监管责任

按照管行业必须管安全、管业务必须管安全、管生产经营必须管安全和谁主管谁负责的原则，厘清安全生产综合监管与行业监管的关系，明确各有关部门安全生产和职业健康工作职责，并落实到部门工作职责规定中。安全生产监督管理部门负责安全生产法规标准和政策规划制定修订、执法监督、事故调查处理、应急救援管理、统计分析、宣传教育培训等综合性工作，承担职责范围内行业领域安全生产和职业健康监管执法职责。负有安全生产监督管理职责的有关部门依法依规履行相关行业领域安全生产和职业健康监管职责，强化监管执法，严厉查处违法违规行为。其他行业领域主管部门负有安全生产管理责任，要将安全生产工作作为行业领域管理的重要内容，从行业规划、产业政策、法规标准、行政许可等方面加强行业安全生产工作，指导督促企事业单位加强安全管理。党委和政府其他有关部门要在职责范围内为安全生产工作提供支持保障，共同推进安全发展。

（六）严格落实企业主体责任

企业对本单位安全生产和职业健康工作负全面责任，要严格履行安全生产法定责任，建立健全自我约束、持续改进的内生机制。企业实行全员安全生产责任制度，法定代表人和实际控制人同为安全生产第一责任人，主要技术负责人负有安全生产技术决策和指挥权，强化部门安全生产职责，落实一岗双责。完善落实混合所有制企业以及跨地区、多层级和境外中资企业投资主体的安全生产责任。建立企业全过程安全生产和职业健康管理制度，做到安全责任、管理、投入、培训和应急救援"五到位"。国有企业要发挥安全生产工作示范带头作用，自觉接受属地监管。

（七）健全责任考核机制

建立与全面建成小康社会相适应和体现安全发展水平的考核评价体系。完善考核制度，统筹整合、科学设定安全生产考核指标，加大安全生产在社会治安综合治理、精神文明建设等考核中的权重。各级政府要对同级安全生产委员会成员单位和下级政府实施严格的安全生产工作责任考核，实行过程考核与结果考核相结合。各地区各单位要建立安全生产绩效与履职评定、职务晋升、奖励惩处挂钩制度，严格落实安全生产"一票否决"制度。

（八）严格责任追究制度

实行党政领导干部任期安全生产责任制，日常工作依责尽职、发生事故依责追究。依法依规制定各有关部门安全生产权力和责任清单，尽职照单免责、失职照单问责。建立企业生产经营全过程安全责任追溯制度。严肃查处安全生产领域项目审批、行政许可、监管执法中的失职渎职和权钱交易等腐败行为。严格事故直报制度，对瞒报、谎报、漏报、迟报事故的单位和个人依法依规追责。对被追究刑事责任的生产经营者依法实施相应的职业禁入，对事故发生负有重大责任的社会服务机构和人员依法严肃追究法律责任，并依法实施相应的行业禁入。

三、改革安全监管监察体制

（九）完善监督管理体制

加强各级安全生产委员会组织领导，充分发挥其统筹协调作用，切实解决突出矛盾和问题。各级安全生产监督管理部门承担本级安全生产委员会日常工作，负责指导协调、监督检查、巡查考核本级政府有关部门和下级政府安全生产工作，履行综合监管职责。负有安全生产监督管理职责的部门，依照有关法律法规和部门职责，健全安全生产监管体制，严格落实监管职责。相关部门按照各自职责建立完善安全生产工作机制，形成齐抓共管格局。坚持管安全生产必须管职业健康，建立安全生产和职业健康一体化监管执法体制。

（十）改革重点行业领域安全监管监察体制

依托国家煤矿安全监察体制，加强非煤矿山安全生产监管监察，优化安全监察机构布局，将国家煤矿安全监察机构负责的安全生产行政许可事项移交给地方政府承担。着重加强危险化学品安全监管体制改革和力量建设，明确和落实危险化学品建设项目立项、规划、设计、施工及生产、储存、使用、销售、运输、废弃处置等环节的法定安全监管责任，建立有力的协调联动机制，消除监管空白。完善海洋石油安全生产监督管理体制机制，实行政企分开。理顺民航、铁路、电力等行业跨区域监管体制，明确行业监管、区域监管与地方监管职责。

（十一）进一步完善地方监管执法体制

地方各级党委和政府要将安全生产监督管理部门作为政府工作部门和行政执法机构，加强安全生产执法队伍建设，强化行政执法职能。统筹加强安全监管力量，重点充实市、县两级安全生产监管执法人员，强化乡镇（街道）安全生产监管力量建设。完善各类开发区、工业园区、港区、风景区等功能区安全生产监管体制，明确负责安全生产监督管理的机构，以及港区安全生产地方监管和部门监管责任。

(十二）健全应急救援管理体制

按照政事分开原则，推进安全生产应急救援管理体制改革，强化行政管理职能，提高组织协调能力和现场救援时效。健全省、市、县三级安全生产应急救援管理工作机制，建设联动互通的应急救援指挥平台。依托公安消防、大型企业、工业园区等应急救援力量，加强矿山和危险化学品等应急救援基地和队伍建设，实行区域化应急救援资源共享。

四、大力推进依法治理

（十三）健全法律法规体系

建立健全安全生产法律法规立改废释工作协调机制。加强涉及安全生产相关法规一致性审查，增强安全生产法制建设的系统性、可操作性。制定安全生产中长期立法规划，加快制定修订安全生产法配套法规。加强安全生产和职业健康法律法规衔接融合。研究修改刑法有关条款，将生产经营过程中极易导致重大生产安全事故的违法行为列入刑法调整范围。制定完善高危行业领域安全规程。设区的市根据立法法的立法精神，加强安全生产地方性法规建设，解决区域性安全生产突出问题。

（十四）完善标准体系

加快安全生产标准制定修订和整合，建立以强制性国家标准为主体的安全生产标准体系。鼓励依法成立的社会团体和企业制定更加严格规范的安全生产标准，结合国情积极借鉴实施国际先进标准。国务院安全生产监督管理部门负责生产经营单位职业危害预防治理国家标准制定发布工作；统筹提出安全生产强制性国家标准立项计划，有关部门按照职责分工组织起草、审查、实施和监督执行，国务院标准化行政主管部门负责及时立项、编号、对外通报、批准并发布。

（十五）严格安全准入制度

严格高危行业领域安全准入条件。按照强化监管与便民服务相结合原则，科学设置安全生产行政许可事项和办理程序，优化工作流程，简化办事环节，实施网上公开办理，接受社会监督。对与人民群众生命财产安全直接相关的行政许可事项，依法严格管理。对取消、下放、移交的行政许可事项，要加强事中事后安全监管。

(十六）规范监管执法行为

完善安全生产监管执法制度，明确每个生产经营单位安全生产监督和管理主体，制定实施执法计划，完善执法程序规定，依法严格查处各类违法违规行为。建立行政执法和刑事司法衔接制度，负有安全生产监督管理职责的部门要加强与公安、检察院、法院等协调配合，完善安全生产违法线索通报、案件移送与协查机制。对违法行为当事人拒不执行安全生产行政执法决定的，负有安全生产监督管理职责的部门应依法申请司法机关强制执行。完善司法机关参与事故调查机制，严肃查处违法犯罪行为。研究建立安全生产民事和行政公益诉讼制度。

（十七）完善执法监督机制

各级人大常委会要定期检查安全生产法律法规实施情况，开展专题询问。各级政协要围绕安全生产突出问题开展民主监督和协商调研。建立执法行为审议制度和重大行政执法决策机制，评估执法效果，防止滥用职权。健全领导干部非法干预安全生产监管执法的记录、通报和责任追究制度。完善安全生产执法纠错和执法信息公开制度，加强社会监督和舆论监督，保证执法严明、有错必纠。

（十八）健全监管执法保障体系

制定安全生产监管监察能力建设规划，明确监管执法装备及现场执法和应急救援用车配备标准，加强监管执法技术支撑体系建设，保障监管执法需要。建立完善负有安全生产监督管理职责的部门监管执法经费保障机制，将监管执法经费纳入同级财政全额保障范围。加强监管执法制度化、标准化、信息化建设，确保规范高效监管执法。建立安全生产监管执法人员依法履行法定职责制度，激励保证监管执法人员忠于职守、履职尽责。严格监管执法人员资格管理，制定安全生产监管执法人员录用标准，提高专业监管执法人员比例。建立健全安全生产监管执法人员凡进必考、入职培训、持证上岗和定期轮训制度。统一安全生产执法标志标识和制式服装。

（十九）完善事故调查处理机制

坚持问责与整改并重，充分发挥事故查处对加强和改进安全生产工作的促进作用。完善生产安全事故调查组组长负责制。健全典型事故提级调查、跨地区协同调查和工作督导机制。建立事故调查分析技术支撑体系，所有事故调查报告要设立技术和管理问题专篇，详细分析原因并全文发布，做好解读，回应公众关切。对事故调查发现有漏洞、缺陷的有关法律法规和标准制度，及时启动制定修订工作。建立事故暴露问题整改督办制度，事故结案后一年内，负责事故调查的地方政府和国务院有关部门要组织开展评估，及时向社会公开，对履职不力、整改措施不落实的，依法依规严肃追究有关单位和人员责任。

五、建立安全预防控制体系

（二十）加强安全风险管控

地方各级政府要建立完善安全风险评估与论证机制，科学合理确定企业选址和基础设施建设、居民生活区空间布局。高危项目审批必须把安全生产作为前置条件，城乡规划布局、设计、建设、管理等各项工作必须以安全为前提，实行重大安全风险"一票否决"。加强新材料、新工艺、新业态安全风险评估和管控。紧密结合供给侧结构性改革，推动高危产业转型升级。位置相邻、行业相近、业态相似的地区和行业要建立完善重大安全风险联防联控机制。构建国家、省、市、县四级重大危险源信息管理体系，对重点行业、重点区域、重点企业实行风险预警控制，有效防范重特大生产安全事故。

（二十一）强化企业预防措施

企业要定期开展风险评估和危害辨识。针对高危工艺、设备、物品、场所和岗位，建立分级管控制度，制定落实安全操作规程。树立隐患就是事故的观念，建立健全隐患排查治理制度、重大隐患治理情况向负有安全生产监督管理职责的部门和企业职代会"双报告"制度，实行自查自改自报闭环管理。严格执行安全生产和职业健康"三同时"制度。大力推进企业安全生产标准化建设，实现安全管理、操作行为、设备设施和作业环境的标准化。开展经常性的应急演练和人员避险自救培训，着力提升现场应急处置能力。

（二十二）建立隐患治理监督机制

制定生产安全事故隐患分级和排查治理标准。负有安全生产监督管理职责的部门要建立与企业隐患排查治理系统联网的信息平台，完善线上线下配套监管制度。强化隐患排查治理监督执法，对重大隐患整改不到位的企业依法采取停产停业、停止施工、停止供电和查封扣押等强制措施，按规定给予上限经济处罚，对构成犯罪的要移交司法机关依法追究刑事责任。严格重大隐患挂牌督办制度，对整改和督办不力的纳入政府核查问责范围，实行约谈告诫、公开曝光，情节严重的依法依规追究相关人员责任。

（二十三）强化城市运行安全保障

定期排查区域内安全风险点、危险源，落实管控措施，构建系统性、现代化的城市安全保障体系，推进安全发展示范城市建设。提高基础设施安全配置标准，重点加强对城市高层建筑、大型综合体、隧道桥梁、管线管廊、轨道交通、燃气、电力设施及电梯、游乐设施等的检测维护。完善大型群众性活动安全管理制度，加强人员密集场所安全监管。加强公安、民政、国土资源、住房城乡建设、交通运输、水利、农业、安全监管、气象、地震等相关部门的协调联动，严防自然灾害引发事故。

（二十四）加强重点领域工程治理

深入推进对煤矿瓦斯、水害等重大灾害以及矿山采空区、尾矿库的工程治理。加快实施人口密集区域的危险化学品和化工企业生产、仓储场所安全搬迁工程。深化油气开采、输送、炼化、码头接卸等领域安全整治。实施高速公路、乡村公路和急弯陡坡、临水临崖危险路段公路安全生命防护工程建设。加强高速铁路、跨海大桥、海底隧道、铁路浮桥、航运枢纽、港口等防灾监测、安全检测及防护系统建设。完善长途客运车辆、旅游客车、危险物品运输车辆和船舶生产制造标准，提高安全性能，强制安装智能视频监控报警、防碰撞和整车整船安全运行监管技术装备，对已运行的要加快安全技术装备改造升级。

（二十五）建立完善职业病防治体系

将职业病防治纳入各级政府民生工程及安全生产工作考核体系，制定职业病防治中长期规划，实施职业健康促进计划。加快职业病危害严重企业技术改造、转型升级和淘汰退出，加强高危粉尘、高毒物品等职业病危害源头治理。健全职业健康监管支撑保障体系，加强职业健康技术服务机构、职业病诊断鉴定机构和职业健康体检机构建设，强化职业病危害基础研究、预防控制、诊断鉴定、综合治疗能力。完善相关规定，扩大职业病患者救治范围，将职业病失能人员纳入社会保障范围，对符合条件的职业病患者落实医疗与生活救助措施。加强企业职业健康监管执法，督促落实职业病危害告知、日常监测、定期报告、防护保障和职业健康体检等制度措施，落实职业病防治主体责任。

六、加强安全基础保障能力建设

（二十六）完善安全投入长效机制

加强中央和地方财政安全生产预防及应急相关资金使用管理，加大安全生产与职业健康投入，强化审计监督。加强安全生产经济政策研究，完善安全生产专用设备企业所得税优惠目录。落实企业安全生产费用提取管理使用制度，建立企业增加安全投入的激励约束机制。健全投融资服务体系，引导企业集聚发展灾害防治、预测预警、检测监控、个体防护、应急处置、安全文化等技术、装备和服务产业。

（二十七）建立安全科技支撑体系

优化整合国家科技计划，统筹支持安全生产和职业健康领域科研项目，加强研发基地和博士后科研工作站建设。开展事故预防理论研究和关键技术装备研发，加快成果转化和推广应用。推动工业机器人、智能装备在危险工序和环节广泛应用。提升现代信息技术与安全生产融合度，统一标准规范，加快安全生产信息化建设，构建安全生产与职业健康信息化全国"一张网"。加强安全生产理论和政策研究，运用大数据技术开展安全生产规律性、关联性特征分析，提高安全生产决策科学化水平。

（二十八）健全社会化服务体系

将安全生产专业技术服务纳入现代服务业发展规划，培育多元化服务主体。建立政府购买安全生产服务制度。支持发展安全生产专业化行业组织，强化自治自律。完善注册安全工程师制度。改革完善安全生产和职业健康技术服务机构资质管理办法。支持相关机构开展安全生产和职业健康一体化评价等技术服务，严格实施评价公开制度，进一步激活和规范专业技术服务市场。鼓励中小微企业订单式、协作式购买运用安全生产管理和技术服务。建立安全生产和职业健康技术服务机构公示制度和由第三方实施的信用评定制度，严肃查处租借资质、违法挂靠、弄虚作假、垄断收费等各类违法违规行为。

（二十九）发挥市场机制推动作用

取消安全生产风险抵押金制度，建立健全安全生产责任保险制度，在矿山、危险化学品、烟花爆竹、交通运输、建筑施工、民用爆炸物品、金属冶炼、渔业生产等高危行业领域强制实施，切实发挥保险机构参与风险评估管控和事故预防功能。完善工伤保险制度，加快制定工伤预防费用的提取比例、使用和管理具体办法。积极推进安全生产诚信体系建设，完善企业安全生产不良记录"黑名单"制度，建立失信惩戒和守信激励机制。

（三十）健全安全宣传教育体系

将安全生产监督管理纳入各级党政领导干部培训内容。把安全知识普及纳入国民教育，建立完善中小学安全教育和高危行业职业安全教育体系。把安全生产纳入农民工技能培训内容。严格落实企业安全教育培训制度，切实做到先培训、后上岗。推进安全文化建设，加强警示教育，强化全民安全意识和法治意识。发挥工会、共青团、妇联等群团组织作用，依法维护职工群众的知情权、参与权与监督权。加强安全生产公益宣传和舆论监督。建立安全生产"12350"专线与社会公共管理平台统一接报、分类处置的举报投诉机制。鼓励开展安全生产志愿服务和慈善事业。加强安全生产国际交流合作，学习借鉴国外安全生产与职业健康先进经验。

各地区各部门要加强组织领导，严格实行领导干部安全生产工作责任制，根据本意见提出的任务和要求，结合实际认真研究制定实施办法，抓紧出台推进安全生产领域改革发展的具体政策措施，明确责任分工和时间进度要求，确保各项改革举措和工作要求落实到位。贯彻落实情况要及时向党中央、国务院报告，同时抄送国务院安全生产委员会办公室。中央全面深化改革领导小组办公室将适时牵头组织开展专项监督检查。

2016 年 12 月 9 日

国务院办公厅关于加强安全生产监管执法的通知

国办发〔2015〕20号

各省、自治区、直辖市人民政府，国务院各部委、各直属机构：

为贯彻落实党的十八大、十八届二中、三中、四中全会精神和党中央、国务院有关决策部署，按照全面推进依法治国的要求，着力强化安全生产法治建设，严格执行安全生产法等法律法规，切实维护人民群众生命财产安全和健康权益，经国务院同意，现就加强安全生产监管执法有关要求通知如下：

一、健全完善安全生产法律法规和标准体系

（一）加快制修订相关法律法规

抓紧制定安全生产法实施条例等配套法规，积极推动矿山安全法、消防法、道路交通安全法、海上交通安全法、铁路法等相关法律修订出台，加快煤矿安全监察、石油天然气管道保护、民用航空安全保卫、重大设备监理、高毒物品与高危粉尘作业劳动保护、安全生产应急管理等有关法规的研究论证和制修订工作。各省级人民政府要推动安全生产地方性法规、规章制修订工作，健全安全生产法治保障体系。

（二）制定完善安全生产标准

国务院安全生产监督管理部门要加强统筹协调，会同有关部门制定实施安全生产标准发展规划和年度计划，加快制修订安全生产强制性国家标准，逐步缩减推荐性标准。其他负有安全生产监督管理职责的部门要建立完善行业安全管理标准，并在制修订其他行业和技术标准时充分考虑安全生产的要求。要根据经济社会发展和安全生产实际需要，科学建立和优化工作程序，尽可能缩短相关标准出台期限，对于安全生产工作急需标准要按照特事特办原则，加快完成制修订工作并及时向社会公布。

(三) 及时做好相关规章制度修改完善工作

加强调查研究，准确把握和研判安全生产形势、特点和规律，认真调查分析每一起生产安全事故，深入剖析事故发生的技术原因和管理原因，有针对性地健全和完善相关规章制度。对事故调查反映出相关法规规章有漏洞和缺陷的，要在事故结案后立即启动制修订工作。要按照深化行政审批制度改革的要求，及时做好有关地方和部门规章及规范性文件清理工作，既要简政放权，又要确保安全准入门槛不降低、安全监管不放松。

二、依法落实安全生产责任

(四) 建立完善安全监管责任制

依法加快建立生产经营单位负责、职工参与、政府监管、行业自律和社会监督的安全生产工作机制。全面建立"党政同责、一岗双责、齐抓共管"的安全生产责任体系，落实属地监管责任。负有安全生产监督管理职责的部门要加强对有关行业领域的监督管理，形成综合监管和行业监管合力，提高监管效能，切实做到管行业必须管安全、管业务必须管安全、管生产经营必须管安全。加强安全生产目标责任考核，各级安全生产监督管理部门要定期向同级组织部门报送安全生产情况，将其纳入领导干部政绩业绩考核内容，严格落实安全生产"一票否决"制度。

(五) 督促落实企业安全生产主体责任

督促企业严格履行法定责任和义务，建立健全安全生产管理机构，按规定配齐安全生产管理人员和注册安全工程师，切实做到安全生产责任到位、投入到位、培训到位、基础管理到位和应急救援到位。国有大中型企业和规模以上企业要建立安全生产委员会，主任由董事长或总经理担任，董事长、党委书记、总经理对安全生产工作均负有领导责任，企业领导班子成员和管理人员实行安全生产"一岗双责"。所有企业都要建立生产安全风险警示和预防应急公告制度，完善风险排查、评估、预警和防控机制，加强风险预控管理，按规定将本单位重大危险源及相关安全措施、应急措施报有关地方人民政府安全生产监督管理部门和有关部门备案。

（六）进一步严格事故调查处理

各类生产安全事故发生后，各级人民政府必须按照事故等级和管辖权限，依法开展事故调查，并通知同级人民检察院介入调查。完善事故查处挂牌督办制度，按规定由省级、市级和县级人民政府分别负责查处的重大、较大和一般事故，分别由上一级人民政府安全生产委员会负责挂牌督办、审核把关。对性质严重、影响恶劣的重大事故，经国务院批准后，成立国务院事故调查组或由国务院授权有关部门组织事故调查组进行调查。对典型的较大事故，可由国务院安全生产委员会直接督办。建立事故调查处理信息通报和整改措施落实情况评估制度，所有事故都要在规定时限内结案并依法及时向社会全文公布事故调查报告，同时由负责查处事故的地方人民政府在事故结案1年后及时组织开展评估，评估情况报上级人民政府安全生产委员会办公室备案。

三、创新安全生产监管执法机制

（七）加强重点监管执法

地方各级人民政府和负有安全生产监督管理职责的部门要根据辖区、行业领域安全生产实际情况，分别筛选确定重点监管的市、县、乡镇（街道）、行政村（社区）和生产经营单位，实行跟踪监管、直接指导。国务院安全生产监督管理部门要组织各地区排查梳理高危企业分布情况和近5年来事故发生情况，确定重点监管对象，纳入国家重点监管调度范围并实行动态管理。进一步加强部门联合监管执法，做到密切配合、协调联动，依法严肃查处突出问题，并通过暗访暗查、约谈曝光、专家会诊、警示教育等方式督促整改。

（八）加强源头监管和治理

地方各级人民政府要将安全生产和职业病防治纳入经济社会发展规划，实现同步协调发展。各有关部门要进一步加强有关建设项目规划、设计环节的安全把关，防止从源头上产生隐患。建立岗位安全知识、职业病危害防护知识和实际操作技能考核制度，全面推行教考分离，对发生事故的要依法倒查企业安全生产培训制度落实情况。深入开展企业安全生产标准化建设，对不符合安全生产条件的企业要依法责令停产整顿,直至关闭退出。督促企业加强生产经营场所职业病危害源头治理,防止职业病发生。地方各级安全生产监督管理部门要建立与企业联网的隐患排查治理信息系统,实行企业自查自报自改与政府监督检查并网衔接,并建立健全线下配套监管制度,实现分级分类、互联互通、闭环管理。

(九) 改进监督检查方式

各地区和相关部门要建立完善"四不两直"(不发通知、不打招呼、不听汇报、不用陪同和接待,直奔基层、直插现场)暗查暗访安全检查制度,制定事故隐患分类和分级挂牌督办标准,对重大事故隐患加大执法检查频次,强化预防控制措施。推行安全生产网格化动态监管机制,力争用3年左右时间覆盖到所有生产经营单位和乡村、社区。地方各级人民政府要营造良好的安全生产监管执法环境,不得以招商引资、发展经济等为由对安全生产监管执法设置障碍,2015年底前要全面清理、废除影响和阻碍安全生产监管执法的相关规定,并向上级人民政府报告。

(十) 建立完善安全生产诚信约束机制

地方各级人民政府要将企业安全生产诚信建设作为社会信用体系建设的重要内容,建立健全企业安全生产信用记录并纳入国家和地方统一的信用信息共享交换平台。要实行安全生产"黑名单"制度并通过企业信用信息公示系统向社会公示,对列入"黑名单"的企业,在经营、投融资、政府采购、工程招投标、国有土地出让、授予荣誉、进出口、出入境、资质审核等方面依法予以限制或禁止。各地区要于2016年底前建立企业安全生产违法信息库,2018年底前实现全国联网,并面向社会公开查询。相关部门要加强联动,依法对失信企业进行惩戒约束。

(十一) 加快监管执法信息化建设

整合建立安全生产综合信息平台,统筹推进安全生产监管执法信息化工作,实现与事故隐患排查治理、重大危险源监控、安全诚信、安全生产标准化、安全教育培训、安全专业人才、行政许可、监测检验、应急救援、事故责任追究等信息共建共享,消除信息孤岛。要大力提升安全生产"大数据"利用能力,加强安全生产周期性、关联性等特征分析,做到检索查询即时便捷、归纳分析系统科学,实现来源可查、去向可追、责任可究、规律可循。

(十二)运用市场机制加强安全监管

在依法推进各类用人单位参加工伤保险的同时,鼓励企业投保安全生产责任保险,并理顺安全生产责任保险与风险抵押金的关系,推动建立社会商业保险机构参与安全监管的机制。要在长途客运、危险货物道路运输领域继续实施承运人责任保险制度的同时,进一步推动在煤矿、非煤矿山、危险化学品、烟花爆竹、建筑施工、民用爆炸物品、特种设备、金属冶炼与加工、水上运输等高危行业和重点领域实行安全生产责任保险制度,推动公共聚集场所和易燃易爆危险品生产、储存、运输、销售企业投保火灾公共责任保险。建立健全国家、省、市、县四级安全生产专家队伍和服务机制。培育扶持科研院所、行业协会、专业服务组织和注册安全工程师事务所参与安全生产工作,积极提供安全管理和技术服务。

(十三)加强与司法机关的工作协调

制定安全生产非法违法行为等涉嫌犯罪案件移送规定,明确移送标准和程序,建立安全生产监管执法机构与公安机关和检察机关安全生产案情通报机制,加强相关部门间的执法协作,严厉查处打击各类违法犯罪行为。安全生产监督管理部门对逾期不履行安全生产行政决定的,要依法强制执行或者向人民法院申请强制执行,维护法律的权威性和约束力,切实保障公民生命安全和职业健康。

四、严格规范安全生产监管执法行为

(十四)建立权力和责任清单

按照强化安全生产监管与透明、高效、便民相结合的原则,进一步取消或下放安全生产行政审批事项,制定完善事中和事后监管办法,提高政府安全生产监管服务水平。地方各级人民政府及其相关部门、中央垂直管理部门设在地方的机构要依照安全生产法等法律法规和规章,以清单方式明确每项安全生产监管监察职权和责任,制定工作流程图,并通过政府网站和政府公告等载体,及时向社会公开,切实做到安全生产监管执法不缺位、不越位。

（十五）完善科学执法制度

各级安全生产监督管理部门要制定年度执法计划，明确重点监管对象、检查内容和执法措施，并根据安全生产实际情况及时进行调整和完善，确保执法效果。建立安全生产与职业卫生一体化监管执法制度，对同类事项进行综合执法，降低执法成本，提高监管实效。各有关部门依法对企业作出安全生产执法决定之日起20个工作日内，要向社会公开执法信息。

（十六）强化严格规范执法

各级安全生产监督管理部门和其他负有安全生产监督管理职责的部门要依法明确停产停业、停止施工、停止使用相关设施或者设备，停止供电、停止供应民用爆炸物品，查封、扣押、取缔和上限处罚等执法决定的具体情形、时限、执行责任和落实措施。加强执法监督，建立执法行为审议制度和重大行政执法决策机制，依法规范执法程序和自由裁量权，评估执法效果，防止滥用职权；对同类安全生产执法案件按不低于10%的比例，召集相关企业进行公开裁定。

五、加强安全生产监管执法能力建设

（十七）健全监管执法机构

2016年底前，所有的市、县级人民政府要健全安全生产监管执法机构，落实监管责任。地方各级人民政府要结合实际，强化安全生产基层执法力量，对安全生产监管人员结构进行调整，3年内实现专业监管人员配比不低于在职人员的75%。各市、县级人民政府要通过探索实行派驻执法、跨区域执法、委托执法和政府购买服务等方式，加强和规范乡镇（街道）及各类经济开发区安全生产监管执法工作。

（十八）加强监管执法保障建设

国务院安全生产监督管理部门、发展改革部门要做好安全生产监管部门和煤矿安全监察机构监管监察能力建设发展规划的编制实施工作。国务院社会保险行政部门要会同财政、安全生产监督管理等部门，在总结做好工伤预防试点工作基础上，抓紧制定工伤预防费提取比例、使用和管理的具体办法，加大对工伤预防的投入。地方各级人民政府要将安全生产监管执法机构作为政府行政执法机构,健全安全生产监管执法经费保障机制,将安全生产监管执法经费纳入同级财政保障范围,深入开展安全生产监管执法机构规范化、标准化建设,改善调查取证等执法装备,保障基层执法和应急救援用车,满足工作需要。

(十九)加强法治教育培训

按照谁执法、谁负责的原则,加强安全生产法等法律法规普法宣传教育,提高全民安全生产法治素养。地方各级人民政府要把安全法治纳入领导干部教育培训的重要内容,加强安全生产监管执法人员法律法规和执法程序培训,对新录用的安全生产监管执法人员坚持凡进必考必训,对在岗人员原则上每3年轮训一次,所有人员都要经执法资格培训考试合格后方可执证上岗。

(二十)加强监管执法队伍建设

地方各级人民政府和相关部门要加强安全生产监管执法人员的思想建设、作风建设和业务建设,建立健全监督考核机制。建立现场执法全过程记录制度,2017年底前,所有执法人员配备使用便携式移动执法终端,切实做到严格执法、科学执法、文明执法。进一步加强党风廉政建设,强化纪律约束,坚决查处腐败问题和失职渎职行为,宣传推广基层安全生产监管执法的先进典型,树立廉洁执法的良好社会形象。

各地区、各有关部门要充分认识进一步加强安全生产监管执法的重要意义,切实强化组织领导,积极抓好工作落实。各级领导干部要做尊法学法守法用法的模范,带头厉行法治、依法办事,运用法治思维和法治方式解决安全生产问题。国务院安全生产监督管理部门要会同有关部门认真开展监督检查,促进安全生产监管执法措施的落实,重大情况及时向国务院报告。

国务院办公厅
2015年4月2日

安全生产事故隐患排查治理暂行规定

国家安全生产监督管理总司令
第 16 号

《安全生产事故隐患排查治理暂行规定》已经 2007 年 12 月 22 日国家安全生产监督管理总局局长办公会议审议通过，现予公布，自 2008 年 2 月 1 日起施行。

国家安全生产监督管理总局局长
二〇〇七年十二月二十八日

第一章 总 则

第一条 为了建立安全生产事故隐患排查治理长效机制，强化安全生产主体责任，加强事故隐患监督管理，防止和减少事故，保障人民群众生命财产安全，根据安全生产法等法律、行政法规，制定本规定。

第二条 生产经营单位安全生产事故隐患排查治理和安全生产监督管理部门、煤矿安全监察机构（以下统称安全监管监察部门）实施监管监察，适用本规定。

有关法律、行政法规对安全生产事故隐患排查治理另有规定的，依照其规定。

第三条　本规定所称安全生产事故隐患（以下简称事故隐患），是指生产经营单位违反安全生产法律、法规、规章、标准、规程和安全生产管理制度的规定，或者因其他因素在生产经营活动中存在可能导致事故发生的物的危险状态、人的不安全行为和管理上的缺陷。

事故隐患分为一般事故隐患和重大事故隐患。一般事故隐患，是指危害和整改难度较小，发现后能够立即整改排除的隐患。重大事故隐患，是指危害和整改难度较大，应当全部或者局部停产停业，并经过一定时间整改治理方能排除的隐患，或者因外部因素影响致使生产经营单位自身难以排除的隐患。

第四条　生产经营单位应当建立健全事故隐患排查治理制度。

生产经营单位主要负责人对本单位事故隐患排查治理工作全面负责。

第五条　各级安全监管监察部门按照职责对所辖区域内生产经营单位排查治理事故隐患工作依法实施综合监督管理；各级人民政府有关部门在各自职责范围内对生产经营单位排查治理事故隐患工作依法实施监督管理。

第六条　任何单位和个人发现事故隐患，均有权向安全监管监察部门和有关部门报告。

安全监管监察部门接到事故隐患报告后，应当按照职责分工立即组织核实并予以查处；发现所报告事故隐患应当由其他有关部门处理的，应当立即移送有关部门并记录备查。

第二章　生产经营单位的职责

第七条　生产经营单位应当依照法律、法规、规章、标准和规程的要求从事生产经营活动。严禁非法从事生产经营活动。

第八条　生产经营单位是事故隐患排查、治理和防控的责任主体。

生产经营单位应当建立健全事故隐患排查治理和建档监控等制度，

逐级建立并落实从主要负责人到每个从业人员的隐患排查治理和监控责任制。

第九条 生产经营单位应当保证事故隐患排查治理所需的资金，建立资金使用专项制度。

第十条 生产经营单位应当定期组织安全生产管理人员、工程技术人员和其他相关人员排查本单位的事故隐患。对排查出的事故隐患，应当按照事故隐患的等级进行登记，建立事故隐患信息档案，并按照职责分工实施监控治理。

第十一条 生产经营单位应当建立事故隐患报告和举报奖励制度，鼓励、发动职工发现和排除事故隐患，鼓励社会公众举报。对发现、排除和举报事故隐患的有功人员，应当给予物质奖励和表彰。

第十二条 生产经营单位将生产经营项目、场所、设备发包、出租的，应当与承包、承租单位签订安全生产管理协议，并在协议中明确各方对事故隐患排查、治理和防控的管理职责。生产经营单位对承包、承租单位的事故隐患排查治理负有统一协调和监督管理的职责。

第十三条 安全监管监察部门和有关部门的监督检查人员依法履行事故隐患监督检查职责时，生产经营单位应当积极配合，不得拒绝和阻挠。

第十四条 生产经营单位应当每季、每年对本单位事故隐患排查治理情况进行统计分析，并分别于下一季度15日前和下一年1月31日前向安全监管监察部门和有关部门报送书面统计分析表。统计分析表应当由生产经营单位主要负责人签字。

对于重大事故隐患，生产经营单位除依照前款规定报送外，应当及时向安全监管监察部门和有关部门报告。重大事故隐患报告内容应当包括：

（一）隐患的现状及其产生原因；

（二）隐患的危害程度和整改难易程度分析；

（三）隐患的治理方案。

第十五条 对于一般事故隐患，由生产经营单位（车间、分厂、区队等）负责人或者有关人员立即组织整改。

对于重大事故隐患,由生产经营单位主要负责人组织制定并实施事故隐患治理方案。重大事故隐患治理方案应当包括以下内容:

(一) 治理的目标和任务;

(二) 采取的方法和措施;

(三) 经费和物资的落实;

(四) 负责治理的机构和人员;

(五) 治理的时限和要求;

(六) 安全措施和应急预案。

第十六条 生产经营单位在事故隐患治理过程中,应当采取相应的安全防范措施,防止事故发生。事故隐患排除前或者排除过程中无法保证安全的,应当从危险区域内撤出作业人员,并疏散可能危及的其他人员,设置警戒标志,暂时停产停业或者停止使用;对暂时难以停产或者停止使用的相关生产储存装置、设施、设备,应当加强维护和保养,防止事故发生。

第十七条 生产经营单位应当加强对自然灾害的预防。对于因自然灾害可能导致事故灾难的隐患,应当按照有关法律、法规、标准和本规定的要求排查治理,采取可靠的预防措施,制定应急预案。在接到有关自然灾害预报时,应当及时向下属单位发出预警通知;发生自然灾害可能危及生产经营单位和人员安全的情况时,应当采取撤离人员、停止作业、加强监测等安全措施,并及时向当地人民政府及其有关部门报告。

第十八条 地方人民政府或者安全监管监察部门及有关部门挂牌督办并责令全部或者局部停产停业治理的重大事故隐患,治理工作结束后,有条件的生产经营单位应当组织本单位的技术人员和专家对重大事故隐患的治理情况进行评估;其他生产经营单位应当委托具备相应资质的安全评价机构对重大事故隐患的治理情况进行评估。

经治理后符合安全生产条件的,生产经营单位应当向安全监管监察部门和有关部门提出恢复生产的书面申请,经安全监管监察部门和有关部门审查同意后,方可恢复生产经营。申请报告应当包括治理方案的内容、项目和安全评价机构出具的评价报告等。

第三章 监督管理

第十九条 安全监管监察部门应当指导、监督生产经营单位按照有关法律、法规、规章、标准和规程的要求,建立健全事故隐患排查治理等各项制度。

第二十条 安全监管监察部门应当建立事故隐患排查治理监督检查制度,定期组织对生产经营单位事故隐患排查治理情况开展监督检查;应当加强对重点单位的事故隐患排查治理情况的监督检查。对检查过程中发现的重大事故隐患,应当下达整改指令书,并建立信息管理台账。必要时,报告同级人民政府并对重大事故隐患实行挂牌督办。

安全监管监察部门应当配合有关部门做好对生产经营单位事故隐患排查治理情况开展的监督检查,依法查处事故隐患排查治理的非法和违法行为及其责任者。

安全监管监察部门发现属于其他有关部门职责范围内的重大事故隐患的,应该及时将有关资料移送有管辖权的有关部门,并记录备查。

第二十一条 已经取得安全生产许可证的生产经营单位,在其被挂牌督办的重大事故隐患治理结束前,安全监管监察部门应当加强监督检查。必要时,可以提请原许可证颁发机关依法暂扣其安全生产许可证。

第二十二条 安全监管监察部门应当会同有关部门把重大事故隐患整改纳入重点行业领域的安全专项整治中加以治理,落实相应责任。

第二十三条 对挂牌督办并采取全部或者局部停产停业治理的重大事故隐患,安全监管监察部门收到生产经营单位恢复生产的申请报告后,应当在10日内进行现场审查。审查合格的,对事故隐患进行核销,同意恢复生产经营;审查不合格的,依法责令改正或者下达停产整改指令。对整改无望或者生产经营单位拒不执行整改指令的,依法实施行政处罚;不具备安全生产条件的,依法提请县级以上人民政府按照国务院规定的权限予以关闭。

第二十四条 安全监管监察部门应当每季将本行政区域重大事故

隐患的排查治理情况和统计分析表逐级报至省级安全监管监察部门备案。

省级安全监管监察部门应当每半年将本行政区域重大事故隐患的排查治理情况和统计分析表报国家安全生产监督管理总局备案。

第四章 罚 则

第二十五条 生产经营单位及其主要负责人未履行事故隐患排查治理职责，导致发生生产安全事故的，依法给予行政处罚。

第二十六条 生产经营单位违反本规定，有下列行为之一的，由安全监管监察部门给予警告，并处三万元以下的罚款：

（一）未建立安全生产事故隐患排查治理等各项制度的；

（二）未按规定上报事故隐患排查治理统计分析表的；

（三）未制定事故隐患治理方案的；

（四）重大事故隐患不报或者未及时报告的；

（五）未对事故隐患进行排查治理擅自生产经营的；

（六）整改不合格或者未经安全监管监察部门审查同意擅自恢复生产经营的。

第二十七条 承担检测检验、安全评价的中介机构，出具虚假评价证明，尚不够刑事处罚的，没收违法所得，违法所得在五千元以上的，并处违法所得二倍以上五倍以下的罚款，没有违法所得或者违法所得不足五千元的，单处或者并处五千元以上二万元以下的罚款，同时可对其直接负责的主管人员和其他直接责任人员处五千元以上五万元以下的罚款；给他人造成损害的，与生产经营单位承担连带赔偿责任。

对有前款违法行为的机构，撤销其相应的资质。

第二十八条 生产经营单位事故隐患排查治理过程中违反有关安全生产法律、法规、规章、标准和规程规定的，依法给予行政处罚。

第二十九条 安全监管监察部门的工作人员未依法履行职责的，按照有关规定处理。

第五章 附 则

第三十条 省级安全监管监察部门可以根据本规定，制定事故隐患排查治理和监督管理实施细则。

第三十一条 事业单位、人民团体以及其他经济组织的事故隐患排查治理，参照本规定执行。

第三十二条 本规定自2008年2月1日起施行。

附 录

安全生产举报奖励办法

国家安全监管总局财政部关于印发
安全生产举报奖励办法的通知
安监总财〔2012〕63号

各省、自治区、直辖市及新疆生产建设兵团安全生产监督管理局、财政厅（局），各省级煤矿安全监察局：

为了加强安全生产领域的社会监督，鼓励举报安全生产重大事故隐患和非法违法行为，及时发现并排除重大事故隐患，制止和惩处非法违法行为，依据《中华人民共和国安全生产法》、《国务院关于预防煤矿生产安全事故的特别规定》（国务院令第446号）等法律、行政法规以及《国务院关于进一步加强企业安全生产工作的通知》（国发〔2010〕23号）、《国务院关于坚持科学发展安全发展促进安全生产形势持续稳定好转的意见》（国发〔2011〕40号）的要求，国家安全生产监督管理总局、财政部在2005年联合发布的《举报煤矿重大安全生产隐患和违法行为奖励办法（试行）》（安监总办字〔2005〕139号）的基础上，结合各地区、各有关部门开展举报奖励工作的实际情况，制定了《安全生产举报奖励办法》，现予印发，请遵照执行。

国家安全监管总局
中华人民共和国财政部
二〇一二年五月二日

第一条　为了加强安全生产领域的社会监督，鼓励举报安全生产重大事故隐患和非法违法行为，及时发现并排除重大事故隐患，制止和惩处非法违法行为，依据《中华人民共和国安全生产法》、《国务院关于预防煤矿生产安全事故的特别规定》（国务院令第446号）等法律、行政法规以及《国务院关于进一步加强企业安全生产工作的通知》（国发〔2010〕23号）、《国务院关于坚持科学发展安全发展促进安全生产形势持续稳定好转的意见》（国发〔2011〕40号）的要求，制定本办法。

第二条　本办法适用于煤矿、非煤矿山、道路交通、危险化学品、烟花爆竹、冶金机械等行业和领域涉及的安全生产事项。

第三条　任何单位、组织和个人（以下统称举报人）有权向县级以上人民政府负责安全生产监督管理的部门和其他负有安全生产监督管理职责的部门（以下统称安全监管部门）举报安全生产重大事故隐患和非法违法行为，其中涉及煤矿安全生产重大事故隐患和非法违法行为的，直接向国家煤矿安全监察机构及其设在各省、自治区、直辖市和煤矿矿区的煤矿安全监察机构举报。

第四条　安全监管部门开展举报奖励活动，应当遵循方便群众、分级负责、适当奖励的原则。

第五条　本办法所称安全生产重大事故隐患，是指危害和整改难度较大，应当全部或者局部停产停业，并经过一定时间整改治理方能排除的隐患，或者因外部因素影响致使生产经营单位自身难以排除的隐患。

煤矿安全生产重大事故隐患按照《国务院关于预防煤矿生产安全事故的特别规定》（国务院令第446号）、《煤矿重大安全生产隐患认定办法（试行）》（安监总煤矿字〔2005〕133号）的规定认定。

有关道路交通等方面的法律、行政法规、标准对该领域的安全生产重大事故隐患另有规定的，依照其规定。

第六条　本办法所称安全生产非法违法行为，按照国家安全监管总局印发的《安全生产非法违法行为查处办法》（安监总政法〔2011〕158号）规定的原则进行认定，重点包括以下情形和行为：

（一）无证、证照不全或者证照过期从事生产经营、建设活动的；未依法取得批准或者验收合格，擅自从事生产经营活动的；关闭取缔后又擅自从事生产经营、建设活动的；停产整顿、整合技改未经验收擅自组织生产和违反建设项目安全设施"三同时"规定的。

（二）未依法对从业人员进行安全生产教育培训，或者特种作业人员未依法取得特种作业操作资格证书而上岗作业的；与从业人员订立劳动合同，免除或者减轻其对从业人员因生产安全事故伤亡依法应承担的责任的。

（三）将生产经营项目、场所、设备发包或者出租给不具备安全生产条件或者相应资质的单位或者个人，或者未与承包单位、承租单位签订专门的安全生产管理协议或者未在承包合同、租赁合同中明确各自的安全生产管理职责，或者未对承包、承租单位的安全生产进行统一协调、管理的。

（四）未按规定对危险物品进行管理或者使用国家明令淘汰、禁止的危及生产安全的工艺、设备的。

（五）承担安全评价、认证、检测、检验工作的机构出具虚假证明的。

（六）生产安全事故瞒报、谎报以及重大隐患隐瞒不报，或者不按规定期限予以整治的，或者生产经营单位主要负责人在发生伤亡事故后逃匿的。

（七）法律、行政法规、国家或行业标准规定的其他安全生产非法违法行为。

第七条 举报人举报的安全生产重大事故隐患和非法违法行为，属于安全监管部门没有发现，或者虽然发现但未按有关规定依法处理，经核查属实的，给予举报人现金奖励。

第八条 举报事项应当客观真实，举报人对其提供举报内容的真实性负责，不得捏造、歪曲事实，不得诬告、陷害他人。

举报人可以通过安全生产举报投诉特服电话"12350"，或者以书信、电子邮件、传真、走访等方式举报安全生产重大事故隐患和非法违法行为。

第九条 安全监管部门应当建立健全安全生产重大事故隐患和非法违法行为举报的受理、核查、处理、协调、督办、移送、答复、统计和报告制度，并向社会公开通信地址、邮政编码、电子邮箱、传真电话和奖金领取办法。

第十条 举报处理工作应当遵循下列原则：

（一）调查核实情况时，不得出示举报材料原件或者复印件，不得暴露举报人；除调查工作需要外，不准对手写的匿名信函鉴定笔迹。

（二）宣传报道和奖励举报有功人员，除本人同意外，不得公开举报人的姓名、单位。

（三）在调查核实结束后10日内，除无法联系举报人外，应当采取适当方式向举报人反馈核查结果。

第十一条 核查处理安全生产重大事故隐患和非法违法行为的举报事项以及对举报人的奖励，按照下列规定办理：

（一）地方各级人民政府安全监管部门负责受理本行政区域内的举报事项。

（二）设区的市以上地方人民政府安全监管部门、国家有关安全监管部门可以直接核查处理辖区内的举报事项。

（三）国家煤矿安全监察机构设在省、自治区、直辖市的煤矿安全监察机构以及设在煤矿矿区的分支机构，负责所辖区域内各类煤矿的举报事项。

（四）地方人民政府负责煤矿安全生产监督管理的部门与煤矿安全监察机构在核查煤矿举报事项之前，应当相互沟通，避免重复核查和奖励。

（五）举报事项不属于本单位受理范围的，接到举报的安全监管部门应当告知举报人向有处理权的单位举报，或者将举报材料移送有处理权的单位，并采取适当方式告知举报人。

（六）受理举报的安全监管部门应当及时核查处理举报事项，自受理之日起60日内办结；情况复杂的，经上一级安全监管部门批准，可以适当延长核查处理时间，但延长期限不得超过30日，并告知举报人延期理由。

第十二条 经调查属实的,受理举报的安全监管部门应当按下列规定对有功的实名举报人给予现金奖励:

(一)对举报安全生产重大事故隐患、安全生产非法违法行为的,奖励 1000 元至 1 万元。

(二)对举报瞒报、谎报一般事故的,奖励 3000 元至 5000 元;举报瞒报、谎报较大事故的,奖励 5000 元至 1 万元;举报瞒报、谎报重大事故的,奖励 1 万元至 2 万元;举报瞒报、谎报特别重大事故的,奖励 3 万元。

第十三条 多人多次举报同一事项的,由最先受理举报的安全监管部门给予有功的实名举报人一次性奖励。

多人联名举报同一事项的,奖金可以平均分配,由实名举报的第一署名人或者第一署名人书面委托的其他署名人领取奖金。

第十四条 举报人接到领奖通知后,应当在 60 日内凭举报人有效证件到指定地点领取奖金;无法通知举报人的,受理举报的安全监管部门可以在一定范围内进行公告。逾期未领取奖金者,视为放弃领奖权利;能够说明理由的,可以适当延长领取时间。

第十五条 奖金的具体数额由负责核查处理举报事项的安全监管部门根据具体情况确定,并报上一级安全监管部门备案。

第十六条 给予举报人的奖金纳入同级财政预算。

第十七条 受理举报的安全监管部门应当依法保护举报人的合法权益并为其保密。严禁泄露举报人的姓名、工作单位、家庭住址等情况;严禁将举报材料和举报人的有关情况透露或者转给被举报单位和被举报人。

第十八条 本办法由国家安全生产监督管理总局和财政部负责解释。

第十九条 本办法自公布之日起施行。2005 年 9 月 24 日发布的《国家安全生产监督管理总局 财政部关于印发〈举报煤矿重大安全生产隐患和违法行为奖励办法(试行)〉的通知》(安监总办字〔2005〕139 号)同时废止。

生产安全事故报告和调查处理条例

中华人民共和国国务院令

第 493 号

2007年3月28日国务院第172次常务会议通过，现予公布，自2007年6月1日起施行。

总理　温家宝
二〇〇七年四月九日

第一章　总　则

第一条　为了规范生产安全事故的报告和调查处理，落实生产安全事故责任追究制度，防止和减少生产安全事故，根据《中华人民共和国安全生产法》和有关法律，制定本条例。

第二条　生产经营活动中发生的造成人身伤亡或者直接经济损失的生产安全事故的报告和调查处理，适用本条例；环境污染事故、核设施事故、国防科研生产事故的报告和调查处理不适用本条例。

第三条　根据生产安全事故（以下简称事故）造成的人员伤亡或者直接经济损失，事故一般分为以下等级：

（一）特别重大事故，是指造成30人以上死亡，或者100人以上重伤（包括急性工业中毒，下同），或者1亿元以上直接经济损失的事故；

（二）重大事故，是指造成10人以上30人以下死亡，或者50人以上100人以下重伤，或者5000万元以上1亿元以下直接经济损失的事故；

（三）较大事故，是指造成3人以上10人以下死亡，或者10人以上50人以下重伤，或者1000万元以上5000万元以下直接经济损失的事故；

（四）一般事故，是指造成 3 人以下死亡，或者 10 人以下重伤，或者 1000 万元以下直接经济损失的事故。

国务院安全生产监督管理部门可以会同国务院有关部门，制定事故等级划分的补充性规定。

本条第一款所称的"以上"包括本数，所称的"以下"不包括本数。

第四条 事故报告应当及时、准确、完整，任何单位和个人对事故不得迟报、漏报、谎报或者瞒报。

事故调查处理应当坚持实事求是、尊重科学的原则，及时、准确地查清事故经过、事故原因和事故损失，查明事故性质，认定事故责任，总结事故教训，提出整改措施，并对事故责任者依法追究责任。

第五条 县级以上人民政府应当依照本条例的规定，严格履行职责，及时、准确地完成事故调查处理工作。

事故发生地有关地方人民政府应当支持、配合上级人民政府或者有关部门的事故调查处理工作，并提供必要的便利条件。

参加事故调查处理的部门和单位应当互相配合，提高事故调查处理工作的效率。

第六条 工会依法参加事故调查处理，有权向有关部门提出处理意见。

第七条 任何单位和个人不得阻挠和干涉对事故的报告和依法调查处理。

第八条 对事故报告和调查处理中的违法行为，任何单位和个人有权向安全生产监督管理部门、监察机关或者其他有关部门举报，接到举报的部门应当依法及时处理。

第二章 事故报告

第九条 事故发生后，事故现场有关人员应当立即向本单位负责人报告；单位负责人接到报告后，应当于 1 小时内向事故发生地县级以上人民政府安全生产监督管理部门和负有安全生产监督管理职责的有关部门报告。

情况紧急时,事故现场有关人员可以直接向事故发生地县级以上人民政府安全生产监督管理部门和负有安全生产监督管理职责的有关部门报告。

第十条 安全生产监督管理部门和负有安全生产监督管理职责的有关部门接到事故报告后,应当依照下列规定上报事故情况,并通知公安机关、劳动保障行政部门、工会和人民检察院:

(一)特别重大事故、重大事故逐级上报至国务院安全生产监督管理部门和负有安全生产监督管理职责的有关部门;

(二)较大事故逐级上报至省、自治区、直辖市人民政府安全生产监督管理部门和负有安全生产监督管理职责的有关部门;

(三)一般事故上报至设区的市级人民政府安全生产监督管理部门和负有安全生产监督管理职责的有关部门。

安全生产监督管理部门和负有安全生产监督管理职责的有关部门依照前款规定上报事故情况,应当同时报告本级人民政府。国务院安全生产监督管理部门和负有安全生产监督管理职责的有关部门以及省级人民政府接到发生特别重大事故、重大事故的报告后,应当立即报告国务院。

必要时,安全生产监督管理部门和负有安全生产监督管理职责的有关部门可以越级上报事故情况。

第十一条 安全生产监督管理部门和负有安全生产监督管理职责的有关部门逐级上报事故情况,每级上报的时间不得超过2小时。

第十二条 报告事故应当包括下列内容:

(一)事故发生单位概况;

(二)事故发生的时间、地点以及事故现场情况;

(三)事故的简要经过;

(四)事故已经造成或者可能造成的伤亡人数(包括下落不明的人数)和初步估计的直接经济损失;

(五)已经采取的措施;

(六)其他应当报告的情况。

第十三条 事故报告后出现新情况的,应当及时补报。

自事故发生之日起30日内，事故造成的伤亡人数发生变化的，应当及时补报。道路交通事故、火灾事故自发生之日起7日内，事故造成的伤亡人数发生变化的，应当及时补报。

第十四条 事故发生单位负责人接到事故报告后，应当立即启动事故相应应急预案，或者采取有效措施，组织抢救，防止事故扩大，减少人员伤亡和财产损失。

第十五条 事故发生地有关地方人民政府、安全生产监督管理部门和负有安全生产监督管理职责的有关部门接到事故报告后，其负责人应当立即赶赴事故现场，组织事故救援。

第十六条 事故发生后，有关单位和人员应当妥善保护事故现场以及相关证据，任何单位和个人不得破坏事故现场、毁灭相关证据。

因抢救人员、防止事故扩大以及疏通交通等原因，需要移动事故现场物件的，应当做出标志，绘制现场简图并做出书面记录，妥善保存现场重要痕迹、物证。

第十七条 事故发生地公安机关根据事故的情况，对涉嫌犯罪的，应当依法立案侦查，采取强制措施和侦查措施。犯罪嫌疑人逃匿的，公安机关应当迅速追捕归案。

第十八条 安全生产监督管理部门和负有安全生产监督管理职责的有关部门应当建立值班制度，并向社会公布值班电话，受理事故报告和举报。

第三章　事故调查

第十九条 特别重大事故由国务院或者国务院授权有关部门组织事故调查组进行调查。

重大事故、较大事故、一般事故分别由事故发生地省级人民政府、设区的市级人民政府、县级人民政府负责调查。省级人民政府、设区的市级人民政府、县级人民政府可以直接组织事故调查组进行调查，也可以授权或者委托有关部门组织事故调查组进行调查。

未造成人员伤亡的一般事故，县级人民政府也可以委托事故发生单位组织事故调查组进行调查。

第二十条　上级人民政府认为必要时，可以调查由下级人民政府负责调查的事故。

自事故发生之日起30日内（道路交通事故、火灾事故自发生之日起7日内），因事故伤亡人数变化导致事故等级发生变化，依照本条例规定应当由上级人民政府负责调查的，上级人民政府可以另行组织事故调查组进行调查。

第二十一条　特别重大事故以下等级事故，事故发生地与事故发生单位不在同一个县级以上行政区域的，由事故发生地人民政府负责调查，事故发生单位所在地人民政府应当派人参加。

第二十二条　事故调查组的组成应当遵循精简、效能的原则。

根据事故的具体情况，事故调查组由有关人民政府、安全生产监督管理部门、负有安全生产监督管理职责的有关部门、监察机关、公安机关以及工会派人组成，并应当邀请人民检察院派人参加。

事故调查组可以聘请有关专家参与调查。

第二十三条　事故调查组成员应当具有事故调查所需要的知识和专长，并与所调查的事故没有直接利害关系。

第二十四条　事故调查组组长由负责事故调查的人民政府指定。事故调查组组长主持事故调查组的工作。

第二十五条　事故调查组履行下列职责：

（一）查明事故发生的经过、原因、人员伤亡情况及直接经济损失；

（二）认定事故的性质和事故责任；

（三）提出对事故责任者的处理建议；

（四）总结事故教训，提出防范和整改措施；

（五）提交事故调查报告。

第二十六条　事故调查组有权向有关单位和个人了解与事故有关的情况，并要求其提供相关文件、资料，有关单位和个人不得拒绝。

事故发生单位的负责人和有关人员在事故调查期间不得擅离职守，并应当随时接受事故调查组的询问，如实提供有关情况。

事故调查中发现涉嫌犯罪的，事故调查组应当及时将有关材料或者其复印件移交司法机关处理。

第二十七条 事故调查中需要进行技术鉴定的,事故调查组应当委托具有国家规定资质的单位进行技术鉴定。必要时,事故调查组可以直接组织专家进行技术鉴定。技术鉴定所需时间不计入事故调查期限。

第二十八条 事故调查组成员在事故调查工作中应当诚信公正、恪尽职守,遵守事故调查组的纪律,保守事故调查的秘密。

未经事故调查组组长允许,事故调查组成员不得擅自发布有关事故的信息。

第二十九条 事故调查组应当自事故发生之日起60日内提交事故调查报告;特殊情况下,经负责事故调查的人民政府批准,提交事故调查报告的期限可以适当延长,但延长的期限最长不超过60日。

第三十条 事故调查报告应当包括下列内容:
(一)事故发生单位概况;
(二)事故发生经过和事故救援情况;
(三)事故造成的人员伤亡和直接经济损失;
(四)事故发生的原因和事故性质;
(五)事故责任的认定以及对事故责任者的处理建议;
(六)事故防范和整改措施。

事故调查报告应当附具有关证据材料。事故调查组成员应当在事故调查报告上签名。

第三十一条 事故调查报告报送负责事故调查的人民政府后,事故调查工作即告结束。事故调查的有关资料应当归档保存。

第四章 事故处理

第三十二条 重大事故、较大事故、一般事故,负责事故调查的人民政府应当自收到事故调查报告之日起15日内做出批复;特别重大事故,30日内做出批复,特殊情况下,批复时间可以适当延长,但延长的时间最长不超过30日。

有关机关应当按照人民政府的批复,依照法律、行政法规规定的权限和程序，对事故发生单位和有关人员进行行政处罚，对负有事故责任的国家工作人员进行处分。

事故发生单位应当按照负责事故调查的人民政府的批复，对本单位负有事故责任的人员进行处理。

负有事故责任的人员涉嫌犯罪的，依法追究刑事责任。

第三十三条 事故发生单位应当认真吸取事故教训，落实防范和整改措施，防止事故再次发生。防范和整改措施的落实情况应当接受工会和职工的监督。

安全生产监督管理部门和负有安全生产监督管理职责的有关部门应当对事故发生单位落实防范和整改措施的情况进行监督检查。

第三十四条 事故处理的情况由负责事故调查的人民政府或者其授权的有关部门、机构向社会公布，依法应当保密的除外。

第五章 法律责任

第三十五条 事故发生单位主要负责人有下列行为之一的，处上一年年收入40%至80%的罚款；属于国家工作人员的，并依法给予处分；构成犯罪的，依法追究刑事责任：

（一）不立即组织事故抢救的；

（二）迟报或者漏报事故的；

（三）在事故调查处理期间擅离职守的。

第三十六条 事故发生单位及其有关人员有下列行为之一的，对事故发生单位处100万元以上500万元以下的罚款；对主要负责人、直接负责的主管人员和其他直接责任人员处上一年年收入60%至100%的罚款；属于国家工作人员的，并依法给予处分；构成违反治安管理行为的，由公安机关依法给予治安管理处罚；构成犯罪的，依法追究刑事责任：

（一）谎报或者瞒报事故的；

（二）伪造或者故意破坏事故现场的；

（三）转移、隐匿资金、财产，或者销毁有关证据、资料的；

（四）拒绝接受调查或者拒绝提供有关情况和资料的；

（五）在事故调查中作伪证或者指使他人作伪证的；

（六）事故发生后逃匿的。

第三十七条 事故发生单位对事故发生负有责任的，依照下列规定处以罚款：

（一）发生一般事故的，处 10 万元以上 20 万元以下的罚款；

（二）发生较大事故的，处 20 万元以上 50 万元以下的罚款；

（三）发生重大事故的，处 50 万元以上 200 万元以下的罚款；

（四）发生特别重大事故的，处 200 万元以上 500 万元以下的罚款。

第三十八条 事故发生单位主要负责人未依法履行安全生产管理职责，导致事故发生的，依照下列规定处以罚款；属于国家工作人员的，并依法给予处分；构成犯罪的，依法追究刑事责任：

（一）发生一般事故的，处上一年年收入 30% 的罚款；

（二）发生较大事故的，处上一年年收入 40% 的罚款；

（三）发生重大事故的，处上一年年收入 60% 的罚款；

（四）发生特别重大事故的，处上一年年收入 80% 的罚款。

第三十九条 有关地方人民政府、安全生产监督管理部门和负有安全生产监督管理职责的有关部门有下列行为之一的，对直接负责的主管人员和其他直接责任人员依法给予处分；构成犯罪的，依法追究刑事责任：

（一）不立即组织事故抢救的；

（二）迟报、漏报、谎报或者瞒报事故的；

（三）阻碍、干涉事故调查工作的；

（四）在事故调查中作伪证或者指使他人作伪证的。

第四十条 事故发生单位对事故发生负有责任的，由有关部门依法暂扣或者吊销其有关证照；对事故发生单位负有事故责任的有关人员，依法暂停或者撤销其与安全生产有关的执业资格、岗位证书；事故发生单位主要负责人受到刑事处罚或者撤职处分的，自刑罚执行完毕或者受处分之日起，5 年内不得担任任何生产经营单位的主要负责人。

为发生事故的单位提供虚假证明的中介机构,由有关部门依法暂扣或者吊销其有关证照及其相关人员的执业资格;构成犯罪的,依法追究刑事责任。

第四十一条 参与事故调查的人员在事故调查中有下列行为之一的,依法给予处分;构成犯罪的,依法追究刑事责任:

(一) 对事故调查工作不负责任,致使事故调查工作有重大疏漏的;

(二) 包庇、袒护负有事故责任的人员或者借机打击报复的。

第四十二条 违反本条例规定,有关地方人民政府或者有关部门故意拖延或者拒绝落实经批复的对事故责任人的处理意见的,由监察机关对有关责任人员依法给予处分。

第四十三条 本条例规定的罚款的行政处罚,由安全生产监督管理部门决定。

法律、行政法规对行政处罚的种类、幅度和决定机关另有规定的,依照其规定。

第六章 附 则

第四十四条 没有造成人员伤亡,但是社会影响恶劣的事故,国务院或者有关地方人民政府认为需要调查处理的,依照本条例的有关规定执行。

国家机关、事业单位、人民团体发生的事故的报告和调查处理,参照本条例的规定执行。

第四十五条 特别重大事故以下等级事故的报告和调查处理,有关法律、行政法规或者国务院另有规定的,依照其规定。

第四十六条 本条例自 2007 年 6 月 1 日起施行。国务院 1989 年 3 月 29 日公布的《特别重大事故调查程序暂行规定》和 1991 年 2 月 22 日公布的《企业职工伤亡事故报告和处理规定》同时废止。

生产经营单位安全生产不良记录"黑名单"管理暂行规定

国务院安委会办公室关于印发《生产经营单位安全生产不良记录"黑名单"管理暂行规定》的通知

安委办〔2015〕14号

各省、自治区、直辖市及新疆生产建设兵团安全生产委员会，国务院安委会各成员单位：

为有效对生产经营单位安全生产违法失信行为实施惩戒，根据《安全生产法》、《职业病防治法》、《国务院办公厅关于加强安全生产监管执法的通知》（国办发〔2015〕20号）和《国务院安委会关于加强企业安全生产诚信体系建设的指导意见》（安委〔2014〕8号）等有关规定，国务院安委会办公室制定了《生产经营单位安全生产不良记录"黑名单"管理暂行规定》，现印发给你们，请遵照执行。

国务院安委会办公室
2015年7月29日

第一条 为有效对生产经营单位安全生产违法失信行为实施惩戒，根据《安全生产法》、《职业病防治法》、《国务院办公厅关于加强安全生产监管执法的通知》（国办发〔2015〕20号）和《国务院安委会关于加强企业安全生产诚信体系建设的指导意见》（安委〔2014〕8号）等有关规定，制定本规定。

第二条 生产经营单位安全生产不良记录"黑名单"（以下简称"黑名单"）管理按照分级负责、属地管理与行业指导相结合的原则组织实施，由国家安全监管总局统一管理。

第三条 生产经营单位有下列情况之一的，纳入国家安全监管总局管理的"黑名单"：

（一）发生重大及以上生产安全责任事故，或一个年度内累计发生责任事故死亡10人及以上的；

（二）发生生产安全事故、发现职业病病人或疑似职业病病人后，瞒报、谎报或故意破坏事故现场、毁灭有关证据的；

（三）存在重大安全生产事故隐患、作业岗位职业病危害因素的强度或浓度严重超标，经负有安全监管监察职责的部门指出或者责令限期整改后，不按时整改或整改不到位的；

（四）暂扣、吊销安全生产许可证的；

（五）存在其他严重违反安全生产、职业病危害防治法律法规行为的。

第四条 生产经营单位纳入"黑名单"管理的期限，为自公布之日起1年。连续进入"黑名单"管理的生产经营单位，从第2次纳入"黑名单"管理起，管理期限为3年。

第五条 实施"黑名单"管理的基本程序：

（一）信息采集。各级负有安全监管监察职责的部门（以下统称信息采集部门）对符合纳入"黑名单"管理条件的生产经营单位进行核实、取证，记录基础信息和纳入理由，并将相关证据资料存档。

每条信息应包括生产经营单位名称、工商注册号、单位主要负责人姓名、行政处罚决定、执法单位等要素，其中：事故信息还应包括事故时间、事故等级、事故简况、死亡人数；非法违法行为信息还应包括违法行为；事故隐患还应包括隐患等级、职业病危害因素检测浓度或强度、整改时限、整改落实情况等要素。

（二）信息告知。信息采集部门应当提前告知拟纳入"黑名单"管理的生产经营单位，并听取申辩意见。生产经营单位提出的事实、理由和证据成立的，应当予以采纳。

（三）信息交换。地方各级安全监管部门负责汇总本级采集的纳入"黑名单"管理的生产经营单位信息，符合本规定第三条规定情形的，逐级上报至国家安全监管总局。

（四）信息公布。国家安全监管总局向国家发展改革委、国土资源部、环境保护部、人民银行、工商总局、证监会、保监会、银监会等部门和单位（以下统称国务院相关部门和单位）通报纳入管理的"黑名单"相关信息，并通过国家安全监管总局政府网站和中国安全生产报等媒体，每季度第一个月20日前向社会公布。

（五）信息移出。生产经营单位在"黑名单"管理期限内未发生新的符合纳入"黑名单"条件行为的，由该生产经营单位向原信息采集部门提供情况说明。原信息采集部门对其情况进行确认后，将相关情况信息告知本级安全监管部门，逐级上报至国家安全监管总局，在管理期限届满后移出"黑名单"，于10个工作日内向社会公布并通报国务院相关部门和单位。

其中受到责令限期改正、责令停产停业整顿等现场处理或行政处罚的生产经营单位，应当在"黑名单"管理期限届满30个工作日前，向原信息采集部门报送整改材料并提出移出申请，经原信息采集部门组织验收合格、符合规定后方能移出。

第六条 生产经营单位非法违法行为发生地与其所在地不在同一省级行政区域内，或跨省级行政区域从事生产经营活动的，非法违法行为发生地省级安全监管局将信息采集部门采集的信息上报国家安全监管总局的同时，应当通报相关省级安全监管局。

第七条 信息采集部门应当对信息的真实性负责，发现信息有错误或者发生变更时，应当及时予以更正或者变更并报送本级安全监管部门，逐级上报至国家安全监管总局。

各相关部门工作人员在信息采集、发布等过程中存在滥用职权、玩忽职守、徇私舞弊行为的，依法依规给予处分；构成犯罪的，依法追究刑事责任。

第八条 信息采集部门应当把纳入"黑名单"管理的生产经营单位作为重点监管监察对象，建立常态化暗查暗访机制，不定期开展抽查；加大执法检查频次，每半年至少进行1次抽查，每年至少约谈1次其主要负责人；发现有新的安全生产违法行为的，要依法依规从重处罚。

第九条 在生产经营单位纳入"黑名单"管理期间，各级负有安全监管监察职责的部门应当严格执行《国务院办公厅关于加强安全生产监管执法的通知》有关规定,制定并落实各项制约措施和惩戒制度,在各级各类评先表彰中,对该生产经营单位及其主要负责人实行"一票否决"。

第十条 国家安全监管总局及时向国务院相关部门和单位通报纳入"黑名单"管理的生产经营单位信息。按照国务院及有关部门和单位的相关规定,对纳入"黑名单"管理的生产经营单位采取严格限制或禁止其新增项目的核准、土地使用、采矿权取得、政府采购、证券融资、政策性资金和财税政策扶持等措施,并作为银行决定是否贷款等重要参考依据。

第十一条 各省级人民政府安全生产委员会可参照本规定,结合实际,制定本地区的实施办法,由省级安全监管局统一组织实施。

第十二条 本规定自印发之日起施行。

安全生产标准制修订工作细则

国家安全生产监督管理总局令
第 9 号

《安全生产标准制修订工作细则》已经 2006 年 9 月 26 日国家安全生产监督管理总局局长办公会议审议通过,现予以公布,自 2006 年 11 月 1 日起施行。

国家安全生产监督管理总局局长
二〇〇六年十月二十日

第一章 总 则

第一条 为规范安全生产标准的制修订工作,根据《标准化法》、《标准化法实施条例》、《安全生产行业标准管理规定》和《全国安全生产标准化技术委员会章程》等有关规定,制定本细则。

第二条 本细则所称的安全生产标准包括安全生产方面的国家标准(GB)、行业标准(AQ)。

第三条 国家安全生产监督管理总局(以下统称安全监管总局)、国家标准化管理委员会(以下统称国家标准委)对安全生产标准制修订工作实施管理。

全国安全生产标准化技术委员会（以下统称安标委）负责安全生产标准制修订工作。全国安全生产标准化技术委员会的煤矿安全、非煤矿山安全、化学品安全、烟花爆竹安全、粉尘防爆、涂装作业、防尘防毒等分技术委员会（以下统称分标委）负责其职责范围内的安全生产标准制修订工作。

第二章 立项和计划

第四条 安全监管总局根据安全生产工作的需要，组织制定安全生产标准工作规划和年度计划。

国家标准计划项目由国家标准委下达和公布，行业标准计划项目由安全监管总局下达和公布。

第五条 具备下列条件之一的，企业、科研院所、协会、学会、中介机构等单位可以申请安全生产标准的立项：

（一）符合国家现行有关安全生产法律法规和标准化工作规定的；

（二）在安全生产标准范围之内的；

（三）市场和企业急需，符合国家产业政策，对提高安全生产水平有促进作用的；

（四）对安全生产专项整治有推动作用的；

（五）规范安全生产监管监察和行政执法的；

（六）规范安全生产行政许可和市场准入的。

申请国家标准立项的，还需符合国家标准的有关规定。

第六条 对符合本细则第五条规定的安全生产标准立项条件的，标准起草单位应当在每年10月31日前向相应的分标委秘书处提出制修订安全生产标准的项目建议。

安全生产标准的项目建议应当包括下列内容：

（一）制定或者修订的必要性；

（二）相关国家标准或者行业标准的情况；

（三）标准的主要内容；

（四）完成时限；

（五）其他有关情况。

第七条 对向分标委提出的标准立项建议，经分标委会议通过或征询全体委员意见并经主任委员同意后，报安标委秘书处。

对全部上报的标准立项建议，根据安全生产标准工作规划和安全生产工作的需要，经安标委会议通过或征询全体委员意见并经主任委员同意后，报安全监管总局审议。

第八条 安全监管总局对安标委提出的安全生产标准项目建议进行审查。涉及行业标准的，由安全监管总局确定后下达安全生产行业标准制修订年度计划；涉及国家标准的，由安标委向国家标准委申报，按照有关规定审查后由国家标准委下达国家标准制修订计划。

第九条 因安全生产工作急需，确需制订或修订有关安全生产标准的，按照本细则第六条、第七条、第八条的规定增加补充计划。

第三章 起 草

第十条 安标委及分标委应当根据国家标准委、安全监管总局下达的标准计划，组织计划的实施，指导和督促标准起草单位开展标准的制修订工作。

安标委及分标委应当及时掌握标准制修订的进度。各分标委秘书处应当每季向安标委秘书处汇报一次标准制修订的进度，安标委应当每半年向安全监管总局汇报一次标准制修订情况，重要情况应当随时汇报。

第十一条 经安标委及分标委确认的标准起草单位应当制定标准工作计划，成立标准起草小组，并确定专门人员负责标准的起草工作。

标准工作计划和标准起草小组名单应当报安标委或分标委备案。

第十二条 标准起草单位应当系统地收集和整理国内外有关标准及规范、规程、文献等资料，及时掌握相关标准的现状、发展趋势和动态信息。

第十三条 标准编写的层次结构（章、条、款、项）、格式、用语、公式、表格和字体，应当遵循 GB/T1.1—1.2 的规定。

第十四条 标准起草单位应当按照计划，在调查研究、试验验证的基础上，提出标准征求意见稿、编写说明及有关附件，其内容一般包括：

（一）工作简况，包括任务来源、协作单位、主要工作过程、标准主要起草人及其所做的工作等；

（二）标准编制原则和确定标准主要内容（如技术指标、参数、公式、性能要求、试验方法、检验规则等）的论据（包括试验、统计数据）。修订标准的，应增列新旧标准水平的对比；

（三）主要试验（或验证）的分析、综述报告，技术经济论证，预期的经济效果；

（四）采用国际标准和国外先进标准的程度，以及与国际、国外同类标准水平的对比情况，或与测试的国外样品、样机的有关数据对比情况；

（五）与现行有关法律、法规和标准的关系；

（六）重大分歧意见的处理经过和依据；

（七）标准作为强制性标准或推荐性标准的建议；

（八）贯彻标准的要求和措施建议（包括组织措施、技术措施、过渡办法等内容）；

（九）废止现行有关标准的建议；

（十）其他应予说明的事项。

第四章　征求意见

第十五条　标准起草单位在完成标准起草工作后，应当将标准征求意见稿、标准编制说明及有关附件送到分标委秘书处。分标委秘书处应当对标准的格式、内容等是否符合有关规定进行程序性审查；经审查同意后，起草单位将标准征求意见稿、标准编制说明及有关附件寄送给部分委员和相关单位专家征求意见。必要时，可通过适当方式向社会征求意见。

征求意见的专家应当涵盖相关科研、生产、使用、检测检验、培训、监管监察等领域，且专家中委员的数量应不少于10人。

第十六条　收到征求意见稿的专家应当在规定的时间内提出意见，

且反馈意见的专家数量应当超过征求意见专家数量的三分之二。反馈意见期限为自对方收到至回函日止30天内。

第十七条 对于专家反馈的意见，标准起草单位应当进行汇总、分析和处理，并对标准征求意见稿进行修订，完成标准送审稿和意见汇总处理表。对不采纳的意见，应当有充分的理由，并在意见汇总处理表中予以说明。

第五章 审查和报批

第十八条 标准起草单位将完善后的标准送审稿、标准编制说明、意见汇总处理表和其他有关附件一式三份送分标委秘书处。

第十九条 分标委秘书处将标准送审稿送主任委员初审同意后，提交全体委员审查。审查采用会议或者函审方式。

审查前，由标准起草单位提出审查专家名单和审查申请。秘书处应当在审查会议前一个月或函审表决前两个月，将标准送审稿、编制说明及有关附件（函审还应包括函审单）提交给审查者。会议审查时，应当进行充分讨论，尽量取得一致意见。需要表决时，必须有不少于出席会议代表人数的四分之三同意方为通过。函审时，也必须有四分之三的回函同意方为通过。会议代表的出席率和函审单的回函率应当不低于三分之二。

会议审查时未出席会议也未说明意见者，以及函审时未按规定时间投票者，均按弃权计票。

对有分歧意见的标准或条款，应有不同观点的论证材料。

第二十条 会议审查应当有会议纪要。会议纪要应当包括对本细则中第十四条第二项至第十项内容的审查结论，并附审查人员名单。函审时应当形成函审结论并附函审单。

审查标准的投票情况，应当以书面材料记录在案，并作为标准审查意见说明的附件。

第二十一条 对分标委审查过的标准，原则上，安标委不再进行审查；对于一些重要标准，安标委可组织进行专门审查。

通过审查的标准，经安全监管总局分管领导同意后，由安标委提请安全监管总局局长办公会议审议。

第二十二条 经局长办公会议审议通过的标准送审稿，由标准起草单位根据审议意见进行修改，形成标准报批稿，连同标准编制说明、意见汇总处理表和其他有关附件一式三份送分标委秘书处。采用国际标准或者国外先进标准的，应附有该标准的原文或者译文一式二份。

标准起草单位提供上述资料时，应当同时提供电子文稿。制定、修订国家强制性标准的，还应当提供中文和英文通报单。

第二十三条 标准报批稿经安标委秘书处复核和秘书长签字后，送主任委员或其委托的副主任委员审查。经主任委员或其委托的副主任委员审查同意后，按标准的分级分别向安全监管总局、国家标准委报批。国家标准向国家标准委报批；行业标准向安全监管总局报批。

第六章 发布和备案

第二十四条 国家标准由国家标准委统一编号、发布。行业标准由安全监管总局统一编号、发布。

第二十五条 行业标准应当在发布后30日内依法报国家标准委备案。

第七章 附 则

第二十六条 安全标准不能归入相应分标委的，标准起草单位可直接向安标委秘书处提出立项申请，依照本细则的规定执行。

第二十七条 标准发布实施后，分标委或安标委应当按规定进行复审。复审周期不超过5年。复审不合格的，应当及时提请修订或废止。

第二十八条 制定标准过程中形成的有关资料，应当按照《安全生产标准档案管理规定》的要求，及时归档。

第二十九条 煤炭行业标准（MT）的制修订程序，依照本细则的规定执行。

第三十条 本细则自二〇〇六年十一月一日起施行。

附 录

国家安全监管总局关于进一步深化安全生产行政执法工作的意见

安监总政法〔2012〕157号

各省、自治区、直辖市及新疆生产建设兵团安全生产监督管理局，各省级煤矿安全监察局：

为进一步深化安全生产行政执法工作，根据安全生产新形势新任务对执法工作提出的新要求以及有关法律法规和国务院规定，现提出如下意见：

一、强化执法意识，明确任务目标

（一）进一步提高对安全生产行政执法工作的认识

安全生产行政执法是指安全监管监察部门及其委托的行政执法机构依法履行安全生产（含职业健康，下同）监督管理职责的活动，既包括日常监督检查、查处非法违法行为，也包括行政许可、行政强制、调查处理事故、核查投诉举报等工作。做好安全生产行政执法工作，关系到安全监管监察部门的形象和公信力，关系到安全生产目标任务的完成，是贯彻落实科学发展观、实施安全发展战略的必然要求。

（二）指导思想和目标

以党的十八大精神为指引，坚持科学发展观和安全发展战略，坚持严格执法、规范执法、公正执法、文明执法，不断提升安全生产行政执法能力。力争到2017年，用5年左右的时间，建成一支统一、规范、高效的安全生产行政执法队伍，形成权责明确、行为规范、监督有力的行政执法体制机制，确保安全生产法律法规得到有效实施。

（三）基本原则

坚持职权法定、程序正当、依据正确、证据确凿，严格查处违法违规行为，切实维护当事人合法权益。坚持惩戒与教育、执法与服务相结合，实现执法的法律效果和社会效果的统一。坚持多方联动、综合治理，形成强有力的联合执法机制。坚持管理权、执法权相互协调促进，实现业务管理与执法检查相对分离。

二、完善执法机制，创新工作方法

（四）强化年度执法工作计划导向

按照统筹兼顾、突出重点、量力而行、提高效能的原则，科学合理地编制安全生产年度执法工作计划，严格执行执法计划的批准和备案程序，保证执法计划的协调运转。要根据执法计划编制现场检查方案，明确检查的区域、内容、重点及方式。年度执法工作计划及其落实情况，要通过适当方式向社会公开。

（五）落实安全生产分级属地监管职责

进一步明确行政执法级别和地域管辖权限，避免重复执法和监管监察缺位。国家安全监管总局、国家煤矿安监局重点负责工矿商贸行业中央企业总部的安全监管监察。省级安全监管部门要合理制定辖区内分级监管办法，明确省、市、县级安全监管部门的日常监管执法范围。要将生产经营单位划分为不同的安全类别或者风险等级，有针对性地开展执法检查，实施分类监管。

（六）健全部门联合执法和区域执法协作机制

各级安全监管监察部门要进一步强化综合监管职责，指导协调、监督检查有关部门落实安全监管职责，形成安全生产综合监管与行业（专项）监管相结合的执法工作模式。要在政府的统一领导下，健全安全监管部门与有关部门相配合的联合执法机制。逐步建立健全省（区、市）之间、市（地、州）之间的执法协作机制，加强在"打非治违"、事故查处、许可后续监管等方面的协同配合，努力构筑衔接顺畅、严密高效的全国安全生产行政执法网络。

（七）完善行政执法案件移送工作机制

安全监管监察部门在行政执法过程中，发现属于其他部门职责的事项,要及时移送相关部门处理。要按照《行政执法机关移送涉嫌犯罪案件的规定》(国务院令第310号),主动商请司法机关进一步明确移送程序和标准,发现违法行为涉嫌构成犯罪的,必须依法向司法机关移送,不得以行政处罚代替刑事处罚。要建立完善案件移送档案资料,跟踪案件查办结果。要健全案件信息通报制度,通过工作简报、典型案例通报、研讨交流等形式实现资源共享。

(八) 加强立法后评估和解释工作

安全生产重要法律、行政法规和国家安全监管总局规章施行满5年后,省级安全监管监察部门要结合本地区执行情况,向国家安全监管总局提交评估报告。其他规范性文件每隔2年要进行一次清理,并向社会公布清理结果。要加强立法的解释工作,按照逐级请示的原则,及时答复下一级安全监管监察部门执法中遇到的问题。

三、加强制度建设,规范执法行为

(九) 严格现场检查和调查取证

执法检查前,要主动出示证件、告知执法内容。检查过程中,要按照现场检查方案,采取表格检查法等方式,逐项记录检查情况。检查结束后,要依法制作现场检查和处理文书,注明违法行为及认定依据,告知被检查单位整改要求,明确复查单位和期限。严格证据的采集、固定、保存标准,证据形式和取得方式要符合行政处罚法、行政诉讼法和有关司法解释规定。未经调查取证或者证据不足的,不得采取不利于当事人的执法措施。

(十) 健全行政执法听证制度

建立健全行政处罚、行政复议和行政许可听证制度。听证事项和申请时限要依法向社会公开,保障当事人、利害关系人申请听证的权利。听证事项涉及公共利益的,要科学合理地遴选一定数量的公众代表。听证代表意见的采纳情况,要以适当形式反馈。听证结束后,要认真形成听证报告,作为行政决策的重要依据。

(十一) 完善行政裁量权基准制度

作出行政处罚决定时,要对自由裁量权的行使进行专门审查,并在相关执法文书中记载。当事人对自由裁量结果有疑义的,要予以解释和说明。要按照平等原则、比例原则,建立完善行政裁量基准制度,确保大致相同的违法行为适用法律大体一致。

(十二) 强化行政处罚过程控制

要正确适用实体法,不得随意选择行政处罚依据。对重大行政处罚案件,在提请本部门负责人集体讨论前,必须经法制工作机构合法性审核。要严格按照行政处罚程序和种类,正确选择使用执法文书,并依法送达当事人。处罚执行完毕后,要在30日内办理结案并立卷归档。要建立案卷台账,严格档案管理,任何单位和个人不得擅自增加、更改案卷材料及其内容。重大行政处罚上报备案时,要同时提交行政处罚决定书和证据目录,列明证据名称和证明对象。

(十三) 完善行政强制实施程序

采取行政强制措施的,要认真听取当事人陈述申辩、制作现场笔录、履行审批手续并制作决定书。采取行政强制措施后,要及时查清事实,在法定期限内作出没收、销毁非法物品或者解除强制措施的决定。将已经查封、扣押的财物拍卖抵缴罚款的,对于超出部分,要返还当事人或者依法予以提存。违法行为涉嫌犯罪移送司法机关的,应当将查封、扣押的财物一并移送,并告知当事人。行政强制措施依法解除的,要及时恢复原状、返还财物。

(十四) 严格规范行政许可

要逐步减少行政审批事项,下放行政许可权力,简化审批流程,减轻企业负担。严格遵循行政许可种类、条件和程序法定的原则,禁止以备案方式增设行政许可项目,禁止通过口头告知、现场核查、前置审查等形式增加许可环节。除有法律、法规、规章规定的外,不得擅自委托实施行政许可。要依法公开行政许可的事项、依据、条件、收费标准、办结时限和结果。依法实施委托许可的,不得要求申请人重复提供申请材料。加强对行政许可的后续监管,发现不再具备法定条件的,要依法给予行政处罚,直至吊销相关行政许可证件。

(十五) 依法规范生产安全事故调查处理

安全监管监察部门要根据法定授权或者委托,全面细致地做好事故调查的组织工作。要采用包括听证会在内的多种方法征求对事故结论的意见,对于事故调查组成员和其他方面的不同意见,要如实向负责事故查处的有关人民政府或者煤矿安全监察机构反映。事故调查报告批复以后,除依法应当保密的外,要向事故责任单位提供事故调查报告或其节录本。要依照《中华人民共和国政府信息公开条例》(国务院令第492号)、《安全生产监管监察部门信息公开办法》(国家安全监管总局令第56号)等规定,健全完善相关制度,依法公开事故的原因和处理情况。

(十六)加强安全生产举报投诉查处

通过设立举报箱、电子邮箱、网站专栏和公布举报电话等方式,畅通举报投诉渠道。要加强与当地有关部门的联系,尽快开通全国统一的安全生产举报投诉电话"12350"。严格依照《信访条例》(国务院令第431号)的规定,建立健全举报核查处理制度,落实审查登记、受理告知、核查处理、书面答复等基本程序,定期分析举报投诉的来源、类别、趋势、规律。认真落实安全生产举报奖励政策,并对举报人身份及相关信息予以保密。

(十七)加强行政执法统计分析

严格执行《安全生产行政执法统计制度》(安监总统计〔2011〕184号),健全统计的填报、审核、审批程序,确保数据的及时性、完整性和真实性。强化统计分析工作,定期进行量化对比,注重态势把握,找出阶段性特点和苗头性问题,提出有针对性的对策建议。

四、强化监督考核,提升执法效能

(十八)做好行政复议和行政应诉工作

充分发挥行政复议的层级监督作用,发现被复议机关违法或者需要做好善后工作的,要依法制作行政复议意见书,下级部门要按规定期限报告纠正违法行为和善后工作情况;发现法律法规实施中带有普遍性问题的,要依法制作行政复议建议书,向有关机关提出完善制度和改进执法的建议。建立完善行政应诉工作制度,安全监管监察部门负责人要主动出庭应诉,认真对待人民法院的司法建议,积极履行生效的判决和裁定。

(十九)严格行政执法评议考核

要根据行政执法工作计划、行政处罚、行政强制、行政许可、事故调查处理情况和复议诉讼结果等,对下级安全监管监察部门和本部门执法机构、执法人员开展行政执法评议考核。要建立健全考核指标体系,实现定性和定量、内部和外部、检查和自查相结合,评议考核结果要纳入部门绩效和公务员年度考核内容。

(二十) 加强行政执法案卷评查

各级安全监管监察部门每年至少要开展一次行政执法案卷评查活动。要完善评查标准,注重评查实效,促进提升办案能力。评查结果要在一定范围内通报,对于带有普遍性的问题,要提出明确的整改措施和要求,并作为下一次案卷评查的重点内容。

(二十一) 科学合理追究行政执法责任

坚持"权责一致、有错必纠"和"依法履职、尽职免责"相结合,严格实行个案审查。对有关部门和执法人员不履行、违法履行或者不当履行职责的行为,要严肃追究行政执法责任。对已经按照年度执法工作计划、现场检查方案和法律、法规、规章规定的方式、程序履行安全监管监察职责的,依法免予追究执法责任。

五、夯实基层基础,推进队伍建设

(二十二) 加强组织领导

安全监管监察部门主要负责同志要定期听取汇报,研究部署行政执法工作,带头协调各方面的关系,解决执法难题。要大胆使用勇于开拓、敢于碰硬、善于执法的业务骨干。要通过扎实、深入、有效地开展行政执法工作,推动人员、编制、经费和装备的落实,全方位带动和提升执法队伍建设水平。

(二十三) 充实基层执法力量

以安全生产法、职业病防治法等重要法律法规的修订和实施为契机,积极争取有关方面的支持,调整充实市(地)级和县级安全监管部门执法力量,加大各级专门行政执法机构的组建力度。有条件地区的县级安全监管部门可以设置安全监管工作站,也可以与有关乡镇、街道、园区共同组建工作站。

(二十四) 实施执法工作条件标准化建设

积极争取地方人民政府及其有关部门的支持,按照国家发展改革委、国家安全监管总局印发的《安全生产监管部门和煤矿安全监察机构监管监察能力建设规划（2011—2015年）》（发改投资〔2012〕611号）的要求，加强办公业务用房、交通工具和执法装备等工作条件的标准化建设。执法车辆应喷涂"安全监管监察"或者"安全生产举报电话12350"等执法标识。大力推进行政执法信息化建设，建立电子政务和移动办公系统，逐步实现执法信息的网上传递和执法文书的电子化操作。

（二十五）提升行政执法人员业务能力

以提高依法履职能力和执法专业技能为核心，组织编写并定期更新执法培训大纲、教材及题库。切实加强执法人员的上岗培训、在岗培训，有计划地组织执法人员参加行政执法能力培训。新录用执法人员的上岗培训时间不得少于10天，在岗执法人员的培训时间原则上每年不低于32学时。要建立执法辅助人员培训考核和资格管理制度。严禁无行政执法资格的人员从事执法活动。

（二十六）狠抓执法队伍廉政建设

各级安全监管监察部门要创新方法和程序，持续深入地开展思想政治教育和廉洁执法教育，通过正面典型示范和反面典型警示，引导行政执法人员树立正确的价值观和利益观，筑牢反腐倡廉思想防线。

国家安全监管总局
2012年12月31日

全国普法学习读本

★ ★ ★ ★ ★

卫生安保类法律法规读本

安全生产法律法规学习读本

安全生产专项法律法规

王金锋 主编

加大全民普法力度，建设社会主义法治文化，树立宪法法律至上、法律面前人人平等的法治理念。

——中国共产党第十九次全国代表大会《决胜全面建成小康社会 夺取新时代中国特色社会主义伟大胜利》

汕头大学出版社

图书在版编目（CIP）数据

安全生产专项法律法规 / 王金锋主编. -- 汕头：汕头大学出版社（2021.7重印）

（安全生产法律法规学习读本）

ISBN 978-7-5658-2951-2

Ⅰ.①安… Ⅱ.①王… Ⅲ.①安全生产-安全法规-中国-学习参考资料 Ⅳ.①D922.544

中国版本图书馆CIP数据核字（2018）第035690号

安全生产专项法律法规 ANQUAN SHENGCHAN ZHUANXIANG FALÜ FAGUI

主　　编：	王金锋
责任编辑：	邹　峰
责任技编：	黄东生
封面设计：	大华文苑
出版发行：	汕头大学出版社
	广东省汕头市大学路243号汕头大学校园内　邮政编码：515063
电　　话：	0754-82904613
印　　刷：	三河市南阳印刷有限公司
开　　本：	690mm×960mm 1/16
印　　张：	18
字　　数：	226千字
版　　次：	2018年5月第1版
印　　次：	2021年7月第2次印刷
定　　价：	59.60元（全2册）

ISBN 978-7-5658-2951-2

版权所有，翻版必究

如发现印装质量问题，请与承印厂联系退换

前言

习近平总书记指出:"推进全民守法,必须着力增强全民法治观念。要坚持把全民普法和守法作为依法治国的长期基础性工作,采取有力措施加强法制宣传教育。要坚持法治教育从娃娃抓起,把法治教育纳入国民教育体系和精神文明创建内容,由易到难、循序渐进不断增强青少年的规则意识。要健全公民和组织守法信用记录,完善守法诚信褒奖机制和违法失信行为惩戒机制,形成守法光荣、违法可耻的社会氛围,使遵法守法成为全体人民共同追求和自觉行动。"

中共中央、国务院曾经转发了中央宣传部、司法部关于在公民中开展法治宣传教育的规划,并发出通知,要求各地区各部门结合实际认真贯彻执行。通知指出,全民普法和守法是依法治国的长期基础性工作。深入开展法治宣传教育,是全面建成小康社会和新农村的重要保障。

普法规划指出:各地区各部门要根据实际需要,从不同群体的特点出发,因地制宜开展有特色的法治宣传教育坚持集中法治宣传教育与经常性法治宣传教育相结合,深化法律进机关、进乡村、进社区、进学校、进企业、进单位的"法律六进"主题活动,完善工作标准,建立长效机制。

特别是农业、农村和农民问题,始终是关系党和人民事业发展的全局性和根本性问题。党中央、国务院发布的《关于推进社会主义新农村建设的若干意见》中明确提出要"加强农村法制建设,深入开展农村普法教育,增强农民的法制观念,提高农民依法行使权利和履行义务的自觉性。"多年普法实践证明,普及法律知识,提高法制观念，增强全社会依法办事意识具有重要作用。特别是在广大农村进行普法教育，是提高全民法律素质的需要。

多年来，我国在农村实行的改革开放取得了极大成功，农村发生了翻天覆地的变化，广大农民生活水平大大得到了提高。但是，由于历史和社会等原因，现阶段我国一些地区农民文化素质还不高，不学法、不懂法、不守法现象虽然较原来有所改变，但仍有相当一部分群众的法制观念仍很淡化，不懂、不愿借助法律来保护自身权益，这就极易受到不法的侵害，或极易进行违法犯罪活动，严重阻碍了全面建成小康社会和新农村步伐。

为此，根据党和政府的指示精神以及普法规划，特别是根据广大农村农民的现状，在有关部门和专家的指导下，特别编辑了这套《全国普法学习读本》。主要包括了广大人民群众应知应懂、实际实用的法律法规。为了辅导学习，附录还收入了相应法律法规的条例准则、实施细则、解读解答、案例分析等；同时为了突出法律法规的实际实用特点，兼顾地方性和特殊性，附录还收入了部分某些地方性法律法规以及非法律法规的政策文件、管理制度、应用表格等内容，拓展了本书的知识范围，使法律法规更"接地气"，便于读者学习掌握和实际应用。

在众多法律法规中，我们通过甄别，淘汰了废止的，精选了最新的、权威的和全面的。但有部分法律法规有些条款不适应当下情况了，却没有颁布新的，我们又不能擅自改动，只得保留原有条款，但附录却有相应的补充修改意见或通知等。众多法律法规根据不同内容和受众特点，经过归类组合，优化配套。整套普法读本非常全面系统，具有很强的学习性、实用性和指导性，非常适合用于广大农村和城乡普法学习教育与实践指导。总之，是全国全民普法的良好读本。

目 录

海洋石油安全生产规定

第一章　总　则 …………………………………………………（1）
第二章　安全生产保障 …………………………………………（2）
第三章　安全生产监督管理 ……………………………………（5）
第四章　应急预案与事故处理 …………………………………（7）
第五章　罚　则 …………………………………………………（9）
第六章　附　则 …………………………………………………（9）

电力安全生产监督管理办法

第一章　总　则 …………………………………………………（11）
第二章　电力企业的安全生产责任 ……………………………（12）
第三章　电力系统安全 …………………………………………（14）
第四章　电力安全生产的监督管理 ……………………………（15）
第五章　罚　则 …………………………………………………（17）
第六章　附　则 …………………………………………………（18）
附　录
　小型发电企业安全生产标准化达标管理办法 ………………（19）
　电力监控系统安全防护规定 …………………………………（23）
　国家能源局关于防范电力人身伤亡事故的指导意见 ………（28）

公路水运工程安全生产监督管理办法

第一章　总　则 …………………………………………………（35）

第二章	安全生产条件	(37)
第三章	安全生产责任	(40)
第四章	监督管理	(45)
第五章	法律责任	(48)
第六章	附　则	(50)

附　录

公路水路行业安全生产风险管理暂行办法 (51)
公路水路行业安全生产隐患治理暂行办法 (62)
公路水路行业安全生产监督管理工作责任规范导则 (73)

安全生产科技项目管理规定

第一章	总　则	(78)
第二章	项目征集与遴选	(79)
第三章	项目立项与验收	(81)
第四章	推广应用与奖惩	(83)
第五章	附　则	(84)

附　录

国家安全监管总局关于加强安全生产科技创新工作的决定 (85)

工业和通信业安全生产领域行业
标准制定管理办法实施细则

第一章	总　则	(90)
第二章	标准立项	(92)
第三章	标准起草和审查	(93)
第四章	标准报批	(96)
第五章	标准发布及出版	(98)
第六章	标准复审	(98)

| 第七章 | 标准修改 | (99) |
| 第八章 | 附　则 | (99) |

危险化学品输送管道安全管理规定

第一章	总　则	(100)
第二章	危险化学品管道的规划	(101)
第三章	危险化学品管道的建设	(102)
第四章	危险化学品管道的运行	(103)
第五章	监督管理	(107)
第六章	法律责任	(107)
第七章	附　则	(109)

煤矿企业安全生产许可证实施办法

第一章	总　则	(111)
第二章	安全生产条件	(112)
第三章	安全生产许可证的申请和颁发	(115)
第四章	安全生产许可证的监督管理	(120)
第五章	罚　则	(122)
第六章	附　则	(124)

附　录

劳动密集型加工企业安全生产八条规定 …………… (125)

冶金企业和有色金属企业安全生产规定 …………… (127)

海洋石油安全生产规定

国家安全生产监督管理总局令
第 78 号

《国家安全监管总局关于废止和修改非煤矿矿山领域九部规章的决定》已经 2015 年 3 月 23 日国家安全生产监督管理总局局长办公会议审议通过，现予公布，自 2015 年 7 月 1 日起施行。

局长　杨栋梁
2015 年 05 月 26 日

（2006 年 2 月 7 日国家安全监管总局令第 4 号公布；根据 2013 年 8 月 29 日国家安全监管总局令第 63 号第一次修正；根据 2015 年 5 月 26 日国家安全监管总局令第 78 号第二次修正）

第一章　总　则

第一条　为了加强海洋石油安全生产工作，防止和减少海洋石油生产安全事故和职业危害，保障从业人员生命和财产安全，根据《安全生产法》及有关法律、行政法规，制定本规定。

　　第二条　在中华人民共和国的内水、领海、毗连区、专属经济区、大陆架以及中华人民共和国管辖的其他海域内的海洋石油开采活动的安全生产，适用本规定。

　　第三条　海洋石油作业者和承包者是海洋石油安全生产的责任主体。

　　本规定所称作业者是指负责实施海洋石油开采活动的企业，或者按照石油合同的约定负责实施海洋石油开采活动的实体。

　　本规定所称承包者是指向作业者提供服务的企业或者实体。

　　第四条　国家安全生产监督管理总局（以下简称安全监管总局）对海洋石油安全生产实施综合监督管理。

　　安全监管总局设立海洋石油作业安全办公室（以下简称海油安办）作为实施海洋石油安全生产综合监督管理的执行机构。海油安办根据需要设立分部，各分部依照有关规定实施具体的安全监督管理。

第二章　安全生产保障

　　第五条　作业者和承包者应当遵守有关安全生产的法律、行政法规、部门规章、国家标准和行业标准，具备安全生产条件。

　　第六条　作业者应当加强对承包者的安全监督和管理，并在承包合同中约定各自的安全生产管理职责。

　　第七条　作业者和承包者的主要负责人对本单位的安全生产工作全面负责。

　　作业者和从事物探、钻井、测井、录井、试油、井下作业等活动的承包者及海洋石油生产设施的主要负责人、安全管理人员应当按照安全监管总局的规定,经过安全资格培训,具备相应的安全生产知识和管理能力,经考核合格取得安全资格证书。

第八条 作业者和承包者应当对从业人员进行安全生产教育和培训,保证从业人员具备必要的安全生产知识,熟悉有关的安全生产规章制度和安全操作规程,掌握本岗位的安全操作技能。

第九条 出海作业人员应当接受海洋石油作业安全救生培训,经考核合格后方可出海作业。

临时出海人员应接受必要的安全教育。

第十条 特种作业人员应当按照安全监管总局有关规定经专门的安全技术培训,考核合格取得特种作业操作资格证书后方可上岗作业。

第十一条 海洋石油建设项目在可行性研究阶段或者总体开发方案编制阶段应当进行安全预评价。

在设计阶段,海洋石油生产设施的重要设计文件及安全专篇,应当经海洋石油生产设施发证检验机构(以下简称发证检验机构)审查同意。发证检验机构应当在审查同意的设计文件、图纸上加盖印章。

第十二条 海洋石油生产设施应当由具有相应资质或者能力的专业单位施工,施工单位应当按照审查同意的设计方案或者图纸施工。

第十三条 海洋石油生产设施试生产前,应当经发证检验机构检验合格,取得最终检验证书或者临时检验证书,并制订试生产的安全措施,于试生产前45日报海油安办有关分部备案。

海油安办有关分部应对海洋石油生产设施的状况及安全措施的落实情况进行检查。

第十四条 海洋石油生产设施试生产正常后,应当由作业者或者承包者负责组织对其安全设施进行竣工验收，并形成书面报告备查。

经验收合格并办理安全生产许可证后，方可正式投入生产使用。

第十五条 作业者和承包者应当向作业人员如实告知作业现场和工作岗位存在的危险因素和职业危害因素，以及相应的防范措施和应急措施。

第十六条 作业者和承包者应当为作业人员提供符合国家标准或者行业标准的劳动防护用品，并监督、教育作业人员按照使用规则佩戴、使用。

第十七条 作业者和承包者应当制定海洋石油作业设施、生产设施及其专业设备的安全检查、维护保养制度，建立安全检查、维护保养档案，并指定专人负责。

第十八条 作业者和承包者应当加强防火防爆管理，按照有关规定划分和标明安全区与危险区；在危险区作业时，应当对作业程序和安全措施进行审查。

第十九条 作业者和承包者应当加强对易燃、易爆、有毒、腐蚀性等危险物品的管理，按国家有关规定进行装卸、运输、储存、使用和处置。

第二十条 海洋石油的专业设备应当由专业设备检验机构检验合格，方可投入使用。专业设备检验机构对检验结果负责。

第二十一条 海洋石油作业设施首次投入使用前或者变更作业区块前，应当制订作业计划和安全措施。

作业计划和安全措施应当在开始作业前15日报海油安办有关分部备案。

外国海洋石油作业设施进入中华人民共和国管辖海域前按照上述要求执行。

第二十二条 作业者和承包者应当建立守护船值班制度，在海洋石油生产设施和移动式钻井船（平台）周围应备有守护船值班。无人值守的生产设施和陆岸结构物除外。

第二十三条 作业者或者承包者在编制钻井、采油和井下作业等作业计划时，应当根据地质条件与海域环境确定安全可靠的井控程序和防硫化氢措施。

打开油（气）层前，作业者或者承包者应当确认井控和防硫化氢措施的落实情况。

第二十四条 作业者和承包者应当保存安全生产的相关资料，主要包括作业人员名册、工作日志、培训记录、事故和险情记录、安全设备维修记录、海况和气象情况等。

第二十五条 在海洋石油生产设施的设计、建造、安装以及生产的全过程中，实施发证检验制度。

海洋石油生产设施的发证检验包括建造检验、生产过程中的定期检验和临时检验。

第二十六条 发证检验工作由作业者委托具有资质的发证检验机构进行。

第二十七条 发证检验机构应当依照有关法律、行政法规、部门规章和国家标准、行业标准或者作业者选定的技术标准实施审查、检验，并对审查、检验结果负责。

作业者选定的技术标准不得低于国家标准和行业标准。

海油安办对发证检验机构实施的设计审查程序、检验程序进行监督。

第三章　安全生产监督管理

第二十八条 海油安办及其各分部对海洋石油安全生产履行

以下监督管理职责：

（一）组织起草海洋石油安全生产法规、规章、标准；

（二）监督检查作业者和承包者安全生产条件、设备设施安全和劳动防护用品使用情况；

（三）监督检查作业者和承包者安全生产教育培训情况；负责作业者，从事物探、钻井、测井、录井、试油、井下作业等的承包者和海洋石油生产设施的主要负责人、安全管理人员和特种作业人员的安全培训考核工作；

（四）监督核查海洋石油建设项目生产设施安全竣工验收工作，负责安全生产许可证的发放工作；

（五）负责海洋石油生产设施发证检验、专业设备检测检验、安全评价和安全咨询等社会中介服务机构的资质审查；

（六）组织生产安全事故的调查处理；协调事故和险情的应急救援工作。

第二十九条 监督检查人员必须熟悉海洋石油安全法律法规和安全技术知识，能胜任海洋石油安全检查工作，经考核合格，取得相应的执法资格。

第三十条 海油安办及其各分部依法对作业者和承包者执行有关安全生产的法律、行政法规和国家标准或者行业标准的情况进行监督检查，行使以下职权：

（一）对作业者和承包者进行安全检查，调阅有关资料，向有关单位和人员了解情况；

（二）对检查中发现的安全生产违法行为，当场予以纠正或者要求限期改正；

（三）对检查中发现的事故隐患，应当责令立即排除；重大事故隐患排除前或者排除过程中无法保证安全的，应当责令从危险区域内撤出作业人员，责令暂时停产停业或者停止使用；重大事故隐患排除后，经审查同意，方可恢复生产和使用；

（四）对有根据认为不符合保障安全生产的国家标准或者行业标准的设施、设备、器材予以查封或者扣押，并应当在15日内依法作出处理决定。

第三十一条　监督检查人员进行监督检查时，应履行以下义务：

（一）忠于职守，坚持原则，秉公执法；

（二）执行监督检查任务时，必须出示有效的监督执法证件，使用统一的行政执法文书；

（三）遵守作业者和承包者的有关现场管理规定，不得影响正常生产活动；

（四）保守作业者和承包者的有关技术秘密和商业秘密。

第三十二条　监督检查人员在进行安全监督检查期间，作业者或者承包者应当免费提供必要的交通工具、防护用品等工作条件。

第三十三条　承担海洋石油生产设施发证检验、专业设备检测检验、安全评价和安全咨询的中介机构应当具备国家规定的资质。

第四章　应急预案与事故处理

第三十四条　作业者应当建立应急救援组织，配备专职或者兼职救援人员，或者与专业救援组织签订救援协议，并在实施作业前编制应急预案。

承包者在实施作业前应编制应急预案。

应急预案应当报海油安办有关分部和其他有关政府部门备案。

第三十五条　应急预案应当包括以下主要内容：作业者和承包者的基本情况、危险特性、可利用的应急救援设备；应急组织机构、职责划分、通讯联络；应急预案启动、应急响应、信息处理、应急状态中止、后续恢复等处置程序；应急演习与训练。

第三十六条 应急预案应充分考虑作业内容、作业海区的环境条件、作业设施的类型、自救能力和可以获得的外部支援等因素，应能够预防和处置各类突发性事故和可能引发事故的险情，并随实际情况的变化及时修改或者补充。

事故和险情包括以下情况：井喷失控、火灾与爆炸、平台遇险、飞机或者直升机失事、船舶海损、油（气）生产设施与管线破损/泄漏、有毒有害物质泄漏、放射性物质遗散、潜水作业事故；人员重伤、死亡、失踪及暴发性传染病、中毒；溢油事故、自然灾害以及其他紧急情况等。

第三十七条 当发生事故或者出现可能引发事故的险情时，作业者和承包者应当按应急预案的规定实施应急措施，防止事态扩大，减少人员伤亡和财产损失。

当发生应急预案中未规定的事件时，现场工作人员应当及时向主要负责人报告。主要负责人应当及时采取相应的措施。

第三十八条 事故和险情发生后，当事人、现场人员、作业者和承包者负责人、各分部和海油安办根据有关规定逐级上报。

第三十九条 海油安办及其有关分部、有关部门接到重大事故报告后，应当立即赶到事故现场，组织事故抢救、事故调查。

第四十条 无人员伤亡事故、轻伤、重伤事故由作业者和承包者负责人或其指定的人员组织生产、技术、安全等有关人员及工会代表参加的事故调查组进行调查。

其他事故的调查处理，按有关规定执行。

第四十一条 作业者应当建立事故统计和分析制度，定期对事故进行统计和分析。事故统计年报应当报海油安办有关分部、政府有关部门。

承包者在提供服务期间发生的事故由作业者负责统计。

第五章 罚 则

第四十二条 监督检查人员在海洋石油安全生产监督检查中滥用职权、玩忽职守、徇私舞弊的，依照有关规定给予行政处分；构成犯罪的，依法追究刑事责任。

第四十三条 作业者和承包者有下列行为之一的，给予警告，并处3万元以下的罚款：

（一）未按规定执行发证检验或者用非法手段获取检验证书的；

（二）未按规定配备守护船，或者使用不满足有关规定要求的船舶做守护船，或者守护船未按规定履行登记手续的；

（三）未按照本规定第三十四条的规定履行备案手续的；

（四）未按有关规定制订井控措施和防硫化氢措施，或者井控措施和防硫化氢措施不落实的。

第四十四条 本规定所列行政处罚，由海油安办及其各分部实施。

《安全生产法》等法律、行政法规对安全生产违法行为的行政处罚另有规定的，依照其规定。

第六章 附 则

第四十五条 本规定下列用语的定义：

（一）石油，是指蕴藏在地下的、正在采出的和已经采出的原油和天然气。

（二）石油合同，是指中国石油企业与外国企业为合作开采中华人民共和国海洋石油资源，依法订立的石油勘探、开发和生产的合同。

（三）海洋石油开采活动，是指在本规定第二条所述海域内从事的石油勘探、开发、生产、储运、油田废弃及其有关的活动。

（四）海洋石油作业设施，是指用于海洋石油作业的海上移动式钻井船（平台）、物探船、铺管船、起重船、固井船、酸化压裂船等设施。

（五）海洋石油生产设施，是指以开采海洋石油为目的的海上固定平台、单点系泊、浮式生产储油装置、海底管线、海上输油码头、滩海陆岸、人工岛和陆岸终端等海上和陆岸结构物。

（六）专业设备，是指海洋石油开采过程中使用的危险性较大或者对安全生产有较大影响的设备，包括海上结构、采油设备、海上锅炉和压力容器、钻井和修井设备、起重和升降设备、火灾和可燃气体探测、报警及控制系统、安全阀、救生设备、消防器材、钢丝绳等系物及被系物、电气仪表等。

第四十六条 内陆湖泊的石油开采的安全生产监督管理，参照本规定相应条款执行。

第四十七条 本规定自 2006 年 5 月 1 日起施行，原石油工业部 1986 年颁布的《海洋石油作业安全管理规定》同时废止。

电力安全生产监督管理办法

中华人民共和国国家发展和改革委员会令
第 21 号

《电力安全生产监督管理办法》已经国家发展和改革委员会主任办公会审议通过，现予公布，自 2015 年 3 月 1 日起施行。

国家发展和改革委员会主任
2015 年 2 月 17 日

第一章　总　则

第一条　为了有效实施电力安全生产监督管理，预防和减少电力事故，保障电力系统安全稳定运行和电力可靠供应，依据《中华人民共和国安全生产法》、《中华人民共和国突发事件应对法》、《电力监管条例》、《生产安全事故报告和调查处理条例》、《电力安全事故应急处置和调查处理条例》等法律法规，制定本办法。

第二条　本办法适用于中华人民共和国境内以发电、输电、供电、电力建设为主营业务并取得相关业务许可或按规定豁免电力业务许可的电力企业。

第三条　国家能源局及其派出机构依照本办法，对电力企业的电力运行安全（不包括核安全）、电力建设施工安全、电力工程质量安全、电力应急、水电站大坝运行安全和电力可靠性工作等方面实施监督管理。

第四条　电力安全生产工作应当坚持"安全第一、预防为主、综合治理"的方针，建立电力企业具体负责、政府监管、行业自律和社会监督的工作机制。

第五条　电力企业是电力安全生产的责任主体，应当遵照国家有关安全生产的法律法规、制度和标准，建立健全电力安全生产责任制，加强电力安全生产管理，完善电力安全生产条件，确保电力安全生产。

第六条　任何单位和个人对违反本办法和国家有关电力安全生产监督管理规定的行为，有权向国家能源局及其派出机构投诉和举报，国家能源局及其派出机构应当依法处理。

第二章　电力企业的安全生产责任

第七条　电力企业的主要负责人对本单位的安全生产工作全面负责。电力企业从业人员应当依法履行安全生产方面的义务。

第八条　电力企业应当履行下列电力安全生产管理基本职责：

（一）依照国家安全生产法律法规、制度和标准，制定并落实本单位电力安全生产管理制度和规程；

（二）建立健全电力安全生产保证体系和监督体系，落实安全生产责任；

（三）按照国家有关法律法规设置安全生产管理机构、配备专职安全管理人员；

（四）按照规定提取和使用电力安全生产费用，专门用于改善安全生产条件；

（五）按照有关规定建立健全电力安全生产隐患排查治理制度和风险预控体系，开展隐患排查及风险辨识、评估和监控工作，并对安全隐患和风险进行治理、管控；

（六）开展电力安全生产标准化建设；

（七）开展电力安全生产培训宣传教育工作，负责以班组长、新工人、农民工为重点的从业人员安全培训；

（八）开展电力可靠性管理工作，建立健全电力可靠性管理工作体系，准确、及时、完整报送电力可靠性信息；

（九）建立电力应急管理体系，健全协调联动机制，制定各级各类应急预案并开展应急演练，建设应急救援队伍，完善应急物资储备制度；

（十）按照规定报告电力事故和电力安全事件信息并及时开展应急处置，对电力安全事件进行调查处理。

第九条 发电企业应当按照规定对水电站大坝进行安全注册，开展大坝安全定期检查和信息化建设工作；对燃煤发电厂贮灰场进行安全备案，开展安全巡查和定期安全评估工作。

第十条 电力建设单位应当对电力建设工程施工安全和工程质量安全负全面管理责任，履行工程组织、协调和监督职责，并按照规定将电力工程项目的安全生产管理情况向当地派出机构备案，向相关电力工程质监机构进行工程项目质量监督注册申请。

第十一条　供电企业应当配合地方政府对电力用户安全用电提供技术指导。

第三章　电力系统安全

第十二条　电力企业应当共同维护电力系统安全稳定运行。在电网互联、发电机组并网过程中应严格履行安全责任，并在双方的联（并）网调度协议中具体明确，不得擅自联（并）网和解网。

第十三条　各级电力调度机构是涉及电力系统安全的电力安全事故（事件）处置的指挥机构，发生电力安全事故（事件）或遇有危及电力系统安全的情况时，电力调度机构有权采取必要的应急处置措施，相关电力企业应当严格执行调度指令。

第十四条　电力调度机构应当加强电力系统安全稳定运行管理，科学合理安排系统运行方式，开展电力系统安全分析评估，统筹协调电网安全和并网运行机组安全。

第十五条　电力企业应当加强发电设备设施和输变配电设备设施安全管理和技术管理，强化电力监控系统（或设备）专业管理，完善电力系统调频、调峰、调压、调相、事故备用等性能，满足电力系统安全稳定运行的需要。

第十六条　发电机组、风电场以及光伏电站等并入电网运行，应当满足相关技术标准，符合电网运行的有关安全要求。

第十七条　电力企业应当根据国家有关规定和标准，制订、完善和落实预防电网大面积停电的安全技术措施、反事故措施和应急预案，建立完善与国家能源局及其派出机构、地方人民政府及电力用户等的应急协调联动机制。

第四章　电力安全生产的监督管理

第十八条　国家能源局依法负责全国电力安全生产监督管理工作。国家能源局派出机构（以下简称"派出机构"）按照属地化管理的原则，负责辖区内电力安全生产监督管理工作。涉及跨区域的电力安全生产监督管理工作，由国家能源局负责或者协调确定具体负责的区域派出机构；同一区域内涉及跨省的电力安全生产监督管理工作，由当地区域派出机构负责或者协调确定具体负责的省级派出机构。50兆瓦以下小水电站的安全生产监督管理工作，按照相关规定执行。50兆瓦以下小水电站的涉网安全由派出机构负责监督管理。

第十九条　国家能源局及其派出机构应当采取多种形式，加强有关安全生产的法律法规、制度和标准的宣传，向电力企业传达国家有关安全生产工作各项要求，提高从业人员的安全生产意识。

第二十条　国家能源局及其派出机构应当建立健全电力行业安全生产工作协调机制，及时协调、解决安全生产监督管理中存在的重大问题。

第二十一条　国家能源局及其派出机构应当依法对电力企业执行有关安全生产法规、标准和规范情况进行监督检查。国家能源局组织开展全国范围的电力安全生产大检查，制定检查工作方案，并对重点地区、重要电力企业、关键环节开展重点督查。派出机构组织开展辖区内的电力安全生产大检查，对部分电力企业进行抽查。

第二十二条　国家能源局及其派出机构对现场检查中发现的安全生产违法、违规行为，应当责令电力企业当场予以纠正或者限期整改。对现场检查中发现的重大安全隐患，应当责令其立即整改；

安全隐患危及人身安全时，应当责令其立即从危险区域内撤离人员。

第二十三条　国家能源局及其派出机构应当监督指导电力企业隐患排查治理工作，按照有关规定对重大安全隐患挂牌督办。第二十四条国家能源局及其派出机构应当统计分析电力安全生产信息，并定期向社会公布。根据工作需要，可以要求电力企业报送与电力安全生产相关的文件、资料、图纸、音频或视频记录和有关数据。

国家能源局及其派出机构发现电力企业在报送资料中存在弄虚作假及其他违规行为的，应当及时纠正和处理。

第二十五条　国家能源局及其派出机构应当依法组织或参与电力事故调查处理。国家能源局组织或参与重大和特别重大电力事故调查处理；督办有重大社会影响的电力安全事件。派出机构组织或参与较大和一般电力事故调查处理，对电力系统安全稳定运行或对社会造成较大影响的电力安全事件组织专项督查。

第二十六条　国家能源局及其派出机构应当依法组织开展电力应急管理工作。国家能源局负责制定电力应急体系发展规划和国家大面积停电事件专项应急预案，开展重大电力突发安全事件应急处置和分析评估工作。派出机构应当按照规定权限和程序，组织、协调、指导电力突发安全事件应急处置工作。

第二十七条　国家能源局及其派出机构应当组织开展电力安全培训和宣传教育工作。

第二十八条　国家能源局及其派出机构配合地方政府有关部门、相关行业管理部门，对重要电力用户安全用电、供电电源配置、自备应急电源配置和使用实施监督管理。

第二十九条　国家能源局及其派出机构应当建立安全生产举报制度，公开举报电话、信箱和电子邮件地址，受理有关电力安全生产的举报；受理的举报事项经核实后，对违法行为严重的电力企业，应当向社会公告。

第五章 罚 则

第三十条 电力企业造成电力事故的,依照《生产安全事故报告和调查处理条例》和《电力安全事故应急处置和调查处理条例》,承担相应的法律责任。

第三十一条 国家能源局及其派出机构从事电力安全生产监督管理工作的人员滥用职权、玩忽职守或者徇私舞弊的,依法给予行政处分;构成犯罪的,由司法机关依法追究刑事责任。

第三十二条 国家能源局及其派出机构通过现场检查发现电力企业有违反本办法规定的行为时,可以对电力企业主要负责人或安全生产分管负责人进行约谈,情节严重的,依据《安全生产法》第九十条,可以要求其停工整顿,对发电企业要求其暂停并网运行。

第三十三条 电力企业有违反本办法规定的行为时,国家能源局及其派出机构可以对其违规情况向行业进行通报,对影响电力用户安全可靠供电行为的处理情况,向社会公布。

第三十四条 电力企业发生电力安全事件后,存在下列情况之一的,国家能源局及其派出机构可以责令限期改正,逾期不改正的应当将其列入安全生产不良信用记录和安全生产诚信"黑名单",并处以1万元以下的罚款:

(一)迟报、漏报、谎报、瞒报电力安全事件信息的;

(二)不及时组织应急处置的;

(三)未按规定对电力安全事件进行调查处理的。

第三十五条 电力企业未履行本办法第八条规定的,由国家能源局及其派出机构责令限期整改,逾期不整改的,对电力企业主要负责人予以警告;情节严重的,由国家能源局及其派出机构对电力企业主要负责人处以1万元以下的罚款。

第三十六条 电力企业有下列情形之一的，由国家能源局及其派出机构责令限期改正；逾期不改正的，由国家能源局及其派出机构依据《电力监管条例》第三十四条，对其处以5万元以上、50万元以下的罚款，并将其列入安全生产不良信用记录和安全生产诚信"黑名单"：

（一）拒绝或阻挠国家能源局及其派出机构从事监督管理工作的人员依法履行电力安全生产监督管理职责的；

（二）向国家能源局及其派出机构提供虚假或隐瞒重要事实的文件、资料的。

第六章 附 则

第三十七条 本办法下列用语的含义：

（一）电力系统，是指由发电、输电、变电、配电以及电力调度等环节组成的电能生产、传输和分配的系统。

（二）电力事故，是指电力生产、建设过程中发生的电力安全事故、电力人身伤亡事故、发电设备或输变电设备设施损坏造成直接经济损失的事故。

（三）电力安全事件，是指未构成电力安全事故，但影响电力（热力）正常供应，或对电力系统安全稳定运行构成威胁，可能引发电力安全事故或造成较大社会影响的事件。

（四）重大安全隐患，是指可能造成一般以上人身伤亡事故、电力安全事故、直接经济损失100万元以上的电力设备事故和其他对社会造成较大影响的隐患。

第三十八条 本办法自二〇一五年三月一日起施行。原国家电力监管委员会《电力安全生产监管办法》同时废止。

附 录

小型发电企业安全生产标准化达标管理办法

国家能源局关于印发《小型发电企业安全生产
标准化达标管理办法》的通知
国能安全〔2014〕103 号

各派出机构,国家电网公司,南方电网公司,华能、大唐、华电、国电、中电投集团公司,各有关电力企业:为加强电力安全监督管理,规范小型发电企业安全生产标准化达标工作,我局组织制定了《小型发电企业安全生产标准化达标管理办法》,现印发你们,请依照执行。

国家能源局
2014 年 2 月 26 日

第一条 为贯彻落实国务院《关于进一步加强企业安全生产工作的通知》(国发〔2010〕23 号)和《国务院安委会关于深入开展企业安全生产标准化建设的指导意见》(安委〔2011〕4 号)等文件精神,规范小型发电企业安全生产标准化达标工作,制定本办法。

第二条 本办法适用于国家能源局派出机构安全监管范围的

小型发电企业安全生产标准化达标工作。

本办法所称小型发电企业主要指通过35千伏及以下电压等级接入公共电网的发电企业。

第三条 小型发电企业安全生产标准化达标遵循"企业实施，评审机构评审，监管机构监管"原则。

小型发电企业是安全生产标准化达标责任主体，全面负责本单位安全生产标准化达标创建工作。

评审机构负责现场评审，按照"谁评审，谁负责"、"谁签字，谁负责"的原则，对评审意见负责任。

国家能源局派出机构按照属地管理原则，负责小型发电企业安全生产标准化达标的监督管理和指导协调工作。

第四条 小型发电企业安全生产标准化达标应当具备以下基本条件：

（一）已办理电力业务许可手续或豁免办理电力业务许可手续；

（二）评审期内未发生负有责任的电力事故和对社会造成重大不良影响的事件；

（三）有关发电机组按照规定通过并网安全性评价；

（四）无其它违反安全生产法律法规的行为。

第五条 小型发电企业安全生产标准化按照主要内容符合性确定是否达标，其主要内容如下：

（一）建立健全安全生产责任制，主要负责人亲自组织安全生产管理工作，专兼职安全员具体负责做好安全生产管理工作；

（二）及时识别和获取适用的安全生产法律法规和标准规范，并据其制定和落实安全生产检查考核、"两票三制"、反违章管理、隐患排查治理、设备和缺陷管理、消防管理、应急管理等管理制度，以及运行和检修等规程；

（三）保证安全生产费用投入及有效实施；

（四）安全生产风险可控，作业安全措施落实，主要生产设备设施无重大安全隐患；

（五）严格执行调度命令，无违反调度指令等行为；

（六）制定完善必要的应急预案，储备重要应急物资，建立与当地政府的协调机制；

（七）每年开展生产岗位人员安全教育培训，特种作业人员做到持证上岗；

（八）按规定报送安全信息，无迟报、漏报、谎报或者瞒报现象。

第六条 小型发电企业安全生产标准化达标主要程序如下：

（一）企业按照达标内容组织开展自查、自评，形成自查报告；

（二）企业根据自评结果，向国家能源局派出机构提出评审申请；

（三）获准评审的企业委托符合要求的评审机构开展评审；

（四）评审机构组织开展现场评审，形成评审报告，出具评审意见；

（五）国家能源局派出机构根据评审意见，对符合要求的企业予以公告；

（六）对经公告无异议的企业，国家能源局派出机构颁发安全生产标准化达标证书。

第七条 同一河流或相邻河流的小水电企业安全生产标准化达标工作，可由国家能源局派出机构根据实际情况，按照便捷的原则，制订安全生产标准化达标计划，统一开展安全生产标准化达标工作。

第八条 评审机构应当选派经安全生产标准化培训合格的人

员进行现场评审。现场评审不得少于3人。

第九条 现场评审人员应当对照基本条件和评审主要内容，认真查阅资料和现场逐条查证。现场查证中发现问题应当及时反馈企业，并提出整改意见和建议。

第十条 小型发电企业应当按照闭环管理要求，积极整改评审中发现的问题和薄弱环节，不断提升安全生产绩效，持续改进安全生产标准化工作。

第十一条 小型发电企业和评审机构在达标工作中存在违规行为的，由国家能源局及其派出机构按照电力安全生产标准化达标评级有关管理办法处理。

第十二条 小型发电企业安全生产标准化达标有效期为五年，有效期届满前三个月内应当按照此办法开展达标工作。

第十三条 小型发电企业如需申请电力安全生产标准化达标评级，按照电力安全生产标准化达标评级有关管理办法和实施细则执行。

第十四条 国家能源局派出机构可以结合辖区内实际情况，制定小型发电企业安全生产标准化达标实施细则和相关标准。

第十五条 本办法自发布之日起施行。

电力监控系统安全防护规定

中华人民共和国国家发展和改革委员会令

第 14 号

《电力监控系统安全防护规定》已经国家发展和改革委员会主任办公会审议通过，现予公布，自 2014 年 9 月 1 日起施行。

国家发展改革委主任
2014 年 8 月 1 日

第一章 总 则

第一条 为了加强电力监控系统的信息安全管理，防范黑客及恶意代码等对电力监控系统的攻击及侵害，保障电力系统的安全稳定运行，根据《电力监管条例》、《中华人民共和国计算机信息系统安全保护条例》和国家有关规定，结合电力监控系统的实际情况，制定本规定。

第二条 电力监控系统安全防护工作应当落实国家信息安全等级保护制度，按照国家信息安全等级保护的有关要求，坚持"安全分区、网络专用、横向隔离、纵向认证"的原则，保障电力监控系统的安全。

第三条 本规定所称电力监控系统，是指用于监视和控制电力生产及供应过程的、基于计算机及网络技术的业务系统及智能设备，以及做为基础支撑的通信及数据网络等。

第四条 本规定适用于发电企业、电网企业以及相关规划设计、施工建设、安装调试、研究开发等单位。

第五条 国家能源局及其派出机构依法对电力监控系统安全防护工作进行监督管理。

第二章 技术管理

第六条 发电企业、电网企业内部基于计算机和网络技术的业务系统，应当划分为生产控制大区和管理信息大区。

生产控制大区可以分为控制区（安全区Ⅰ）和非控制区（安全区Ⅱ）；管理信息大区内部在不影响生产控制大区安全的前提下，可以根据各企业不同安全要求划分安全区。根据应用系统实际情况，在满足总体安全要求的前提下，可以简化安全区的设置，但是应当避免形成不同安全区的纵向交叉联接。

第七条 电力调度数据网应当在专用通道上使用独立的网络设备组网，在物理层面上实现与电力企业其它数据网及外部公用数据网的安全隔离。

电力调度数据网划分为逻辑隔离的实时子网和非实时子网，分别连接控制区和非控制区。

第八条 生产控制大区的业务系统在与其终端的纵向联接中使用无线通信网、电力企业其它数据网（非电力调度数据网）或者外部公用数据网的虚拟专用网络方式（VPN）等进行通信的，应当设立安全接入区。

第九条 在生产控制大区与管理信息大区之间必须设置经国家指定部门检测认证的电力专用横向单向安全隔离装置。生产控制大区内部的安全区之间应当采用具有访问控制功能的设备、防火墙或者相当功能的设施，实现逻辑隔离。安全接入区与生产控制大区中其他部分的联接处必须设置经国家指定部门检测认证的电力专用横向单向安全隔离装置。

第十条 在生产控制大区与广域网的纵向联接处应当设置经过国家指定部门检测认证的电力专用纵向加密认证装置或者加密认证网关及相应设施。

第十一条 安全区边界应当采取必要的安全防护措施,禁止任何穿越生产控制大区和管理信息大区之间边界的通用网络服务。生产控制大区中的业务系统应当具有高安全性和高可靠性,禁止采用安全风险高的通用网络服务功能。

第十二条 依照电力调度管理体制建立基于公钥技术的分布式电力调度数字证书及安全标签,生产控制大区中的重要业务系统应当采用认证加密机制。

第十三条 电力监控系统在设备选型及配置时,应当禁止选用经国家相关管理部门检测认定并经国家能源局通报存在漏洞和风险的系统及设备;对于已经投入运行的系统及设备,应当按照国家能源局及其派出机构的要求及时进行整改,同时应当加强相关系统及设备的运行管理和安全防护。生产控制大区中除安全接入区外,应当禁止选用具有无线通信功能的设备。

第三章 安全管理

第十四条 电力监控系统安全防护是电力安全生产管理体系的有机组成部分。电力企业应当按照"谁主管谁负责,谁运营谁负责"的原则,建立健全电力监控系统安全防护管理制度,将电力监控系统安全防护工作及其信息报送纳入日常安全生产管理体系,落实分级负责的责任制。电力调度机构负责直接调度范围内的下一级电力调度机构、变电站、发电厂涉网部分的电力监控系统安全防护的技术监督,发电厂内其它监控系统的安全防护可以由其上级主管单位实施技术监督。

第十五条 电力调度机构、发电厂、变电站等运行单位的电力监控系统安全防护实施方案必须经本企业的上级专业管理部门和信息安全管理部门以及相应电力调度机构的审核，方案实施完成后应当由上述机构验收。接入电力调度数据网络的设备和应用系统，其接入技术方案和安全防护措施必须经直接负责的电力调度机构同意。

第十六条　建立健全电力监控系统安全防护评估制度，采取以自评估为主、检查评估为辅的方式，将电力监控系统安全防护评估纳入电力系统安全评价体系。

第十七条　建立健全电力监控系统安全的联合防护和应急机制，制定应急预案。电力调度机构负责统一指挥调度范围内的电力监控系统安全应急处理。当遭受网络攻击，生产控制大区的电力监控系统出现异常或者故障时，应当立即向其上级电力调度机构以及当地国家能源局派出机构报告，并联合采取紧急防护措施，防止事态扩大，同时应当注意保护现场，以便进行调查取证。

第四章　保密管理

第十八条　电力监控系统相关设备及系统的开发单位、供应商应当以合同条款或者保密协议的方式保证其所提供的设备及系统符合本规定的要求，并在设备及系统的全生命周期内对其负责。电力监控系统专用安全产品的开发单位、使用单位及供应商，应当按国家有关要求做好保密工作，禁止关键技术和设备的扩散。

第十九条　对生产控制大区安全评估的所有评估资料和评估结果，应当按国家有关要求做好保密工作。

第五章　监督管理

第二十条　国家能源局及其派出机构负责制定电力监控系统安全防护相关管理和技术规范，并监督实施。

第二十一条 对于不符合本规定要求的，相关单位应当在规定的期限内整改；逾期未整改的，由国家能源局及其派出机构依据国家有关规定予以处罚。

第二十二条 对于因违反本规定，造成电力监控系统故障的，由其上级单位按相关规程规定进行处理；发生电力设备事故或者造成电力安全事故（事件）的，按国家有关事故（事件）调查规定进行处理。

第六章 附 则

第二十三条 本规定下列用语的含义或范围：

（一）电力监控系统具体包括电力数据采集与监控系统、能量管理系统、变电站自动化系统、换流站计算机监控系统、发电厂计算机监控系统、配电自动化系统、微机继电保护和安全自动装置、广域相量测量系统、负荷控制系统、水调自动化系统和水电梯级调度自动化系统、电能量计量系统、实时电力市场的辅助控制系统、电力调度数据网络等。

（二）电力调度数据网络，是指各级电力调度专用广域数据网络、电力生产专用拨号网络等。

（三）控制区，是指由具有实时监控功能、纵向联接使用电力调度数据网的实时子网或者专用通道的各业务系统构成的安全区域。

（四）非控制区，是指在生产控制范围内由在线运行但不直接参与控制、是电力生产过程的必要环节、纵向联接使用电力调度数据网的非实时子网的各业务系统构成的安全区域。

第二十四条 本规定自 2014 年 9 月 1 日起施行。2004 年 12 月 20 日原国家电力监管委员会发布的《电力二次系统安全防护规定》（国家电力监管委员会令第 5 号）同时废止。

国家能源局关于防范电力人身伤亡事故的指导意见

国能安全〔2013〕427号

为贯彻落实中央领导同志的指示精神和国务院关于加强安全生产工作的决策部署，进一步加强电力生产和建设施工中人身伤亡事故（以下简称人身伤亡事故）防范工作，避免和减少事故造成的人员伤亡和经济损失，现提出以下意见。

一、指导思想和总体目标

（一）指导思想

以科学发展观为指导，牢固树立"以人为本、生命至上"的安全理念，加强组织领导，强化监督管理，落实防范责任，完善规章制度，规范现场作业，提高防灾避险和应急处置能力，营造"关爱生命、安全发展"的安全生产氛围，切实保障员工人身安全。

（二）总体目标

进一步落实电力企业的安全生产主体责任，充分发挥能源监管机构的监督指导和协调作用，健全隐患排查治理长效机制，强化电力行业从业人员安全意识，深入开展"反三违"（违章指挥、违章作业和违反劳动纪律）活动，强化电力生产的规范化、标准化管理，杜绝重大以上人身伤亡责任事故，降低人身伤亡事故起数和死亡人数，有效防范人身伤亡事故的发生。

二、加强安全生产体系机制建设

（三）落实各级人员安全责任

电力企业主要负责人要严格履行安全生产第一责任人的职责。

电力企业要把控制人身伤亡事故作为安全生产责任制的主要内容，层层分解落实防范人身伤亡事故的目标。要建立健全安全生产问责机制，因安全责任落实不到位导致人身伤亡的，要严格进行安全考核和责任追究。要针对生产作业现场的人身安全风险，建立企业负责人和各级安监人员到岗到位工作责任制度，并进行相应考核。

（四）完善安全管理制度和操作规程

电力企业要健全安全生产管理制度和操作规程，并根据国家行业法规标准的更新和本单位作业环境及设备设施的变化，及时修订完善，确保人身伤亡事故防范工作管理制度和规程规范、有效、可行。要将管理制度、操作规程配备到相关工作岗位和人员，及时组织开展教育培训，使每个职工都掌握防范人身伤亡事故的相关规定和要求，并在实际工作中严格遵守执行。

（五）健全防范人身伤亡事故的保障体系

电力企业要健全安全生产监督和保证体系，从决策指挥、执行运作、安全技术、安全管理和安全监督等方面严格执行安全法规制度，落实防范人身伤亡事故措施。要制定本单位、本部门、本岗位的反事故技术措施和安全劳动保护措施计划，优先保证对防范人身伤亡事故有突出作用和明显效果的措施得以实现。要保证安全投入，及时、足额提取和规范使用安全生产费用，严禁挤占和挪用。

三、夯实电力安全生产基础

（六）加强班组安全建设

要落实《关于加强电力企业班组安全建设的指导意见》，夯实安全生产基础，有效规范班组安全管理。要合理确定班组安全目标，努力实现班组控制未遂和异常，不发生人身轻伤和障碍。要重点抓好班组作业安全措施落实，严格班前班后会制度，接班

（开工）前，要明确工作任务、工作地点、危险因素、安全措施和注意事项，交班（收工）时应对当日安全情况进行总结。要大力开展岗位练兵和班组安全活动，提高人员安全技能。

（七）积极推进安全生产标准化创建工作

认真贯彻电力安全生产标准化达标评级相关规定，通过开展安全生产标准化创建和达标评级工作，进一步加强生产现场安全管理，提高职工安全意识和操作技能，规范生产人员作业行为，改善设备安全状况和环境条件，提高作业行为标准化、规范化水平，并有效管控因人员素质、技能的差异和岗位变动、人员流动等因素带来的安全风险，防范和减少人身伤亡事故发生。

（八）开展全员安全生产教育培训

要严格执行《电力行业安全培训工作实施方案（2013-2015年）》，做好企业从业人员安全培训工作，主要负责人、安全管理人员和特种作业人员必须经培训持证上岗。要强化以"新工人、班组长、农民工"为重点的从业人员岗位安全培训，使其掌握生产作业各流程环节中存在的人身伤害风险和防控措施。要重视对人员变更，设备变更，采用新技术、新工艺、新材料等情况带来的人身伤害风险辨识，有针对性地做好安全培训和警示工作。要加大外包队伍和临时用工人员岗前培训力度，未经安全培训考试合格的人员严禁从事任何现场作业。要普及防灾避险常识和人员施救知识，使员工有效识别工作环境中存在的人身伤亡风险，提高自我保护意识，掌握应急逃生、应急装备使用、人身急救等技能，增强识灾防灾和应急处置能力，防范施救不当造成事故扩大。

（九）大力开展企业安全文化建设

牢固树立"以人为本，生命至上"的安全理念，结合企业实际，把尊重人、关心人、爱护人作为安全文化建设的出发点，以防范人身伤亡事故作为安全文化建设的核心目标，丰富安全文化内涵。利用各种渠道传播安全文化，扩大安全文化外延，使安全文化渗透到每个岗位，影响每一位员工，激发员工"关注安全、关爱生命"的意识，提高员工安全素质，规范员工安全行为，实现"要我安全"到"我要安全"、"我会安全"的转变，从根本上防范和遏制人身伤亡事故发生。

四、加强作业现场安全管控

（十）加强生产作业安全管控

电力企业要严格执行工作票、操作票制度，制定明确、具体的安全措施。要严格落实现场作业交接班制度、设备巡回检查制度和设备定期试验及轮换制度，交接班时把防范人身伤亡事故的措施和安全注意事项作为重点，由交接班人员共同检查安全措施，确保执行到位；设备巡检和轮换时注重排除易引发人身伤亡的设备隐患，落实设备定置管理、临时用电管理、安全工器具管理等作业现场规范化管理的有效措施。对高处作业、转动机械、动火作业、有限空间等特殊作业环境，要及时识别可能导致人身伤亡的危险和有害因素，落实防控措施；对机组检修、技术改造工程项目要严格现场管理，做好资质审查和安全技术交底，加强现场作业监护，确保作业人员安全。

（十一）加大反"三违"工作力度

电力企业要把反"三违"作为防范人身伤亡事故的重点，完善工作机制，加大"三违"现场查处和纠正力度，规范作业安全行为。要将"三违"作为未遂事故认真分析处理，按照"四不放过"原则对违章人员进行曝光、教育和处罚，并对违章进行责任倒推，对安全职责履行不到位的管理人员一并处罚。对屡纠屡犯或处在关键岗位、从事危险性较大作业的违章人员，要通过调离岗位等方式建立违章"高压线";对模范遵章守纪的员工要给予奖励,从源头上减少"三违"现象。

(十二)加强设备设施管理

要选用科技含量高、性能优良的生产设备,加强技术性能改造,提高设备本质安全性能。要对设备设施的局部变动情况,及时进行设备异动管理,保证各种图纸和现场规程标准与实际相符。要落实设备防人身伤亡事故技术措施,加强防误闭锁等装置的运行管理,防止设备误操作。要加强特种设备安全管理,严格执行特种设备操作规程,防范锅炉爆炸,压力容器、管道泄漏,起重机械故障,电梯失控等造成的人身伤亡事故。要健全危险源评估机制,定期开展危险源辨识,确定危险源等级,识别可导致人身伤亡的危险有害因素,做好危险源监测、检查和防范等工作,并按规定将重大危险源信息向政府有关部门报备。

(十三)加强电力建设施工作业安全管控

电力建设单位要对电力建设工程安全生产负全面管理责任,电力施工单位对施工现场安全生产负责。要科学制定施工方案,做好施工方案交底和施工组织,严禁不按审定方案施工。施工条件变化导致原方案无法实施时,必须重新制定施工方案和安全措施,重新报批。遇有恶劣天气或发生其他影响施工安全的特殊情况,必须立即停止相关作业。要加强施工现场安全管理,规范工艺工序和作业流程,强化对重点区域、重点环节、关键部位和危险作业项目的安全监控,落实人员、设备、物资等安全管控措施。要合理安排工程进度,严禁盲目抢工期,工期调整应进行充分论证,提出并落实相应安全保障措施。规范施工机械、脚手架、大型起重设备管理,其装拆必须制定专项方案,并做好现场安全监督。要配备充足的监理人员,切实做好施工现场监护和重大项目、重要工序等的旁站监理，督查现场安全措施的落实及施工人员的作业行为。

（十四）加强外包队伍安全管理

电力企业要建立完善的外包队伍审查制度，杜绝安全管理差、施工力量薄弱或屡次发生人身伤亡事故的外包队伍参与施工作业。严厉打击超越资质范围承揽工程，挂靠、借用资质，违法分包和转包工程等不法行为。要加强工程分包监督管理，加大作业现场监督检查力度。要加强劳务分包安全管理，将劳务派遣人员、临时用工纳入本企业统一安全管理体系，严格落实安全措施，加强作业现场检查。

五、提高防灾避险和应急处置能力

（十五）加强自然灾害监测预警和防范工作

电力企业要加强防范人身伤亡事故专项应急预案和现场处置方案的编制、修订、培训和演练工作，加强与当地政府、气象、国土等有关部门的沟通联系，健全自然灾害预警机制，充分利用各种手段，及时传递灾害预警信息，注重信息传递的反馈，确保不留死角，不漏人员。要落实《关于加强电力行业地质灾害防范工作的指导意见》，强化重点防范期、防范区灾害预警和防范，加强台风、强降雨、泥石流等灾害的监测预警，重点做好生产区、施工区、生活营地的地质灾害防范工作，及时发现和预报险情，确保各项防范措施提前落实到位，防止和减少自然灾害导致的人员伤亡。

（十六）及时启动应急响应和开展抢险救援

事故灾害发生后，事发单位应在初判事故灾害情况后，立即启动应急响应，迅速开展抢险救援工作，同时向当地政府及有关部门报告。要以防范人身伤亡为首要任务，现场带班人员、班组长和调度人员要第一时间下达停产撤人命令，组织人员撤离避险和有序转移，保障人员生命安全。要及时开展人员搜救，现场救援力量不足时，应尽快协调救援力量。要充分做好可能发生的次生灾害的事故预想，应急救援方案和处置措施要做到科学合理，避免盲目施救造成人员二次伤亡事故。

（十七）做好电力事故信息报告和调查处理

要严格执行电力事故事件信息报送工作制度，对瞒报、谎报、迟报、漏报事故事件等行为，要严肃追究相关单位和人员的责任。要严格按照"四不放过"原则认真做好人身伤亡事故调查处理，落实防范人身伤亡事故措施，做到举一反三，深刻吸取教训，防范同类事故再次发生。

国家能源局
2013 年 11 月 14 日

公路水运工程安全生产监督管理办法

中华人民共和国交通运输部令
2017 年第 25 号

《公路水运工程安全生产监督管理办法》已于 2017 年 6 月 7 日经第 9 次部务会议通过，现予公布，自 2017 年 8 月 1 日起施行。

交通运输部部长
2017 年 6 月 12 日

第一章 总 则

第一条 为了加强公路水运工程安全生产监督管理，防止和减少生产安全事故，保障人民群众生命和财产安全，根据《中华人民共和国安全生产法》《建设工程安全生产管理条例》《生产安全事故报告和调查处理条例》等法律、行政法规，制定本办法。

第二条 公路水运工程建设活动的安全生产行为及对其实施监督管理，应当遵守本办法。

第三条 本办法所称公路水运工程，是指经依法审批、核准或者备案的公路、水运基础设施的新建、改建、扩建等建设项目。

本办法所称从业单位，是指从事公路、水运工程建设、勘察、设计、施工、监理、试验检测、安全服务等工作的单位。

第四条 公路水运工程安全生产工作应当以人民为中心，坚持安全第一、预防为主、综合治理的方针，强化和落实从业单位的主体责任，建立从业单位负责、职工参与、政府监管、行业自律和社会监督的机制。

第五条 交通运输部负责全国公路水运工程安全生产的监督管理工作。

长江航务管理局承担长江干线航道工程安全生产的监督管理工作。

县级以上地方人民政府交通运输主管部门按照规定的职责负责本行政区域内的公路水运工程安全生产监督管理工作。

第六条 交通运输主管部门应当按照保障安全生产的要求，依法制修订公路水运工程安全应急标准体系。

第七条 交通运输主管部门应当建立公路水运工程从业单位和从业人员安全生产违法违规行为信息库，实行安全生产失信黑名单制度，并按规定将有关信用信息及时纳入交通运输和相关统一信用信息共享平台，依法向社会公开。

第八条 有关行业协会依照法律、法规、规章和协会章程，为从业单位提供有关安全生产信息、培训等服务，发挥行业自律作用，促进从业单位加强安全生产管理。

第九条 国家鼓励和支持公路水运工程安全生产科学技术研究成果和先进技术的推广应用，鼓励从业单位运用科技和信息化等手段对存在重大安全风险的施工部位加强监控。

第十条 在改善项目安全生产条件、防止生产安全事故、参加抢险救援等方面取得显著成绩的单位和个人,交通运输主管部门依法给予奖励。

第二章 安全生产条件

第十一条 从业单位从事公路水运工程建设活动,应当具备法律、法规、规章和工程建设强制性标准规定的安全生产条件。任何单位和个人不得降低安全生产条件。

第十二条 公路水运工程应当坚持先勘察后设计再施工的程序。施工图设计文件依法经审批后方可使用。

第十三条 公路水运工程施工招标文件及施工合同中应当载明项目安全管理目标、安全生产职责、安全生产条件、安全生产信用情况及专职安全生产管理人员配备的标准等要求。

第十四条 施工单位从事公路水运工程建设活动,应当取得安全生产许可证及相应等级的资质证书。施工单位的主要负责人和安全生产管理人员应当经交通运输主管部门对其安全生产知识和管理能力考核合格。

施工单位应当设置安全生产管理机构或者配备专职安全生产管理人员。施工单位应当根据工程施工作业特点、安全风险以及施工组织难度,按照年度施工产值配备专职安全生产管理人员,不足 5000 万元的至少配备 1 名;5000 万元以上不足 2 亿元的按每 5000 万元不少于 1 名的比例配备;2 亿元以上的不少于 5 名,且按专业配备。

第十五条 从业单位应当依法对从业人员进行安全生产教育和培训。未经安全生产教育和培训合格的从业人员,不得上岗作业。

第十六条 公路水运工程从业人员中的特种作业人员应当按照国家有关规定取得相应资格,方可上岗作业。

第十七条 施工中使用的施工机械、设施、机具以及安全防护用品、用具和配件等应当具有生产(制造)许可证、产品合格证或者法定检验检测合格证明,并设立专人查验、定期检查和更新,建立相应的资料档案。无查验合格记录的不得投入使用。

第十八条 特种设备使用单位应当依法取得特种设备使用登记证书,建立特种设备安全技术档案,并将登记标志置于该特种设备的显著位置。

第十九条 翻模、滑(爬)模等自升式架设设施,以及自行设计、组装或者改装的施工挂(吊)篮、移动模架等设施在投入使用前,施工单位应当组织有关单位进行验收,或者委托具有相应资质的检验检测机构进行验收。验收合格后方可使用。

第二十条 对严重危及公路水运工程生产安全的工艺、设备和材料,应当依法予以淘汰。交通运输主管部门可以会同安全生产监督管理部门联合制定严重危及公路水运工程施工安全的工艺、设备和材料的淘汰目录并对外公布。

从业单位不得使用已淘汰的危及生产安全的工艺、设备和材料。

第二十一条 从业单位应当保证本单位所应具备的安全生产条件必需的资金投入。

建设单位在编制工程招标文件及项目概预算时,应当确定保障安全作业环境及安全施工措施所需的安全生产费用,并不得低于国家规定的标准。

施工单位在工程投标报价中应当包含安全生产费用并单独计提,不得作为竞争性报价。

安全生产费用应当经监理工程师审核签认,并经建设单位同意后,在项目建设成本中据实列支,严禁挪用。

第二十二条 公路水运工程施工现场的办公、生活区与作业区应当分开设置,并保持安全距离。办公、生活区的选址应当符合安全性要求,严禁在已发现的泥石流影响区、滑坡体等危险区域设置施工驻地。

施工作业区应当根据施工安全风险辨识结果,确定不同风险等级的管理要求,合理布设。在风险等级较高的区域应当设置警戒区和风险告知牌。

施工作业点应当设置明显的安全警示标志,按规定设置安全防护设施。施工便道便桥、临时码头应当满足通行和安全作业要求,施工便桥和临时码头还应当提供临边防护和水上救生等设施。

第二十三条 施工单位与从业人员订立的劳动合同,应当载明有关保障从业人员劳动安全、防止职业危害等事项。施工单位还应当向从业人员书面告知危险岗位的操作规程。

施工单位应当向作业人员提供符合标准的安全防护用品,监督、教育从业人员按照使用规则佩戴、使用。

第二十四条 公路水运工程建设应当实施安全生产风险管理,按规定开展设计、施工安全风险评估。

设计单位应当依据风险评估结论,对设计方案进行修改完善。

施工单位应当依据风险评估结论,对风险等级较高的分部分项工程编制专项施工方案,并附安全验算结果,经施工单位技术负责人签字后报监理工程师批准执行。

必要时,施工单位应当组织专家对专项施工方案进行论证、审核。

第二十五条 建设、施工等单位应当针对工程项目特点和风险评估情况分别制定项目综合应急预案、合同段施工专项应急预案和现场处置方案，告知相关人员紧急避险措施，并定期组织演练。

施工单位应当依法建立应急救援组织或者指定工程现场兼职的、具有一定专业能力的应急救援人员，配备必要的应急救援器材、设备和物资，并进行经常性维护、保养。

第二十六条　从业单位应当依法参加工伤保险，为从业人员缴纳保险费。

鼓励从业单位投保安全生产责任保险和意外伤害保险。

第三章　安全生产责任

第二十七条　从业单位应当建立健全安全生产责任制，明确各岗位的责任人员、责任范围和考核标准等内容。从业单位应当建立相应的机制，加强对安全生产责任制落实情况的监督考核。

第二十八条　建设单位对公路水运工程安全生产负管理责任。依法开展项目安全生产条件审核，按规定组织风险评估和安全生产检查。根据项目风险评估等级，在工程沿线受影响区域作出相应风险提示。

建设单位不得对勘察、设计、监理、施工、设备租赁、材料供应、试验检测、安全服务等单位提出不符合安全生产法律、法规和工程建设强制性标准规定的要求。不得违反或者擅自简化基本建设程序。不得随意压缩工期。工期确需调整的，应当对影响安全的风险进行论证和评估，经合同双方协商一致，提出相应的施工组织和安全保障措施。

第二十九条　勘察单位应当按照法律、法规、规章、工程建设强制性标准和合同文件进行实地勘察，针对不良地质、特殊性岩土、有毒有害气体等不良情形或者其他可能引发工程生产安全事故的情形加以说明并提出防治建议。

勘察单位提交的勘察文件必须真实、准确，满足公路水运工程安全生产的需要。

勘察单位及勘察人员对勘察结论负责。

第三十条 设计单位应当按照法律、法规、规章、工程建设强制性标准和合同文件进行设计，防止因设计不合理导致生产安全事故的发生。

设计单位应当考虑施工安全操作和防护的需要，对涉及施工安全的重点部位和环节在设计文件中加以注明，提出安全防范意见。依据设计风险评估结论，对存在较高安全风险的工程部位还应当增加专项设计，并组织专家进行论证。

采用新结构、新工艺、新材料的工程和特殊结构工程，设计单位应当在设计文件中提出保障施工作业人员安全和预防生产安全事故的措施建议。

设计单位和设计人员应当对其设计负责，并按合同要求做好安全技术交底和现场服务。

第三十一条 监理单位应当按照法律、法规、规章、工程建设强制性标准和合同文件进行监理，对工程安全生产承担监理责任。

监理单位应当审核施工项目安全生产条件，审查施工组织设计中安全措施和专项施工方案。在实施监理过程中，发现存在安全事故隐患的，应当要求施工单位整改；情节严重的，应当下达工程暂停令，并及时报告建设单位。施工单位拒不整改或者不停止施工的，监理单位应当及时向有关主管部门书面报告，并有权拒绝计量支付审核。

监理单位应当如实记录安全事故隐患和整改验收情况，对有关文字、影像资料应当妥善保存。

第三十二条 依合同承担试验检测或者施工监测的单位应当按照法律、法规、规章、工程建设强制性标准和合同文件开展工作。所提交的试验检测或者施工监测数据应当真实、准确，数据出现异常时应当及时向合同委托方报告。

第三十三条 依法设立的为安全生产提供技术、管理服务的机构，依照法律、法规、规章和执业准则，接受从业单位的委托为其安全生产工作提供技术、管理服务。

从业单位委托前款规定的机构提供安全生产技术、管理服务的，保障安全生产的责任仍由本单位负责。

第三十四条 施工单位应当按照法律、法规、规章、工程建设强制性标准和合同文件组织施工，保障项目施工安全生产条件，对施工现场的安全生产负主体责任。施工单位主要负责人依法对项目安全生产工作全面负责。

建设工程实行施工总承包的，由总承包单位对施工现场的安全生产负总责。分包单位应当服从总承包单位的安全生产管理，分包单位不服从管理导致生产安全事故的，由分包单位承担主要责任。

第三十五条 施工单位应当书面明确本单位的项目负责人，代表本单位组织实施项目施工生产。

项目负责人对项目安全生产工作负有下列职责：

（一）建立项目安全生产责任制，实施相应的考核与奖惩；

（二）按规定配足项目专职安全生产管理人员；

（三）结合项目特点，组织制定项目安全生产规章制度和操作规程；

（四）组织制定项目安全生产教育和培训计划；

（五）督促项目安全生产费用的规范使用；

（六）依据风险评估结论，完善施工组织设计和专项施工方案；

（七）建立安全预防控制体系和隐患排查治理体系，督促、检查项目安全生产工作，确认重大事故隐患整改情况；

（八）组织制定本合同段施工专项应急预案和现场处置方案，并定期组织演练；

（九）及时、如实报告生产安全事故并组织自救。

第三十六条 施工单位的专职安全生产管理人员履行下列职责：

（一）组织或者参与拟订本单位安全生产规章制度、操作规程，以及合同段施工专项应急预案和现场处置方案；

（二）组织或者参与本单位安全生产教育和培训，如实记录安全生产教育和培训情况；

（三）督促落实本单位施工安全风险管控措施；

（四）组织或者参与本合同段施工应急救援演练；

（五）检查施工现场安全生产状况，做好检查记录，提出改进安全生产标准化建设的建议；

（六）及时排查、报告安全事故隐患，并督促落实事故隐患治理措施；

（七）制止和纠正违章指挥、违章操作和违反劳动纪律的行为。

第三十七条 施工单位应当推进本企业承接项目的施工场地布置、现场安全防护、施工工艺操作、施工安全管理活动记录等方面的安全生产标准化建设，并加强对安全生产标准化实施情况的自查自纠。

第三十八条 施工单位应当根据施工规模和现场消防重点建立施工现场消防安全责任制度，确定消防安全责任人，制定消防管理制度和操作规程，设置消防通道，配备相应的消防设施、物资和器材。

施工单位对施工现场临时用火、用电的重点部位及爆破作业各环节应当加强消防安全检查。

第三十九条 施工单位应当将专业分包单位、劳务合作单位的作业人员及实习人员纳入本单位统一管理。

新进人员和作业人员进入新的施工现场或者转入新的岗位前，施工单位应当对其进行安全生产培训考核。

施工单位采用新技术、新工艺、新设备、新材料的，应当对作业人员进行相应的安全生产教育培训，生产作业前还应当开展岗位风险提示。

第四十条 施工单位应当建立健全安全生产技术分级交底制度，明确安全技术分级交底的原则、内容、方法及确认手续。

分项工程实施前，施工单位负责项目管理的技术人员应当按规定对有关安全施工的技术要求向施工作业班组、作业人员详细说明，并由双方签字确认。

第四十一条 施工单位应当按规定开展安全事故隐患排查治理，建立职工参与的工作机制，对隐患排查、登记、治理等全过程闭合管理情况予以记录。事故隐患排查治理情况应当向从业人员通报，重大事故隐患还应当按规定上报和专项治理。

第四十二条 事故发生单位应当依法如实向项目建设单位和负有安全生产监督管理职责的有关部门报告。不得隐瞒不报、谎报或者迟报。

发生生产安全事故，施工单位负责人接到事故报告后，应当迅速组织抢救，减少人员伤亡，防止事故扩大。组织抢救时，应当妥善保护现场，不得故意破坏事故现场、毁灭有关证据。

事故调查处置期间，事故发生单位的负责人、项目主要负责人和有关人员应当配合事故调查，不得擅离职守。

第四十三条 作业人员应当遵守安全施工的规章制度和操作

规程，正确使用安全防护用具、机械设备。发现安全事故隐患或者其他不安全因素，应当向现场专（兼）职安全生产管理人员或者本单位项目负责人报告。

作业人员有权了解其作业场所和工作岗位存在的风险因素、防范措施及事故应急措施，有权对施工现场存在的安全问题提出检举和控告，有权拒绝违章指挥和强令冒险作业。

在施工中发生可能危及人身安全的紧急情况时，作业人员有权立即停止作业或者在采取可能的应急措施后撤离危险区域。

第四章　监督管理

第四十四条　交通运输主管部门应当对公路水运工程安全生产行为和下级交通运输主管部门履行安全生产监督管理职责情况进行监督检查。

交通运输主管部门应当依照安全生产法律、法规、规章及工程建设强制性标准，制定年度监督检查计划，确定检查重点、内容、方式和频次。加强与其他安全生产监管部门的合作，推进联合检查执法。

第四十五条　交通运输主管部门对公路水运工程安全生产行为的监督检查主要包括下列内容：

（一）被检查单位执行法律、法规、规章及工程建设强制性标准情况；

（二）本办法规定的项目安全生产条件落实情况；

（三）施工单位在施工场地布置、现场安全防护、施工工艺操作、施工安全管理活动记录等方面的安全生产标准化建设推进情况。

第四十六条 交通运输主管部门在职责范围内开展安全生产监督检查时，有权采取下列措施：

（一）进入被检查单位进行检查，调阅有关工程安全管理的文件和相关照片、录像及电子文本等资料，向有关单位和人员了解情况；

（二）进入被检查单位施工现场进行监督抽查；

（三）责令相关单位立即或者限期停止、改正违法行为；

（四）法律、行政法规规定的其他措施。

第四十七条 交通运输主管部门对监督检查中发现的安全问题或者安全事故隐患，应当根据情况作出如下处理：

（一）被检查单位存在安全管理问题需要整改的，以书面方式通知存在问题的单位限期整改；

（二）发现严重安全生产违法行为的，予以通报，并按规定依法实施行政处罚或者移交有关部门处理；

（三）被检查单位存在安全事故隐患的，责令立即排除；重大事故隐患排除前或者排除过程中无法保证安全的，责令其从危险区域撤出作业人员，暂时停止施工，并按规定专项治理，纳入重点监管的失信黑名单；

（四）被检查单位拒不执行交通运输主管部门依法作出的相关行政决定，有发生生产安全事故的现实危险的，在保证安全的前提下，经本部门负责人批准，可以提前24小时以书面方式通知有关单位和被检查单位，采取停止供电、停止供应民用爆炸物品等措施，强制被检查单位履行决定；

（五）因建设单位违规造成重大生产安全事故的，对全部或者部分使用财政性资金的项目，可以建议相关职能部门暂停项目执行或者暂缓资金拨付；

（六）督促负有直接监督管理职责的交通运输主管部门，对存在安全事故隐患整改不到位的被检查单位主要负责人约谈警示；

（七）对违反本办法有关规定的行为实行相应的安全生产信用记录，对列入失信黑名单的单位及主要责任人按规定向社会公布；

（八）法律、行政法规规定的其他措施。

第四十八条 交通运输主管部门执行监督检查任务时，应当将检查的时间、地点、内容、发现的问题及其处理情况作出书面记录，并由检查人员和被检查单位的负责人签字。被检查单位负责人拒绝签字的，检查人员应当将情况记录在案，向本单位领导报告，并抄告被检查单位所在的企业法人。

第四十九条 交通运输主管部门对有下列情形之一的从业单位及其直接负责的主管人员和其他直接责任人员给予违法违规行为失信记录并对外公开，公开期限一般自公布之日起12个月：

（一）因违法违规行为导致工程建设项目发生一般及以上等级的生产安全责任事故并承担主要责任的；

（二）交通运输主管部门在监督检查中，发现因从业单位违法违规行为导致工程建设项目存在安全事故隐患的；

（三）存在重大事故隐患，经交通运输主管部门指出或者责令限期消除，但从业单位拒不采取措施或者未按要求消除隐患的；

（四）对举报或者新闻媒体报道的违法违规行为，经交通运输主管部门查实的；

（五）交通运输主管部门依法认定的其他违反安全生产相关法律法规的行为。

对违法违规行为情节严重的从业单位及主要责任人员，应当列入安全生产失信黑名单，将具体情节抄送相关行业主管部门。

第五十条 交通运输主管部门在专业性较强的监督检查中，可以委托具备相应资质能力的机构或者专家开展检查、检测和评估，所需费用按照本级政府购买服务的相关程序要求进行申请。

第五十一条 交通运输主管部门应当健全工程建设安全监管制度，协调有关部门依法保障监督执法经费和装备，加强对监督管理人员的教育培训，提高执法水平。

监督管理人员应当忠于职守，秉公执法，坚持原则。

第五十二条 交通运输主管部门在进行安全生产责任追究时，被问责部门及其工作人员按照法律、法规、规章和工程建设强制性标准规定的方式、程序、计划已经履行安全生产督查职责，但仍有下列情形之一的，可不承担责任：

（一）对发现的安全生产违法行为和安全事故隐患已经依法查处，因从业单位及其从业人员拒不执行导致生产安全责任事故的；

（二）从业单位非法生产或者经责令停工整顿后仍不具备安全生产条件，已经依法提请县级以上地方人民政府决定中止或者取缔施工的；

（三）对拒不执行行政处罚决定的从业单位，已经依法申请人民法院强制执行的；

（四）工程项目中止施工后发生生产安全责任事故的；

（五）因自然灾害等不可抗力导致生产安全事故的；

（六）依法不承担责任的其他情形。

第五十三条 交通运输主管部门应当建立举报制度，及时受理对公路水运工程生产安全事故、事故隐患以及监督检查人员违法行为的检举、控告和投诉。

任何单位或者个人对安全事故隐患、安全生产违法行为或者事故险情等，均有权向交通运输主管部门报告或者举报。

第五章　法律责任

第五十四条 从业单位及相关责任人违反本办法规定，国家有关法律、行政法规对其法律责任有规定的，适用其规定；没有规定的，由交通运输主管部门根据各自的职责按照本办法规定进行处罚。

第五十五条 从业单位及相关责任人违反本办法规定，有下列行为之一的，责令限期改正；逾期未改正的，对从业单位处1万元以上3万元以下的罚款；构成犯罪的，依法移送司法部门追究刑事责任：

（一）从业单位未全面履行安全生产责任，导致重大事故隐患的；

（二）未按规定开展设计、施工安全风险评估，或者风险评估结论与实际情况严重不符，导致重大事故隐患未被及时发现的；

（三）未按批准的专项施工方案进行施工，导致重大事故隐患的；

（四）在已发现的泥石流影响区、滑坡体等危险区域设置施工驻地，导致重大事故隐患的。

第五十六条 施工单位有下列行为之一的，责令限期改正，可以处5万元以下的罚款；逾期未改正的，责令停产停业整顿，并处5万元以上10万元以下的罚款，对其直接负责的主管人员和其他直接责任人员处1万元以上2万元以下的罚款：

（一）未按照规定设置安全生产管理机构或者配备安全生产管理人员的；

（二）主要负责人和安全生产管理人员未按照规定经考核合格的。

第五十七条 交通运输主管部门及其工作人员违反本办法规定，有下列情形之一的，对直接负责的主管人员和其他直接责任人员依法给予行政处分；构成犯罪的，依法移送司法部门追究刑事责任：

（一）发现公路水运工程重大事故隐患、生产安全事故不予查处的；

（二）对涉及施工安全的重大检举、投诉不依法及时处理的；

（三）在监督检查过程中索取或者接受他人财物，或者谋取其他利益的。

第六章 附 则

第五十八条 地方人民政府对农村公路建设的安全生产另有规定的，适用其规定。

第五十九条 本办法自 2017 年 8 月 1 日起施行。交通部于 2007 年 2 月 14 日以交通部令 2007 年第 1 号发布、交通运输部于 2016 年 3 月 7 日以交通运输部令 2016 年第 9 号修改的《公路水运工程安全生产监督管理办法》同时废止。

附 录

公路水路行业安全生产风险管理暂行办法

交通运输部关于印发《公路水路行业安全生产风险管理暂行办法》《公路水路行业安全生产事故隐患治理暂行办法》的通知

交安监发〔2017〕60号

各省、自治区、直辖市、新疆生产建设兵团交通运输厅（局、委），长江、珠江航务管理局，各直属海事局：

为推进建立公路水路行业安全生产风险管理和隐患治理双重预防机制，部制定了《公路水路行业安全生产风险管理暂行办法》《公路水路行业安全生产事故隐患治理暂行办法》，现印发你们，请结合以下要求贯彻执行。

一、深刻认识加强安全生产风险管理和隐患治理工作的重要性

构建安全生产风险管理和隐患治理双重预防体系是贯彻落实中共中央国务院关于推进安全生产领域改革发展的重要要求，是转变安全生产管理方式提高安全生产管理水平的重要途径，是有效防范和遏制安全生产重特大事故的重要举措。各部门、各单位要按照"标本兼治、

综合治理、系统建设"的总要求，将安全生产风险管理和隐患治理作为当前和今以后一段时期安全生产工作的重中之重，认真组织贯彻落实《公路水路行业安全生产风险管理暂行办法》《公路水路行业安全生产隐患治理暂行办法》，积极推进安全生产风险管理和隐患治理机制建设，持续推动交通运输事业安全发展。

二、加强组织领导，统筹谋划各项工作

部安委会统一组织领导公路水路行业安全生产风险管理和隐患治理体系建设工作，部安委办具体负责统筹协调，并制定安全生产风险辨识评估基本规范；各业务主管司局应按职责分工，在负责领域内组织推进安全生产风险管理和隐患治理体系建设，具体制定行业安全生产风险和事故隐患等级判定指南，指导有关工作开展。各省级交通运输主管部门要加强组织领导，将相关工作纳入重点工作研究和部署，统筹协调推进各项工作；各行业主管部门要在负责领域内组织实施有关规章制度和标准规范，指导生产经营单位规范开展相关安全生产风险管理和隐患排查治理工作。

三、结合行业实际，分领域稳步推进

推进风险管控和隐患治理体系建设是安全生产领域一项重要的改革发展任务，难度大、任务重，需要各行业领域结合实际，开拓创新、稳步推进、持续完善。要在客运、危险货物运输、工程建设等安全生产风险较大的重点领域率先开展风险管控和隐患治理体系建设。在其他领域可组织开展试点示范，尽快形成一批可复制、可推广的经验做法，以点带面，逐步推广实施。在各行业领域安全生产风险管理和隐患治理体系建设工作中，要充分结合行业工作实际和现有工作基础,并在实践中大胆创新、积极探索,不断建立完善相关工作制度、标准规范和操作规程,逐步形成完善的工作体系。

四、强化工作保障,确保取得实际效果

各部门、各单位要切实加强安全生产风险管理和隐患治理体系建设的工作保障,加快信息平台建设,提升信息化水平,注重关键安防技术装备研发和推广应用,积极探索运用大数据、信息化、智能化等新技术新手段,解决实施过程中存在的问题。要加大工作指导力度,加强经验交流和工作总结,开展针对性培训教育工作,为公路水路行业安全生产风险管理和隐患治理体系建设创造良好条件。

请各部门、各部门将本行业、领域安全生产风险管理和隐患治理实施办法以及工作中好的经验做法和存在的问题及时报部。联系人:部安委办 郭志南 陈佳元,010-65293467,010-65293796(传真),邮箱:awb@mot.gov.cn。

交通运输部
2017 年 4 月 27 日

第一章 总 则

第一条 为加强公路水路行业安全生产风险管理,规范安全生产风险辨识、评估与管控工作,防范和遏制安全生产事故,依据《中华人民共和国安全生产法》和交通运输有关法规制度,制定本办法。

第二条 本办法适用于公路水路行业安全生产风险辨识、评估、管控及其监督管理工作。

第三条 从事公路水路行业生产经营活动的企事业单位（以下简称生产经营单位）是安全生产风险管理的实施主体，应依法依规建立健全安全生产风险管理工作制度，开展本单位管理范围内的风险辨识、评估等工作，落实重大风险登记、重大危险源报备和控制责任，防范和减少安全生产事故。

第四条 交通运输部指导全国公路水路行业安全生产风险管理工作。地方交通运输管理部门和有关部属单位指导管辖范围内安全生产风险管理工作。属地负有安全生产监督管理职责的交通运输管理部门具体负责管辖范围内生产经营单位重大风险辨识、评估与管控的监督管理工作。

第五条 公路水路行业安全生产风险管理工作应坚持"单位负责、行业监管、动态实施、科学管控"的原则。

第二章 分类分级

第六条 公路水路行业安全生产风险（以下简称风险）是指生产经营过程中发生安全生产事故的可能性。

第七条 风险按业务领域分为道路运输风险、水路运输风险、港口营运风险、交通工程建设风险、交通设施养护工程风险和其他风险六个类型。每个类型可按照业务属性分为若干类别。

第八条 风险等级按照可能导致安全生产事故的后果和概率，由高到低依次分为重大、较大、一般和较小四个等级。

第九条 重大风险是指一定条件下易导致特别重大安全生产事故的风险。

较大风险是指一定条件下易导致重大安全生产事故的风险。

一般风险是指一定条件下易导致较大安全生产事故的风险。

较小风险是指一定条件下易导致一般安全生产事故的风险。

以上同时满足两个以上条件的，按最高等级确定风险等级。

第十条 各重点领域的风险等级判定指南由交通运输部另行发布。

第三章 辨识、评估与控制

第一节 辨识与评估

第十一条 生产经营单位应针对本单位生产经营活动范围及其生产经营环节，按照相关法规标准要求，编制风险辨识手册，明确风险辨识范围、方式和程序。

第十二条 生产经营单位风险辨识应针对影响发生安全生产事故及其损失程度的致险因素进行，致险因素一般包含以下方面：

（一）从业人员安全意识、安全与应急技能、安全行为或状态；

（二）生产经营基础设施、运输工具、工作场所等设施设备的安全可靠性；

（三）影响安全生产外部要素的可知性和应对措施；

（四）安全生产的管理机构、工作机制及安全生产管理制度合规和完备性。

第十三条 生产经营单位安全生产风险辨识分为全面辨识和专项辨识。全面辨识是生产经营单位为全面掌握地本单位安全生产风险，全面、系统对本单位生产经营活动开展的风险辨识；专项辨识是生产经营单位为及时掌握本单位重点业务、工作环节或重点部位、管理对象的安全生产风险，对本单位生产经营活动范围内部分领域开展的安全生产风险辨识。

第十四条 全面辨识应每年不少于1次，专项辨识应在生产经营环节或其要素发生重大变化或管理部门有特殊要求时及时开展。安全生产风险辨识结束后应形成风险清单。

第十五条　生产经营单位应依据风险等级判定指南，对风险清单中所列风险进行逐项评估，确定风险等级以及主要致险因素和控制范围。

第十六条　风险致险因素发生变化超出控制范围的，生产经营单位应及时组织重新评估并确定等级。

生产经营单位重大风险等级评定、等级变更和销号，可委托第三方服务机构进行评估或成立评估组进行评估，出具评估结论。生产经营单位成立的评估组成员应包括生产经营单位负责人或安全管理部门负责人和相关业务部门负责人、2名以上相关专业领域具有一定从业经历的专业技术人员。

第二节　管理与控制

第十七条　生产经营单位应依据风险的等级、性质等因素，科学制定管控措施。

第十八条　生产经营单位应建立风险动态监控机制，按要求进行监测、评估、预警，及时掌握风险的状态和变化趋势。

第十九条　生产经营单位应严格落实风险管控措施，保障必要的投入，将风险控制在可接受范围内。

第二十条　生产经营单位应当将风险基本情况、应急措施等信息通过安全手册、公告提醒、标识牌、讲解宣传等方式告知本单位从业人员和进入风险工作区域的外来人员，指导、督促做好安全防范。

第二十一条　生产经营单位应针对本单位风险可能导致的安全生产事故，制定或完善应急措施。

第二十二条　当风险的致险因素超出管控范围，达到预警条件的，生产经营单位应及时发出预警信息，并立即采取针对性管控措施，防范安全生产事故发生。发生安全生产事故的，应按有关规定，及时有效处置。

第二十三条 生产经营单位应对管理范围内风险辨识、评估、登记、管控、应急等情况进行年度总结和分析，针对存在的问题提出改进措施。

第二十四条 生产经营单位应如实记录风险辨识、评估、监测、管控等工作，并规范管理档案。重大风险应单独建立清单和专项档案。

第二十五条 生产经营单位应加大安全投入，积极开展风险辨识、评估、管控相关技术研究和应用，提升风险管控能力。

第三节 重大风险管控与登记

第二十六条 生产经营单位应按下列要求加强重大风险管控：

（一）对重大风险制定动态监测计划，定期更新监测数据或状态，每月不少于1次，并单独建档；

（二）重大风险应单独编制专项应急措施；

（三）重大风险确定后按年度组织专业技术人员对风险管控措施进行评估改进，年度评估报告应在次年1个月内通过交通运输安全生产风险管理系统向属地负有安全生产监督管理职责的交通运输管理部门报送。

第二十七条 生产经营单位应对进入重大风险影响区域的本单位从业人员组织开展安全防范、应急逃生避险和应急处置等相关培训和演练。

第二十八条 生产经营单位应当在重大风险所在场所设置明显的安全警示标志，标明重大风险危险特性、可能发生的事件后果、安全防范和应急措施。

第二十九条 生产经营单位应当将重大风险的名称、位置、危险特性、影响范围、可能发生的安全生产事故及后果、管控措施和安全防范与应急措施告知直接影响范围内的相关单位或人员。

第三十条 生产经营单位应当将本单位重大风险有关信息通过公路水路行业安全生产风险管理信息系统进行登记，构成重大危险源的应向属地综合安全生产监督管理部门备案。登记（含重大危险源报备，下同）信息应当及时、准确、真实。

第三十一条 重大风险登记主要内容包括基本信息、管控信息、预警信息和事故信息等。

（一）基本信息包括重大风险名称、类型、主要致险因素、评估报告、所属生产经营单位单位名称、联系人及方式等信息；

（二）管控信息包括管控措施（含应急措施）和可能发生的安全生产事故及影响范围与后果等信息；

（三）预警信息包括预警事件类型、级别，可能影响区域范围、持续时间、发布（报送）范围，应对措施等；

（四）事故信息包括重大风险管控失效发生的安全生产事故名称、类型、级别、发生时间、造成的人员伤亡和损失、应急处置情况、调查处理报告等；

（五）填报单位、人员、时间，以及需填报的其他信息。

上述第（三）、（四）款信息在预警或安全生产事故发生后登记或报备。

第三十二条 重大风险登记分为初次、定期和动态三种方式。

第三十三条 初次登记，应在评估确定重大风险后5个工作日内填报。

第三十四条 定期登记，采取季度和年度登记，季度登记截止时间为每季度结束后次月10日；年度登记时间为自然年，截止时间为次年1月30日。

第三十五条 生产经营单位发现重大风险的致险因素超出管控范围，或出现新的致险因素，导致发生安全生产事故概率显著增加或预估后果加重时,应在 5 个工作日内动态填报相关异常信息。

第三十六条 重大风险经评估确定等级降低或解除的,生产经营单位应于 5 个工作日内通过公路水路行业安全生产风险管理系统予以销号。

第三十七条 重大风险管控失效发生安全生产事故的,应急处置和调查处理结束后,应在 15 个工作日对相关工作进行评估总结,明确改进措施,评估总结应向属地负有安全生产监督管理职责的交通运输管理部门报送。

第四章 监督管理

第三十八条 属地负有安全生产监督管理职责的交通运输管理部门应将管辖范围内的生产经营单位安全生产风险管理工作纳入日常监督管理,将重大风险监督抽查纳入安全生产年度监督检查计划,明确抽查比例和方式,督促企业落实管控责任。

第三十九条 属地负有安全生产监督管理职责的交通运输管理部门对生产经营单位重大风险监督抽查的主要内容包括:

(一)重大风险管理制度、岗位责任制建设情况;

(二)重大风险登记、监测管控等落实情况;

(三)重大风险应急措施和应急演练情况。

第四十条 属地负有安全生产监督管理职责的交通运输管理部门应对监督抽查发现重大风险辨识、管控、登记等工作落实不到位的生产经营单位采取以下措施予以监督整改。

(一)对未建立完善的重大风险管理制度、机制、岗位责任体系和重大风险应急措施的予以督促整改;

(二)对未按规定开展重大风险辨识、评估、登记、评估改进和应急演练等工作的予以限期整改;

（三）对重大风险未有效实施监测和控制的纳入重大安全生产隐患予以挂牌督办；

（四）对重大风险控制不力，不能保证安全的，应依据相关法律法规予以处罚。

第四十一条 属地负有安全生产监督管理职责的交通运输管理部门应规范记录对生产经营单位风险管理监督抽查的有关信息，针对管辖范围内的重大风险建立档案，妥善保存相关文件资料。

第四十二条 交通运输管理部门可以通过购买服务的方式，委托专业第三方服务机构开展重大风险督查检查工作。

第四十三条 交通运输管理部门应通过政策、法规标准和科技项目支持等方式，鼓励引导行业开展风险管控技术装备研究与应用，充分运用信息化、智能化、大数据等技术手段和先进工艺、材料、技术、装备，提升风险管控水平和安全监管能力。

第四十四条 任何单位或者个人对生产经营单位安全生产风险管理违法违规行为，均有权向生产经营单位或交通运输管理部门投诉或举报。

第四十五条 交通运输管理部门或生产经营单位应对拟公布的风险信息进行评估，涉及社会稳定和国家安全的，应遵照国家保密法律法规，未经允许不得公开。

第四十六条 交通运输管理部门对不按有关规定开展风险辨识、评估以及监测、管控重大风险的生产经营单位和相关人员，应依法依规予以处理，并记入其安全生产不良信用记录。

第四十七条 受生产经营单位委托承担风险辨识、评估、管控支持和监督检查的第三方服务机构，应对其承担工作的合规性、准确性负责。生产经营单位委托第三方服务机构提供风险管理相关支持工作，不改变生产经营单位风险管理的主体责任。

第四十八条 属地负有安全生产监督管理职责的交通运输管

理部门及工作人员，对生产经营单位重大风险监督管理失职渎职，导致发生安全生产事故的，应依法依规追究责任。

第五章 附 则

第四十九条 属地负有安全生产监督管理职责的交通运输管理部门是指依据相关法律法规或有关规定，直接对生产经营单位交通运输相关业务安全生产工作负有监督管理责任的单位或部门。

第五十条 本办法自2018年1月1日起实施，有效期3年。

公路水路行业安全生产隐患治理暂行办法

交通运输部关于印发《公路水路行业安全生产风险管理暂行办法》《公路水路行业安全生产事故隐患治理暂行办法》的通知

交安监发〔2017〕60号

各省、自治区、直辖市、新疆生产建设兵团交通运输厅(局、委),长江、珠江航务管理局,各直属海事局:

　　为推进建立公路水路行业安全生产风险管理和隐患治理双重预防机制,部制定了《公路水路行业安全生产风险管理暂行办法》《公路水路行业安全生产事故隐患治理暂行办法》,现印发你们,请结合以下要求贯彻执行。

　　一、深刻认识加强安全生产风险管理和隐患治理工作的重要性

　　构建安全生产风险管理和隐患治理双重预防体系是贯彻落实中共中央国务院关于推进安全生产领域改革发展的重要要求,是转变安全生产管理方式提高安全生产管理水平的重要途径,是有效防范和遏制安全生产重特大事故的重要举措。各部门、各单位要按照"标本兼治、综合治理、系统建设"的总要求,将安全生产风险管理和隐患治理作为当前和今以后一段时期安全生产工作的重中之重,认真组织贯彻落实《公路水路行业安全生产风险管理暂行办法》《公路水路行业安全生产隐患治理暂行办法》,积极推进安全生产风险管理和隐患治理机制建

设,持续推动交通运输事业安全发展。

二、加强组织领导,统筹谋划各项工作

部安委会统一组织领导公路水路行业安全生产风险管理和隐患治理体系建设工作,部安委办具体负责统筹协调,并制定安全生产风险辨识评估基本规范;各业务主管司局应按职责分工,在负责领域内组织推进安全生产风险管理和隐患治理体系建设,具体制定行业安全生产风险和事故隐患等级判定指南,指导有关工作开展。各省级交通运输主管部门要加强组织领导,将相关工作纳入重点工作研究和部署,统筹协调推进各项工作;各行业主管部门要在负责领域内组织实施有关规章制度和标准规范,指导生产经营单位规范开展相关安全生产风险管理和隐患排查治理工作。

三、结合行业实际,分领域稳步推进

推进风险管控和隐患治理体系建设是安全生产领域一项重要的改革发展任务,难度大、任务重,需要各行业领域结合实际,开拓创新、稳步推进、持续完善。要在客运、危险货物运输、工程建设等安全生产风险较大的重点领域率先开展风险管控和隐患治理体系建设。在其他领域可组织开展试点示范,尽快形成一批可复制、可推广的经验做法,以点带面,逐步推广实施。在各行业领域安全生产风险管理和隐患治理体系建设工作中,要充分结合行业工作实际和现有工作基础,并在实践中大胆创新、积极探索,不断建立完善相关工作制度、标准规范和操作规程,逐步形成完善的工作体系。

四、强化工作保障,确保取得实际效果

各部门、各单位要切实加强安全生产风险管理和隐患治理体系建设的工作保障，加快信息平台建设，提升信息化水平，注重关键安防技术装备研发和推广应用，积极探索运用大数据、信息化、智能化等新技术新手段，解决实施过程中存在的问题。要加大工作指导力度，加强经验交流和工作总结，开展针对性培训教育工作，为公路水路行业安全生产风险管理和隐患治理体系建设创造良好条件。

请各部门、各部门将本行业、领域安全生产风险管理和隐患治理实施办法以及工作中好的经验做法和存在的问题及时报部。联系人：部安委办 郭志南 陈佳元，010-65293467，010-65293796（传真），邮箱：awb@mot.gov.cn。

交通运输部

2017年4月27日

第一章 总 则

第一条 为加强和规范公路水路行业安全生产隐患治理工作，督促从事交通运输生产经营活动的企事业单位（以下简称生产经营单位）落实安全生产主体责任，防范和遏制公路水路行业安全生产事故发生，保障人民群众生命财产安全，依据《中华人民共和国安全生产法》和交通运输有关法规制度，制定本办法。

第二条 本办法适用于公路水路行业安全生产隐患排查、整改及其监督管理工作。

第三条 本办法所称安全生产隐患，是生产经营单位违反安全生产法律、法规、规章、标准、规程和安全生产管理制度等规定，或因其他因素在生产经营活动中存在的可能导致安全生产事故发生的人的不安全行为、物的不安全状态、场所的不安全因素和管理上的缺陷。

第四条 生产经营单位是隐患治理的责任主体，生产经营单位主要负责人对本单位隐患治理工作全面负责，应当部署、督促、检查本单位或本单位职责范围内的隐患治理工作，及时消除隐患。

第五条 交通运输部指导全国公路水路行业安全生产隐患治理管理工作。地方交通运输管理部门和有关部属单位指导管辖范围内安全生产隐患治理管理工作。属地负有安全生产监督管理职责的交通运输管理部门具体负责管辖范围内生产经营单位安全生产隐患治理的监督，督促生产经营单位落实重大隐患治理和报备。

第六条 隐患治理工作应坚持"单位负责、行业监管、分级管理、社会监督"的原则。

第二章　分类分级

第七条 隐患按业务领域分为道路运输隐患、水路运输隐患、港口营运隐患、交通工程建设隐患、交通设施养护工程隐患和其他隐患六个类型。每个类型可按照业务属性分为若干类别。

第八条 隐患分为重大隐患和一般隐患两个等级。重大隐患是指极易导致重特大安全生产事故，且整改难度较大，需要全部或者局部停产停业，并经过一定时间整改治理方能消除的隐患，或者因外部因素影响致使生产经营单位自身难以消除的隐患。一般隐患是指除重大隐患外，可能导致安全生产事故发生的隐患。

各重点领域重大隐患分级判定指南由交通运输部另行颁布。

第三章　隐患排查与整改

第九条 生产经营单位应当建立健全隐患排查、告知（预警）、整改、评估验收、报备、奖惩考核、建档等制度，逐级明确隐患治理责任，落实到具体岗位和人员。

第十条 生产经营单位应当保障隐患治理投入,做到责任、措施、资金、时限、预案"五到位"。

第十一条 生产经营单位应当建立隐患日常排查、定期排查和专项排查工作机制,明确隐患排查的责任部门和人员、排查范围、程序、频次、统计分析、效果评价和评估改进等要求,及时发现并消除隐患。

第十二条 隐患日常排查是生产经营单位结合日常工作组织开展的经常性隐患排查,排查范围应覆盖日常生产作业环节,日常排查每周应不少于1次。

第十三条 隐患专项排查是生产经营单位在一定范围、领域组织开展的针对特定隐患的排查,一般包括:

(一)根据政府及有关管理部门安全工作专项部署,开展针对性的隐患排查;

(二)根据季节性、规律性安全生产条件变化,开展针对性的隐患排查;

(三)根据新工艺、新材料、新技术、新设备投入使用对安全生产条件形成的变化,开展针对性的隐患排查;

(四)根据安全生产事故情况,开展针对性的隐患排查。

第十四条 隐患定期排查是由生产经营单位根据生产经营活动特点,组织开展涵盖全部交通运输生产经营领域、环节的隐患排查。定期排查每半年应不少于1次。

第十五条 生产经营单位应指定专门机构负责本单位安全生产隐患治理工作,定期检查本单位的安全生产状况,及时组织排查隐患,提出改进安全生产管理的建议。

第十六条 从业人员发现隐患,应当立即向现场安全生产管理人员或者本单位负责人报告;接到报告的人员应当及时予以处理。

第十七条 生产经营单位应认真填写隐患排查记录，形成隐患排查工作台账，包括排查对象或范围、时间、人员、安全技术状况、处理意见等内容，经隐患排查直接责任人签字后妥善保存。

第十八条 生产经营单位对发现或排查出的隐患，应当按照隐患分级判定指南，确定隐患等级，形成隐患清单。

第十九条 生产经营单位应对排查出的隐患立即组织整改，隐患整改情况应当依法如实记录，并向从业人员通报。

第二十条 一般隐患整改完成后，应由生产经营单位组织验收，出具整改验收结论，并由验收主要负责人签字确认。

第二十一条 生产经营单位在隐患整改过程中，应当采取相应的安全防范措施，防范发生安全生产事故。

第二十二条 重大隐患整改应制定专项方案，包括以下内容：

（一）整改的目标和任务；

（二）整改技术方案和整改期的安全保障措施；

（三）经费和物资保障措施；

（四）整改责任部门和人员；

（五）整改时限及节点要求；

（六）应急处置措施；

（七）跟踪督办及验收部门和人员。

第二十三条 重大隐患整改完成后，生产经营单位应委托第三方服务机构或成立隐患整改验收组进行专项验收。生产经营单位成立的隐患整改验收组成员应包括生产经营单位负责人、安全管理部门负责人、相关业务部门负责人和2名以上相关专业领域具有一定从业经历的专业技术人员。整改验收应根据隐患暴露出的问题，全面评估，出具整改验收结论，并由组长签字确认。

第二十四条 重大隐患整改验收通过的，生产经营单位应将验收结论向属地负有安全生产监督管理职责的交通运输管理部门

报备,并申请销号。报备申请材料包括:

(一)重大隐患基本情况及整改方案;

(二)重大隐患整改过程;

(三)验收机构或验收组基本情况;

(四)验收报告及结论;

(五)下一步改进措施。

第二十五条 重大隐患整改验收完成后,生产经营单位应对隐患形成原因及整改工作进行分析评估,及时完善相关制度和措施,依据有关规定和制度对相关责任人进行处理,并开展有针对性的培训教育。

第二十六条 生产经营单位应当根据生产经营活动特点,定期组织对本单位隐患治理情况进行统计分析,及时梳理、发现安全生产苗头性问题和规律,形成统计分析报告,改进安全生产工作。

第二十七条 生产经营单位应当建立隐患治理表彰、激励机制,鼓励从业人员主动参与排查和消除隐患,并将隐患治理责任落实情况作为重要内容纳入员工岗位绩效考核。

第二十八条 生产经营单位应当建立隐患治理全员参与机制,畅通投诉、举报渠道,鼓励从业人员对生产经营活动中隐患治理责任不落实,危及生产经营安全的行为和状态进行投诉或举报,并切实保障投诉或举报人合法权益。

第二十九条 工会发现生产经营单位存在隐患时,有权提出解决的建议,生产经营单位应当及时研究答复;对危及从业人员生命安全的隐患,有权向生产经营单位建议组织从业人员撤离危险场所,生产经营单位必须立即作出处理。

第三十条 生产经营单位在生产经营活动中存在项目发包、场地或设施设备出租的,应当对承包单位、承租单位的安全生产条件或者相应资质进行审查，并签订专门的安全生产管理协议，或者在承包合同、租赁合同中约定有关安全生产管理事项，明确双方隐患治理责任。

第三十一条　生产经营单位不得向不具备安全生产条件或者相应资质的单位发包项目或出租场地。

第三十二条　生产经营单位应对具备安全生产条件或者相应资质承包、承租单位的安全生产工作统一协调、管理，定期进行安全生产检查，发现隐患的，应当及时督促整改。

第三十三条　生产经营单位应加大安全投入，积极应用信息化、智能化技术手段和安全性能水平高的新工艺、新材料、新技术和新装备，减少和消除隐患。

第四章　重大隐患报备

第三十四条　生产经营单位应按照"及时报备、动态更新、真实准确"的原则，通过公路水路行业安全生产隐患治理信息系统向属地负有安全生产监督管理职责的管理部门及时报备重大隐患信息，负有直接监督管理责任的交通运输管理部门应审查报备信息的完整性。

第三十五条　重大隐患报备信息应包括以下内容：

（一）隐患名称、类型类别、所属生产经营单位及所在行政区划、属地负有安全生产监督管理职责的管理部门；

（二）隐患现状描述及产生原因；

（三）可能导致发生的安全生产事故及后果；

（四）整改方案或已经采取的治理措施，治理效果和可能存在的遗留问题；

（五）隐患整改验收情况、责任人处理结果；

（六）整改期间发生安全生产事故的，还应报送事故及处理结果等信息。

上述第（四）（五）（六）款信息在相关工作完成后报备。

第三十六条　重大隐患报备包括首次报备、定期报备和不定期报备三种方式。

（一）首次报备：应在重大隐患确定后进行报备。

（二）定期报备：报送重大隐患整改的进展情况；

（三）不定期报备：当重大隐患状态发生新的重大变化时，应及时报备相关情况。

第三十七条　生产经营单位的安全生产管理人员在检查中发现重大隐患，应向本单位有关负责人报告，有关负责人不及时处理的，安全生产管理人员应向属地负有安全生产监督管理职责的交通运输管理部门报告。

第三十八条　重大隐患首次报备应在重大隐患确定后5个工作日内报备，定期报备应在每季度结束后次月前10个工作日内报备，不定期报备应在重大隐患状态发生重大变化后5个工作日内进行报备。

第三十九条　生产经营单位应建立重大隐患专项档案，并规范管理。

第五章　隐患治理督查督办

第四十条　属地负有安全生产监督管理职责的交通运输管理部门应建立健全重大隐患治理督办制度，并将重大隐患整改情况纳入年度安全生产监督检查计划内容，明确督促检查责任部门、检查范围。

第四十一条　属地负有安全生产监督管理职责的交通运输管理部门对生产经营单位隐患治理工作督促检查的主要内容应当包括：

（一）贯彻落实管理部门关于隐患治理工作部署和要求的情况；

（二）隐患治理责任体系、岗位制度、工作程序、档案台账等建立、执行情况；

（三）重大隐患报备及统计分析情况；

（四）隐患整改措施落实情况；

（五）隐患告知和警示教育、责任追究情况。

第四十二条 交通运输管理部门对安全生产检查中发现的隐患，应及时告知被检查单位，并督促按照有关要求整改。

第四十三条 交通运输管理部门依法履行安全生产督促检查职责时，生产经营单位应当积极配合，不得拒绝和阻挠。

第四十四条 属地负有安全生产监督管理职责的交通运输管理部门对督促检查、社会举报核实发现的未按要求有效开展隐患排查或整改的生产经营单位，应当下达督促整改通知书，明确存在问题和整改要求，责令限期整改。

第四十五条 属地负有安全生产监督管理职责的交通运输管理部门应当按照管辖权限，对管辖范围内发现存在重大隐患的生产经营单位实行挂牌督办。上级交通运输管理部门发现的重大隐患，应当对下一级交通运输管理部门挂牌督办，要求属地负有安全生产监督管理职责的交通运输管理部门督促生产经营单位按要求进行整改。

第四十六条 属地负有安全生产监督管理职责的交通运输管理部门在接到生产经营单位重大隐患销号申请后，应在 5 个工作日内对验收结论及验收程序予以形式确认，并对形式确认通过的予以销号，不通过的应责令继续整改。

第四十七条 交通运输管理部门可通过购买服务方式委托第三方服务机构承担隐患治理监督抽查、检测和技术咨询服务。

第六章　监督管理

第四十八条　交通运输管理部门应依据管辖权限，将不按要求开展安全生产隐患排查、治理和报备重大隐患等不良行为记入相关生产经营单位及主要相关责任人的安全生产信用记录。

第四十九条　交通运输管理部门应充分运用信息化、智能化和大数据等技术手段，提升安全隐患治理能力。

第五十条　属地负有安全生产监督管理职责的交通运输管理部门对隐患排查治理不力满足法律法规规定处罚条件，或未按督办要求整改重大隐患，或存在重大隐患不能保证安全的生产经营单位，应依据《中华人民共和国安全生产法》等相关法律法规进行处理。

第五十一条　受交通运输管理部门或生产经营单位委托承担隐患治理相关工作的第三方服务机构，应对其承担工作的合规性、准确性负责。生产经营单位委托第三方专业服务机构提供隐患治理相关支持工作，不改变生产经营单位隐患治理主体责任。

第五十二条　对发现的重大隐患未履行督办责任，导致发生安全生产事故的交通运输管理部门和责任人员，应依法依规追究其法律责任。

第七章　附　则

第五十三条　属地负有安全生产监督管理职责的交通运输管理部门是依据相关法律法规或有关规定，直接对生产经营单位相关业务安全生产工作负有监督管理责任的单位或部门。

第五十四条　本办法自2018年1月1日起实施，有效期3年。

公路水路行业安全生产监督管理工作责任规范导则

交通运输部办公厅关于印发《公路水路行业安全生产监督管理工作责任规范导则》的通知

各省、自治区、直辖市、新疆生产建设兵团交通运输厅（局、委），长江、珠江航务管理局，各直属海事局：

经交通运输部同意，现将《公路水路行业安全生产监督管理工作责任规范导则》印发给你们，请遵照执行。

交通运输部办公厅
2017 年 4 月 26 日

第一章 总 则

第一条 为指导各级交通运输管理部门科学准确界定公路水路行业安全生产监督管理责任，规范安全生产监督管理履职行为，依据《中华人民共和国安全生产法》《中共中央国务院关于推进安全生产领域改革发展的意见》等有关法律法规和相关规定，制定本导则。

第二条 本导则明确了公路水路行业安全生产监督管理工作责任规范制定的原则、方法和要求等。

第三条 本导则适用于各级交通运输主管部门及负有安全生产监督管理职责的行业管理机构（以下统称交通运输管理部门）在公路、水路领域内安全生产监督管理工作责任规范的编制工作。

负有安全生产监督管理职责的行业管理机构包括公路、运政、港政、海事、航道（含船闸）、质监、交通公安、综合执法机构等。

第四条　交通运输管理部门应按照"党政同责、一岗双责、齐抓共管、失职追责""管行业必须管安全，管业务必须管安全，管生产经营必须管安全""尽职照单免责，失职照单问责"的要求，明确本单位的安全生产监督管理职责。

第二章　安全生产监督管理职责

第五条　明确安全生产监督管理工作职责的依据包括：有关法律行政法规、中央和国务院有关规定、部门"三定"规定、地方人民政府和上级交通运输管理部门有关规定。以上依据之间存在不一致的，按照法律效力优先的原则确定。

第六条　交通运输管理部门应按照"职责明确、权责一致、边界清晰"的要求，对本单位和内部相关部门安全生产监督管理工作职责和履职行为进行明确和规范，可根据实际细化到工作岗位。

第七条　公路水路行业安全生产监督管理职责可包括但不限于以下内容：

（一）法规制度、政策标准的制定实施；

（二）涉及安全生产相关事项的审查、批准、验收；

（三）对管理相对人的安全生产开展监督检查；

（四）对影响安全生产违法违规行为的行政处罚；

（五）事故应急救援与调查处理；

（六）宣传教育培训；

（七）对下级管理部门开展监督检查、目标考核与责任追究；

（八）举报受理和社会公告；

（九）安全生产信息报告及监测预警。

第八条 交通运输主管部门的安全生产监督管理工作责任规范应报告本级人民政府或本级人民政府规定的部门,按照有关规定备案或获得同意,并抄报上一级交通运输主管部门;交通运输行业管理机构的安全生产监督管理工作责任规范应报上一级交通运输管理部门备案或批准。

第九条 交通运输管理部门应向社会公开安全生产监督管理工作责任清单。

第三章 安全生产监督管理履职行为要求

第十条 交通运输管理部门应按下列要求履行安全生产监督管理职责:

(一)计划制定。交通运输管理部门应制定年度安全监督管理工作计划,内容包括时间安排、主要事项、履职方式和任务分工等,年度计划应经本部门主管领导审定。

(二)实施组织。交通运输管理部门应按照计划组织落实安全生产监督管理工作,并为计划落实提供必要的资源保障。相关工作人员应按规范的工作程序、按时限要求组织实施。如有特殊情况,应专门作出说明,并经本部门主管领导审定。

(三)检查督办。交通运输管理部门应安排对工作计划的落实情况进行跟踪督办,确保工作计划有效实施,取得效果。

(四)持续改进。交通运输管理部门应对其安全生产监督管理工作进行总结评价,查找问题和不足,改进工作。

第十一条 制定具体安全生产监督管理职责和工作规范时,应参照单位履职程序和要求,细化具体的工作指标、行为、形式和结果。

第十二条 交通运输管理部门应规范记录各项安全生产监督管理工作开展情况,并将有关文件、资料、报告、批件、图像和声像档案材料等存档备查，保存期一般为3年。

第十三条 交通运输管理部门依照相关规定，可以在其法定权限内通过政府购买服务的方式委托第三方服务机构，为履行监督管理工作提供专业技术支持，但不改变交通运输管理部门的监督管理责任。

第四章 考核、问责与免责

第十四条 交通运输管理部门应加强安全生产监督管理工作责任落实情况的考核，科学合理确定考核指标，明确考核方式，注重考核结果运用。

第十五条 交通运输管理部门应建立安全生产监督管理工作责任履行问责机制。

对于未严格履行职责导致发生责任安全生产事故的，应按照有关规定调查处理并严肃问责。

第十六条 交通运输管理部门在编制安全生产监督管理工作责任规范时，可以依据有关规定明确有下列情形之一的，不承担责任：

（一）因生产经营单位、中介机构等行政管理相对人的行为，致使交通运输管理部门和人员无法做出正确行政执法行为的；ML

（二）因有关行政执法依据规定不一致，致使行政执法行为适用法律、法规和规章依据不当的；

（三）因不能预见、不能避免并不能克服的不可抗力致使行政执法行为违法、不当或者未履行法定职责的；

（四）违法、不当的行政执法行为情节轻微并及时纠正，没有造成不良后果或者不良后果被及时消除的；

（五）对发现的安全生产非法、违法行为和事故隐患已经依法查处，因生产经营单位及其从业人员拒不执行安全生产监管执法行政指令导致生产安全事故的；

（六）生产经营单位非法经营或者经责令停产停业整顿后仍不具备安全生产条件，交通运输管理部门已经依法提请县级以上地方人民政府决定取缔或者关闭的；

（七）对拒不执行行政决定的生产经营单位，交通运输管理部门已经依法申请人民法院强制执行的；

（八）依法不承担责任的其他情形。

第五章 附 则

第十七条 本导则自 2017 年 6 月 1 日起施行，有效期 3 年。

安全生产科技项目管理规定

国家安全监管总局办公厅关于印发
安全生产科技项目管理规定的通知
安监总厅科技〔2014〕76号

各省、自治区、直辖市及新疆生产建设兵团安全生产监督管理局，各省级煤矿安全监察局，有关中央企业，有关直属事业单位：

国家安全监管总局制定了《安全生产科技项目管理规定》，现予公布，请认真贯彻执行。

国家安全监管总局办公厅
2014年7月3日

第一章 总 则

第一条 为大力实施"科技兴安"战略，强化科技对安全生产的支撑和保障作用，进一步规范安全生产科技项目的管理，特制定本规定。

第二条　安全生产科技项目分为国家科技计划项目和国家安全监管总局立项的项目两大类。国家科技计划项目按照科技部有关规定进行管理。国家安全监管总局立项的项目按本规定进行管理。

第三条　安全生产科技项目管理包括项目申报、遴选、立项、验收或鉴定（以下统称验收）、登记和奖惩等环节。

第四条　项目承担单位国拨研发经费的使用必须符合国家有关规定要求。项目配套经费和自主投入的研发经费必须确保落实，并按项目计划任务书执行。

第二章　项目征集与遴选

第五条　国家安全监管总局根据安全生产科技发展规划和战略，发布项目征集指南，确定项目征集的时间、渠道和方式。项目遴选按照安全生产重点发展领域和方向，充分发挥国家安全监管总局支撑平台单位、产学研协同创新中心优势资源，择优选择。

第六条　申报项目单位应当符合以下基本条件：

（一）符合项目申请的要求；

（二）在相关研究领域和专业应具有一定学术地位和优势；

（三）具有为完成项目必备的人才条件和技术装备；

（四）具有与项目相关的研究经历和积累；

（五）具有完成项目所需的组织管理和协调能力；

（六）具有完成项目的良好信誉。

第七条　申报项目应提供的材料：

（一）项目申请表；

（二）项目建议书；

（三）项目建议书的附件（与项目建议书内容有关的证明材

料、相关单位推荐意见)。

第八条 项目建议书内容框架：

(一) 立项的背景和意义；

(二) 国内外研究现状和发展趋势；

(三) 现有研究基础、特色和优势；

(四) 应用或产业化的前景、科技发展与市场需求；

(五) 研究内容与预期目标；

(六) 研究方案、技术路线、组织方式与课题分解；

(七) 年度计划内容；

(八) 主要研究人员和单位状况及具备的条件；

(九) 经费预算；

(十) 有关上级单位或评估机构的意见。

第九条 项目征集与遴选原则：

(一) 公开、公平、公正原则。公开标准、公平遴选、公正择优。

(二) 需求导向原则。满足预防和控制生产安全事故的实际需要，能够提升企业安全生产技术装备水平和安全生产的事故防范与应急处置能力，能够提升安全生产执法监督水平和安全生产控制力。

(三) 基础性和战略性原则。面向安全生产重大基础理论，着眼安全生产长远发展战略，破解安全生产重大技术难题。

第十条 征集方式和遴选程序：

(一) 自愿申报。符合条件的单位向所在地区省级安全监管局或省级煤矿安监局申报。有关中央企业、教育部直属重点高校、总局直属事业单位申报的项目，将申报材料提交至本单位科技管理部门。

(二) 地方推荐。省级安全监管局、省级煤矿安监局和有关中央企业、教育部直属重点高校、总局直属事业单位对申报材料进行初审，并提出推荐意见。

（三）专家评审。国家安全监管总局科技管理机构组织专家对申报单位项目进行评审，专家评审分形式审查、专业审查和综合审查三个阶段。

形式审查。主要是对申报资料进行符合性和相关性审查。

专业审查。主要是对申报项目进行专业性技术审查。

综合审查。主要是对通过专业审查的项目进行综合评定。

（四）网上公示。通过专家评审合格的项目，在国家安全监管总局网站或主流媒体上公示10日。

（五）批复公告或反馈。经国家安全监管总局审定后，向社会公告并通知申报单位。

第三章　项目立项与验收

第十一条　列入国家安全监管总局的安全生产科技项目实行登记注册、统一编号管理。

第十二条　项目承担单位依据批准的项目可行性研究报告填写《安全生产科技项目任务书》。经签约各方共同审核后，方可履行签约手续。

第十三条　计划任务书应包括以下内容：

（一）项目编号、项目名称和项目密级；

（二）计划任务下达部门；

（三）计划任务书承担单位和任务责任人；

（四）立项背景与意义；

（五）主要任务、关键技术和主要研究内容；

（六）验收考核指标；

（七）技术路线与年度计划；

（八）经费预算和用途；

（九）承担单位的保障条件与配套经费；

（十）科技成果及其知识产权的归属；

（十一）涉密项目的科技保密义务；

（十二）争议解决方法。

第十四条 项目验收由国家安全监管总局科技管理机构负责，可委托推荐单位主持验收。

第十五条 项目验收的考核指标应当尽可能量化可测，对不可量化可测的项目必须有准确含义和定性说明。

第十六条 项目验收应当提供的资料：

（一）项目计划任务书；

（二）项目批件或有关批复文件；

（三）项目验收申请表；

（四）项目研发工作总结报告；

（五）项目研发技术报告；

（六）项目所获成果、专利一览表（含成果登记号、专利申请号、专利号等）；

（七）研制样机、样品图片及数据；

（八）国家认可的检测检验机构出具的有关产品测试报告；

（九）用户使用报告；

（十）建设的中试线、试验基地、示范点一览表、图片及数据；

（十一）购置的仪器、设备等固定资产清单；

（十二）项目经费决算表。

第十七条 研发时间超过3年的重大安全生产科技项目，必须进行中期评估。项目中期评估由推荐单位负责组织。

第十八条 项目验收应当成立专家验收组（或委员会），实行专家验收组（或委员会）负责制。验收组（或委员会）专家构成应当由熟悉项目专业技术、经济和企业管理等方面的专家组成，专家人数一般不得少于9人。

第十九条 项目验收组织和主持单位应当根据专家验收组（或委员会）的意见，提出"同意验收"、"需要复核"或"不通过验收"的结论性意见。

第二十条 验收项目存在下列情况之一的，不得通过验收：

（一）完成计划任务书不到85%；

（二）预定成果未能实现，或成果已无科学和实用价值；

（三）提供的验收文件、资料、数据不真实；

（四）擅自修改计划任务书考核目标、内容、技术路线；

（五）无特殊情况或未经批准，超过计划任务书规定期限1年以上等；

（六）其他不得通过验收的情况。

第二十一条 建立应急立项机制，对于具有紧迫性、重大的科技需求，国家安全监管总局科技管理机构可商有关地方、部门、单位直接立项实施。

第四章　推广应用与奖惩

第二十二条 技术先进、实用性强、保障安全生产有重大贡献、并经实践检验效果明显的安全生产科技项目，由国家安全监管总局纳入重点推广或强制推广应用项目。

第二十三条 由国家安全监管总局立项，经专家验收组（或委员会）认定达到国内先进以上技术水平的项目，可申报国家安全生产科技成果奖。

第二十四条 由国家安全监管总局立项的重大关键技术装备项目，取得重大突破达到国内领先以上技术水平的，优先推荐纳入《安全生产专用设备企业所得税优惠目录》，享受国家优惠税收政策。

第二十五条 超过计划任务书规定期限，不申请延期或无正当理由延期的项目，取消项目立项资格。

第二十六条 弄虚作假和抄袭剽窃的安全生产科技项目，经查实取消项目申报单位的立项资格，并列入黑名单，永久取消项目申报和科技评奖等资格。

第二十七条 涉及成果侵权，引发民事诉讼和造成重大影响的项目，按照国家有关法律法规处理。

第五章 附 则

第二十八条 国家安全监管总局科技管理机构可结合工作实际对本规定的执行进行必要的补充。

第二十九条 本办法自发布之日起施行。

附　录

国家安全监管总局关于加强安全生产科技创新工作的决定

安监总科技〔2012〕119号

各省、自治区、直辖市及新疆生产建设兵团安全生产监督管理局，各省级煤矿安全监察局：

在党中央、国务院的正确领导下，经过各地区、各有关部门和单位的共同努力，全国生产安全事故起数和死亡人数连续9年保持了总体稳定、持续好转的发展态势。但安全生产形势依然严峻，防范重特大事故的压力进一步加大，迫切需要更多地依靠先进技术装备支撑和安全生产科技（以下简称安全科技）创新驱动，实现安全生产形势持续稳定好转。为深入贯彻落实全国科技创新大会精神，加强安全科技创新工作，加快提升安全科技创新能力，现作出如下决定。

一、明确安全科技创新的目标任务

（一）目标任务

以防范事故、提高安全科技保障能力为目标，集中相关科技研发机构、人才、资金和时间，加快推出一批安全生产科研攻关课题，一批可转化的安全科技成果，一批可推广的安全生产先进适用技术，一批安全生产技术示范工程（以下简称安全科技"四个一批"项目），着力推动建立市场、企业、产学研机构、政府及部门相结合的工作机制。争取到2015年底，安全生产基础理论和重大关键技术研究方面取得较大进展，科技成果转化和实用技术推广应用方面有较大突破，示范工程引领方面有较大进展，安全科技支撑能力建设有较大提升，全面完成《安全生产科技"十二五"规划》（安监总科技〔2011〕170号）的各项工作目标任务。

二、加快组织实施安全科研攻关、成果转化、推广应用和技术示范项目，着力提升安全科技支撑保障能力

（二）加强关键技术与装备科技攻关

坚持以防范重点行业领域重特大事故为突破口，重点解决安全生产领域具有倾向性、易发性、普适性的重大共性技术难题，开发关键性实用安全技术装备，加强物联网、新型传感器、透地通讯和无域限、无时限、可视化互联互通共享系统等共性技术研究。煤矿领域要突出防治瓦斯、水、顶板、冲击地压、火、地温等灾害，开展灾害防治和监测预警、井下逃生与安全避险、深部矿井地质灾害防治、中小煤矿机械化开采等关键技术与装备研究。非煤矿山领域要突出深井矿山岩爆动力和热害等灾害预测与防治、超大型金属地下矿山开采事故防治关键技术与装备、深海石油开采防灾技术等攻关。危险化学品领域要突出化工园区防管控一体化监测监控技术、大型油罐区重大事故防范关键技术及硫铁化合物自燃机理等攻关。冶金等工贸企业领域要突出煤气危险区域监测监控与应急处置技术、工业企业粉尘防治技术等攻关。职业卫生领域要突出先进适用的矿井劳动保护用品、尘毒防护与治理技术、有毒有害物质现场快速检测技术等攻关。应急救援领域要突出快速救援技术与装备、便携式救灾机器人等攻关。

（三）加快推进科技成果转化

组织梳理现有安全科技成果，加快推进成熟度高、安全生产

保障作用突出的技术装备产业化、工程化,强化安全科技成果转化工作。煤矿领域要重点推进瓦斯煤尘爆炸抑爆、高效瓦斯抽采装备、先进瓦斯监测技术、地质构造精细探测等成果转化。非煤矿山领域要重点推进尾矿库在线监测系统、矿井灾害监测与预警信息系统等成果转化。危险化学品和烟花爆竹领域要重点推进重大危险源监控、烟花爆竹自动化生产装备等成果转化。冶金等工贸企业领域要重点推进煤气防泄漏自动保护排水器、起重机吊钩上下限位安全保护装置等成果转化。职业卫生领域要重点推进粉尘呼吸防护装备等成果转化。应急救援领域要重点推进矿用救灾指挥系统、煤矿隐患预警与应急救援系统等成果转化。

(四)大力推广应用先进适用技术

注重筛选和大力推广对于事故防治切实有效的先进适用技术、工艺,切实提高企业防范事故能力。煤矿领域要重点推广瓦斯防突及高效抽采、水害快速治理、顶板安全综合监测预警、矿井安全提升综合保障和矿井通风安全保障等先进适用技术。非煤矿山领域要重点推广尾矿库细粒尾砂模袋法筑坝、高含硫气田安全勘探开发等先进适用技术。危险化学品和烟花爆竹领域要重点推广危险化学品生产安全保障关键技术、危险化学品快速监测预警等先进适用技术。冶金等工贸企业领域要重点推广高炉炉缸炉底侵蚀诊断与结构安全评估等先进适用技术。职业卫生领域要重点推广粉尘浓度超限喷雾降尘等先进适用技术。应急救援领域要重点推广煤矿井下逃生及紧急避险等先进适用技术。

(五)深入开展安全生产技术示范工程建设

支持和鼓励企业把先进科技成果和重大技术装备与生产实践相结合,努力打造一批示范应用性强,实际使用效果好的先进科技成果和重大技术装备安全技术示范工程,形成示范引领和辐射带动作用。煤矿领域要重点建设煤与瓦斯突出防治、高瓦斯零超限、采空区高精度综合勘探、水害隐患防治、顶板与地压灾害防治、安全生产监管物联网应用等示范工程。非煤矿山领域要重点建设采空区围岩变形支护结构风险监测预警、井下安全避险系统、尾矿库安全预警系统、地下金属矿山数字化等示范工程。危险化学品和烟花爆竹领域要重点建设大型油罐区重大事故防范、烟花爆竹机械化生产等示范工程。冶金等工贸企业领域要重点建设隐患排查治理信息化系统等示范工程。职业卫生领域要重点建设矿井综合防尘技术等示范工程。应急救援领域要重点建设国家安全生产应急平台等示范工程。信息化领域要重点建设安全生产标准化信息管理系统和安全培训远程教育平台管理系统等示范工程。

三、加强组织领导，确保安全科技创新工作取得实效

（六）切实加强安全科技创新工作的组织领导

地方各级安全监管部门、煤矿安全监察机构要高度重视安全科技创新工作，加强组织领导，及时研究解决安全科技创新工作中的重大问题，提出安全科技创新发展的针对性举措。要建立安全科技业绩定期评估考核制度，并对各项安全科技政策、措施的落实情况开展经常性的督促检查，切实把安全科技创新各项工作落到实处。

（七）推动建立市场、企业、产学研机构和政府部门相结合的工作机制

要通过法律规范、标准引领、规划引导、项目支撑、成果示范、发布目录等形式，发挥政府部门的主导作用，推动企业落实安全科技创新主体责任。积极推进安全监管监察部门与有实力的企业和科研院所建立战略合作关系。鼓励有条件的高等院校、科研院所与企业联合，建立各类安全产业联盟、技术联盟、产业链联盟，形成多方参与、利益共享、风险共担的合作机制。组织煤矿、非煤矿山、化工、职业卫生、冶金、航天、航空等行业领域

科技人才,认真总结事故经验教训、深入分析企业安全生产需求,研究分析安全科技发展趋势,科学制定安全科技路线图,定期发布安全科技攻关指南,引导企业、科研院所、高校、民间团体强化安全科技工作。进一步完善安全科技人才培养和企业员工安全技术培训工作。

(八)进一步拓展安全科技创新投入渠道

要充分用好国家现行的高危行业安全费用提取使用政策、安全生产设备购置使用普惠和特惠政策、安全生产专用设备生产制造纳入国家重点产业调整和振兴装备制造业政策、煤层气抽采税收政策等。建立以政府扶持为引导、企业投入为主体、多元社会资金参与的投入机制,加快安全科技研发平台、检测检验与物证分析平台、科技成果孵化平台、应急救援技术服务平台、事故查处专家支持平台、安全信息平台、事故模拟仿真物证溯源平台等安全科技支撑能力建设。

(九)切实实施好第一批安全科技"四个一批"项目

各项目有关单位要进一步明确分工、落实责任、强化考核,确保项目取得实效。有关科研攻关课题单位要集中优势资源和人才,有序有效地组织攻关,尽快取得突破。各级安全监管监察部门要高度重视安全科技成果转化、推广应用和技术示范工作,制定具体办法和措施,综合运用法律、行政、市场等手段,推动安全技术成果转化率和应用率的提高。要建立项目实施进展情况定期通报制度,开展专题交流督导和执行情况评估,及时研究解决项目实施过程中的问题。

工业和通信业安全生产领域行业标准制定管理办法实施细则

关于印发《工业和通信业安全生产领域行业标准制定管理办法实施细则》的通知

工信安字〔2012〕113号

有关行业协会（联合会）、集团公司、标准化技术归口单位：

为加强工业和通信业安全生产领域行业标准管理工作，现将《工业和通信业安全生产领域行业标准制定管理办法实施细则》印发你们，请遵照执行。

中华人民共和国工业和信息化部

二〇一二年十一月二十七日

第一章 总 则

第一条 为规范工业和通信业安全生产领域行业标准的制定（含修订，以下同）程序和要求，依据《中华人民共和国标准化法》、《工业和信息化部行业标准制定管理暂行办法》（工信厅科〔2009〕87号）和《工业和信息化部标准制修订工作补充规定》（工信厅科〔2011〕137号）等，特制定本实施细则。

第二条 本实施细则规定了工业和通信业安全生产领域行业标准（以下简称"安全生产行业标准"）的立项、起草、审查、报批、批准发布、出版、复审、修改等标准制定的主要程序及要求。

第三条 本实施细则适用于化工、石化、黑色冶金、有色金属、黄金、建材、稀土、机械、汽车、船舶、航空、轻工、纺织、包装、航天、兵工民品、核工业、电子、通信等19个行业的安全生产行业标准的制定。

第四条 安全生产行业标准的范围包括：基础标准、安全管理标准、安全技术标准。

下列事项应当制定相应的安全生产行业标准：

（一）安全管理有关术语、符号、代码、文件格式、制图方法等通用技术语言和要求；

（二）生产经营单位的安全生产条件（含组织要求、制度要求）；

（三）生产、储存、运输、使用、检测、检验、销毁等方面的安全技术要求；

（四）安全生产规程和岗位安全管理要求；

（五）应急救援规则、规程、标准等技术规范；

（六）安全教育培训规则、规程、标准等技术规范；

（七）建设项目安全评价与审查技术规范；

（八）安全检查的通则、导则等技术规范；

（九）法律、行政法规规定的其他安全技术要求。

第五条 安全生产行业标准分为强制性标准和推荐性标准。安全生产标准内容涉及需要强制执行的安全标志、标识、危险作业规程、危险作业安全生产条件、危险作业安全防护、危险化学品生产、储存、运输和安全管理要求等，为强制性标准；其他为推荐性标准。

第六条 安全生产行业标准的制定工作遵循"提高本质安全生产水平为目的，规范物的安全状况、人的安全行为、环境的安全条件，并及时修订和不断完善"的原则，与技术创新、管理创新、试验验证、应用推广相结合，统筹推进。加强过程管理，保证标准的质量和水平。

第七条 安全生产行业标准应与其它相关行业标准协调、统一。

第八条 我部安全生产司统一协调管理安全生产领域行业标准制定工作，部委托管理机构受安全生产司委托开展本行业的安全生产行业标准制定日常管理工作。标准化技术支撑单位负责标准制修订过程的业务指导、形式审查等技术支持工作。

第九条 鼓励有关生产经营单位、科研机构、学术团体、高等学校等单位依法参与安全生产行业标准制定工作。

第二章　标准立项

第十条 任何政府机构、行业社团组织、企事业单位和个人根据行业安全生产实际及发展需求，均可向本行业的部委托管理机构提出安全生产行业标准立项申请。

第十一条 部委托管理机构依据行业安全生产现状和安全生产标准体系表要求，负责组织专家对立项申请可行性、必要性及先进性认证，提出是否同意立项的建议，并负责项目申报相关资料的审查。

第十二条 部委托管理机构按季度汇总安全生产行业标准立项申请报部安全生产司。

第十三条 申请标准立项的单位，应按要求认真填写标准项目建议书，确保填写完整准确。建议书应阐述标准项目在安全生产方面所解决的主要问题、与国际标准（国外先进标准）的对比情况，在标准体系中的位置及与相关标准间的关系、有关的知识产权及标准起草单位等内容情况。如为强制性标准，还应说明强制的必要性及强制性标准得到有效实施的保障措施。

第十四条　标准项目建议内容包括：

（一）行业标准项目计划汇总表；

（二）行业标准项目建议书。

第十五条　各有关单位申报标准计划项目和项目审查时，应分轻重缓急，优先考虑产业发展和安全生产急需的标准项目。在申报项目总体情况说明中应对标准项目进行阐述，包括各行业安全生产现状及标准体系现状、与产业发展重点的结合情况、与国际标准（国外先进标准）的对比分析情况、与现有标准的协调配套情况等内容。

第十六条　标准化技术支撑单位对标准项目建议书进行形式审查。并根据安全生产标准体系情况，统一协调和审查标准项目立项建议，汇总后报部安全生产司。

第十七条　标准计划下达后，由部委托管理机构组织落实标准编制计划，标准起草单位具体负责标准编制计划的实施。

第十八条　在标准编制计划的执行过程中，如需对标准项目进行调整，应由标准起草单位填写《行业标准项目计划调整申请表》，经部委托管理机构报部安全生产司。未经批准调整的标准计划，按原计划执行。

第三章　标准起草和审查

第十九条　标准起草单位要注意做好标准制定与技术创新、

管理创新、试验验证、知识产权处置、产业化推进、应用推广的统筹协调。标准化技术归口单位、标准化技术组织等要做好标准意见征求和技术审查等工作，把好技术审查关。部委托管理机构负责做好所属行业（领域）标准制定过程的管理工作，定期检查标准编制情况，确保标准质量。

第二十条 标准起草单位成立标准起草组，编写标准草案，起草组成员应有丰富专业知识和实践经验的技术人员。

第二十一条 标准草案应在充分调研和分析研究的基础上，按照 GB/T 1《标准化工作导则》、GB/T 20000《标准化工作指南》、GB/T 20001《标准编写规则》的规定及相关要求编写。

第二十二条 起草标准草案时，应编写标准编制说明，其内容一般包括：

（一）工作简况，包括任务来源、主要工作过程、主要参加单位和工作组成员及其所做的工作等；

（二）标准编制原则和主要内容（如技术指标、参数、公式、安全性能和要求、检查、评价等）的论据，解决的主要问题。修订标准时应列出与原标准的主要差异和水平对比；

（三）主要试验（或验证）情况分析；

（四）标准中如果涉及专利，应有明确的知识产权说明；

（五）预期达到的社会效益等情况；

（六）采用国际标准和国外先进标准情况，与国际、国外同类标准水平的对比情况，国内外关键指标对比分析情况；

（七）与现行相关法律、法规、规章及相关标准，特别是强制性标准的协调性；

（八）重大分歧意见的处理经过和依据；

（九）标准性质的建议说明；

（十）贯彻标准的要求和措施建议（包括组织措施、技术措施、过渡办法、实施日期等）；

（十一）废止现行相关标准的建议；

（十二）其它应予说明的事项。

第二十三条 标准草案完成后，应召开专家讨论会，修改完善标准草案，形成标准征求意见稿。应将标准征求意见稿和标准编制说明公开征求行业内各方面意见，征求意见的范围应具有较大的代表性，并征得标准化技术组织和部委托管理机构的同意。对反馈的意见应认真分析研究并尽量采纳；不予采纳的，应当说明理由。意见处理结果应当列入《行业标准征求意见汇总处理表》。

第二十四条 标准起草单位根据意见处理结果对标准征求意见稿进行修改，提出标准送审稿，报部委托管理机构组织审查。标准送审时，应当附有标准送审稿、标准编制说明、标准征求意见汇总处理表和其他有关附件。

第二十五条 部委托管理机构接到安全生产标准送审稿及相关材料后，有标准化技术组织的，由标准化技术组织按照有关规定组织标准的审查。

没有成立标准化技术组织的，由部委托管理机构根据安全生产标准涉及的内容，邀请生产、使用、经销、科研等方面的不少于15名的专家进行标准审查；审查时，使用单位的人员不应少于四分之一。组织安全生产标准审查时，应当对安全生产标准提出审查意见和结论。

第二十六条 标准送审稿审查形式，分为会议审查和函审。强制性标准必须采用会议审查。会议审查时，应进行充分的讨论，尽量取得一致意见，需要表决时，必须有不少于出席会议代表人数的四分之三同意为通过；函审时，必须有四分之三的回函同意为通过。

会议审查应写出会议纪要,内容包括第二十二条(二)至(十一)项内容的审查结论。函审时应写出《行业标准送审稿函审结论表》,并附《行业标准送审稿函审单》。

第二十七条 标准送审稿审查通过后,由标准起草单位根据审查意见对送审稿作必要的修改,提出标准报批稿、编制说明及相关附件。

第二十八条 标准未通过审查的,标准起草单位应根据审查意见进一步修改完善后,再次提交审查。

第四章 标准报批

第二十九条 标准起草单位应向标准化技术组织提交标准报批材料。应按要求在标准编制说明、标准申报单等有关报批材料中阐述对产业发展的作用、与国际标准(国外先进标准)的对比情况,在标准体系中的位置及与相关标准间的关系、有关专利等情况。对于涉及专利的标准项目,应提供全部专利所有权人的专利许可声明和专利披露声明。标准报批材料有:

(一)报送函;

(二)行业标准申报单;

(三)报批行业标准项目汇总表;

(四)标准报批稿(纸型3份,电子版1份);

(五)标准编制说明(纸型3份,电子版1份);

(六)标准征求意见汇总处理表(纸型3份,电子版1份);

(七)行业标准审查会议纪要或函审结论(含参加审查代表名单或函审单);

(八)采用国际标准或国外先进标准的原文和译文;

(九)强制性标准中、英文通报表。

第三十条 标准化技术组织对报批材料进行复核，通过后报部委托管理机构。部委托管理机构对行业标准报批材料进行汇总和审查，并给出行业标准编号，连同相应的报送函报安全生产司。

第三十一条 由标准化技术支撑单位审查除第二十二条（二）至（十一）项的内容外，并对以下内容进行审查：

（一）与产业发展政策和产业发展水平的符合性；

（二）与现行相关法律、法规、规章及相关标准，特别是强制性标准的协调性；

（三）标准中是否涉及专利，如有专利处置说明是否清晰；

（四）制定程序是否符合规定、报批材料是否齐备。

第三十二条 对跨行业、跨领域的标准项目，在报批前还应征求有关方面的意见，并在报批材料中予以说明。

第三十三条 部委托管理机构在标准报批函中按行业、分领域对标准报批项目进行阐述，包括标准的制定过程和审查情况、对产业发展的支撑作用、与国际标准（国外先进标准）的对比分析情况、标准体系和专利情况等内容。

第三十四条 安全生产司对报送的标准报批材料进行汇总审查，主要审查内容包括：

（一）材料是否符合要求，标准制定工作程序是否有效；

（二）有关问题的处理是否恰当；

（三）强制性标准是否符合制定强制性标准的规定；

（四）与现行相关法律、法规、规章及相关标准，特别是强制性标准的协调性；

（五）标准中专利情况是否清晰等。

第三十五条 对不符合要求的标准报批项目及有关材料，安全生产司予以退回。

第五章　标准发布及出版

第三十六条　安全生产行业标准以部公告形式批准发布。

第三十七条　安全生产行业标准批准发布后,由有关部委托管理机构按国家标准化主管部门的有关规定办理备案。

第三十八条　安全生产行业标准由相关出版机构出版。

第三十九条　安全生产行业标准出版后,相关出版机构应及时将标准文本送安全生产司和部科技司各两份。

第六章　标准复审

第四十条　标准实施后,各行业标准化技术组织、标准编制单位、标准使用单位均可根据技术发展和安全生产的需要适时提出复审建议。标准复审周期一般不超过五年。

第四十一条　每年年底各部委托管理机构提出下一年度的行业标准复审计划建议。

第四十二条　复审形式可采用会议审查或函审。标准复审的程序和要求按照相关规定办理。

第四十三条　标准复审结果分为继续有效、修订和废止三种情况。均应分别填写《行业标准复审意见表》。

第四十四条　安全生产行业标准复审后,由行业标准化技术组织提出复审报告(内容包括:复审简况、复审程序、处理意见、复审结论等),填写继续有效、修订和废止标准项目汇总表,并将标准复审材料送部委托管理机构。报送材料包括:

(一)报送函;

(二)标准复审报告;

（三）标准复审项目汇总表；

（四）标准复审意见表。

第四十五条 安全生产司对报送的标准复审材料进行汇总、协调、审核。

第七章 标准修改

第四十六条 当标准的技术内容不够完善，在对标准的技术内容作少量修改或补充后，仍能符合当前科学技术水平、适应市场和行业发展需要的，可对标准内容进行修改。

第四十七条 安全生产行业标准的修改应填写《行业标准修改通知单》，整理审查纪要（内容包括：修改原因和依据，审查结论等），按标准报批程序办理。报送材料包括：

（一）报送函；

（二）审查纪要；

（三）标准修改通知单。

第八章 附 则

第四十八条 本实施办法由工业和信息化部安全生产司负责解释。

第四十九条 本实施办法自公布之日起实施。

危险化学品输送管道安全管理规定

国家安全生产监督管理总局令
第 79 号

《国家安全监管总局关于废止和修改危险化学品等领域七部规章的决定》已经 2015 年 3 月 23 日国家安全生产监督管理总局局长办公会议审议通过，现予公布，自 2015 年 7 月 1 日起施行。

国家安全生产监督管理总局
2015 年 5 月 27 日

(2012 年 1 月 17 日国家安全监管总局令第 43 号公布；根据 2015 年 5 月 27 日国家安全监管总局令第 79 号修正)

第一章 总 则

第一条 为了加强危险化学品输送管道的安全管理，预防和减少危险化学品输送管道生产安全事故，保护人民群众生命财产安全，根据《中华人民共和国安全生产法》和《危险化学品安全管理条例》，制定本规定。

第二条　生产、储存危险化学品的单位在厂区外公共区域埋地、地面和架空的危险化学品输送管道及其附属设施（以下简称危险化学品管道）的安全管理，适用本规定。

原油、成品油、天然气、煤层气、煤制气长输管道安全保护和城镇燃气管道的安全管理，不适用本规定。

第三条　对危险化学品管道享有所有权或者运行管理权的单位（以下简称管道单位）应当依照有关安全生产法律法规和本规定，落实安全生产主体责任，建立、健全有关危险化学品管道安全生产的规章制度和操作规程并实施，接受安全生产监督管理部门依法实施的监督检查。

第四条　各级安全生产监督管理部门负责危险化学品管道安全生产的监督检查，并依法对危险化学品管道建设项目实施安全条件审查。

第五条　任何单位和个人不得实施危害危险化学品管道安全生产的行为。

对危害危险化学品管道安全生产的行为，任何单位和个人均有权向安全生产监督管理部门举报。接受举报的安全生产监督管理部门应当依法予以处理。

第二章　危险化学品管道的规划

第六条　危险化学品管道建设应当遵循安全第一、节约用地和经济合理的原则，并按照相关国家标准、行业标准和技术规范进行科学规划。

第七条　禁止光气、氯气等剧毒气体化学品管道穿（跨）越公共区域。

严格控制氨、硫化氢等其他有毒气体的危险化学品管道穿（跨）越公共区域。

第八条 危险化学品管道建设的选线应当避开地震活动断层和容易发生洪灾、地质灾害的区域；确实无法避开的，应当采取可靠的工程处理措施，确保不受地质灾害影响。

危险化学品管道与居民区、学校等公共场所以及建筑物、构筑物、铁路、公路、航道、港口、市政设施、通讯设施、军事设施、电力设施的距离，应当符合有关法律、行政法规和国家标准、行业标准的规定。

第三章　危险化学品管道的建设

第九条 对新建、改建、扩建的危险化学品管道，建设单位应当依照国家安全生产监督管理总局有关危险化学品建设项目安全监督管理的规定，依法办理安全条件审查、安全设施设计审查和安全设施竣工验收手续。

第十条 对新建、改建、扩建的危险化学品管道，建设单位应当依照有关法律、行政法规的规定，委托具备相应资质的设计单位进行设计。

第十一条 承担危险化学品管道的施工单位应当具备有关法律、行政法规规定的相应资质。施工单位应当按照有关法律、法规、国家标准、行业标准和技术规范的规定，以及经过批准的安全设施设计进行施工，并对工程质量负责。

参加危险化学品管道焊接、防腐、无损检测作业的人员应当具备相应的操作资格证书。

第十二条 负责危险化学品管道工程的监理单位应当对管道

的总体建设质量进行全过程监督，并对危险化学品管道的总体建设质量负责。管道施工单位应当严格按照有关国家标准、行业标准的规定对管道的焊缝和防腐质量进行检查，并按照设计要求对管道进行压力试验和气密性试验。

对敷设在江、河、湖泊或者其他环境敏感区域的危险化学品管道，应当采取增加管道压力设计等级、增加防护套管等措施，确保危险化学品管道安全。

第十三条　危险化学品管道试生产（使用）前，管道单位应当对有关保护措施进行安全检查，科学制定安全投入生产（使用）方案，并严格按照方案实施。

第十四条　危险化学品管道试压半年后一直未投入生产（使用）的，管道单位应当在其投入生产（使用）前重新进行气密性试验；对敷设在江、河或者其他环境敏感区域的危险化学品管道，应当相应缩短重新进行气密性试验的时间间隔。

第四章　危险化学品管道的运行

第十五条　危险化学品管道应当设置明显标志。发现标志毁损的，管道单位应当及时予以修复或者更新。

第十六条　管道单位应当建立、健全危险化学品管道巡护制度，配备专人进行日常巡护。巡护人员发现危害危险化学品管道安全生产情形的，应当立即报告单位负责人并及时处理。

第十七条　管道单位对危险化学品管道存在的事故隐患应当及时排除；对自身排除确有困难的外部事故隐患，应当向当地安全生产监督管理部门报告。

第十八条　管道单位应当按照有关国家标准、行业标准和技术规范对危险化学品管道进行定期检测、维护，确保其处于完好状态；对安全风险较大的区段和场所，应当进行重点监测、监控；对不符合安全标准的危险化学品管道，应当及时更新、改造或者停止使用，并向当地安全生产监督管理部门报告。对涉及更新、改造的危险化学品管道，还应当按照本办法第九条的规定办理安全条件审查手续。

第十九条 管道单位发现下列危害危险化学品管道安全运行行为的，应当及时予以制止，无法处置时应当向当地安全生产监督管理部门报告：

（一）擅自开启、关闭危险化学品管道阀门；

（二）采用移动、切割、打孔、砸撬、拆卸等手段损坏管道及其附属设施；

（三）移动、毁损、涂改管道标志；

（四）在埋地管道上方和巡查便道上行驶重型车辆；

（五）对埋地、地面管道进行占压，在架空管道线路和管桥上行走或者放置重物；

（六）利用地面管道、架空管道、管架桥等固定其他设施缆绳悬挂广告牌、搭建构筑物；

（七）其他危害危险化学品管道安全运行的行为。

第二十条 禁止在危险化学品管道附属设施的上方架设电力线路、通信线路。

第二十一条 在危险化学品管道及其附属设施外缘两侧各5米地域范围内，管道单位发现下列危害管道安全运行的行为的，应当及时予以制止，无法处置时应当向当地安全生产监督管理部门报告：

（一）种植乔木、灌木、藤类、芦苇、竹子或者其他根系深达管道埋设部位可能损坏管道防腐层的深根植物；

（二）取土、采石、用火、堆放重物、排放腐蚀性物质、使用机械工具进行挖掘施工、工程钻探；

（三）挖塘、修渠、修晒场、修建水产养殖场、建温室、建家畜棚圈、建房以及修建其他建（构）筑物。

第二十二条 在危险化学品管道中心线两侧及危险化学品管道附属设施外缘两侧 5 米外的周边范围内，管道单位发现下列建（构）筑物与管道线路、管道附属设施的距离不符合国家标准、行业标准要求的，应当及时向当地安全生产监督管理部门报告：

（一）居民小区、学校、医院、餐饮娱乐场所、车站、商场等人口密集的建筑物；

（二）加油站、加气站、储油罐、储气罐等易燃易爆物品的生产、经营、存储场所；

（三）变电站、配电站、供水站等公用设施。

第二十三条 在穿越河流的危险化学品管道线路中心线两侧 500 米地域范围内，管道单位发现有实施抛锚、拖锚、挖沙、采石、水下爆破等作业的，应当及时予以制止，无法处置时应当向当地安全生产监督管理部门报告。但在保障危险化学品管道安全的条件下，为防洪和航道通畅而实施的养护疏浚作业除外。

第二十四条 在危险化学品管道专用隧道中心线两侧 1000 米地域范围内，管道单位发现有实施采石、采矿、爆破等作业的，应当及时予以制止，无法处置时应当向当地安全生产监督管理部门报告。

在前款规定的地域范围内，因修建铁路、公路、水利等公共工程确需实施采石、爆破等作业的，应当按照本规定第二十五条的规定执行。

第二十五条 实施下列可能危及危险化学品管道安全运行的

施工作业的，施工单位应当在开工的 7 日前书面通知管道单位，将施工作业方案报管道单位，并与管道单位共同制定应急预案，采取相应的安全防护措施，管道单位应当指派专人到现场进行管道安全保护指导：

（一）穿（跨）越管道的施工作业；

（二）在管道线路中心线两侧 5 米至 50 米和管道附属设施周边 100 米地域范围内，新建、改建、扩建铁路、公路、河渠，架设电力线路，埋设地下电缆、光缆，设置安全接地体、避雷接地体；

（三）在管道线路中心线两侧 200 米和管道附属设施周边 500 米地域范围内，实施爆破、地震法勘探或者工程挖掘、工程钻探、采矿等作业。

第二十六条 施工单位实施本规定第二十四条第二款、第二十五条规定的作业，应当符合下列条件：

（一）已经制定符合危险化学品管道安全运行要求的施工作业方案；

（二）已经制定应急预案；

（三）施工作业人员已经接受相应的危险化学品管道保护知识教育和培训；

（四）具有保障安全施工作业的设备、设施。

第二十七条 危险化学品管道的专用设施、永工防护设施、专用隧道等附属设施不得用于其他用途；确需用于其他用途的，应当征得管道单位的同意，并采取相应的安全防护措施。

第二十八条 管道单位应当按照有关规定制定本单位危险化学品管道事故应急预案，配备相应的应急救援人员和设备物资，定期组织应急演练。

发生危险化学品管道生产安全事故，管道单位应当立即启动应急预案及响应程序，采取有效措施进行紧急处置，消除或者减轻事故危害，并按照国家规定立即向事故发生地县级以上安全生产监督管理部门报告。

第二十九条 对转产、停产、停止使用的危险化学品管道，管道单位应当采取有效措施及时妥善处置，并将处置方案报县级以上安全生产监督管理部门。

第五章 监督管理

第三十条 省级、设区的市级安全生产监督管理部门应当按照国家安全生产监督管理总局有关危险化学品建设项目安全监督管理的规定，对新建、改建、扩建管道建设项目办理安全条件审查、安全设施设计审查、试生产（使用）方案备案和安全设施竣工验收手续。

第三十一条 安全生产监督管理部门接到管道单位依照本规定第十七条、第十九条、第二十一条、第二十二条、第二十三条、第二十四条提交的有关报告后，应当及时依法予以协调、移送有关主管部门处理或者报请本级人民政府组织处理。

第三十二条 县级以上安全生产监督管理部门接到危险化学品管道生产安全事故报告后，应当按照有关规定及时上报事故情况，并根据实际情况采取事故处置措施。

第六章 法律责任

第三十三条 新建、改建、扩建危险化学品管道建设项目未经安全条件审查的，由安全生产监督管理部门责令停止建设，限期改正；逾期不改正的，处50万元以上100万元以下的罚款；构成犯罪的，依法追究刑事责任。

危险化学品管道建设单位将管道建设项目发包给不具备相应资质等级的勘察、设计、施工单位或者委托给不具有相应资质等级的工程监理单位的，由安全生产监督管理部门移送建设行政主管部门依照《建设工程质量管理条例》第五十四条规定予以处罚。

第三十四条 管道单位未对危险化学品管道设置明显的安全警示标志的，由安全生产监督管理部门责令限期改正，可以处5万元以下的罚款；逾期未改正的，处5万元以上20万元以下的罚款，对其直接负责的主管人员和其他直接责任人员处1万元以上2万元以下的罚款；情节严重的，责令停产停业整顿；构成犯罪的，依照刑法有关规定追究刑事责任。

第三十五条 有下列情形之一的，由安全生产监督管理部门责令改正，可以处5万元以下的罚款；拒不改正的，处5万元以上10万元以下的罚款；情节严重的，责令停产停业整顿。

（一）管道单位未按照本规定对管道进行检测、维护的；

（二）进行可能危及危险化学品管道安全的施工作业，施工单位未按照规定书面通知管道单位，或者未与管道单位共同制定应急预案并采取相应的防护措施，或者管道单位未指派专人到现场进行管道安全保护指导的。

第三十六条 对转产、停产、停止使用的危险化学品管道，管道单位未采取有效措施及时、妥善处置的，由安全生产监督管理部门责令改正，处5万元以上10万元以下的罚款；构成犯罪的，依法追究刑事责任。

对转产、停产、停止使用的危险化学品管道，管道单位未按照本规定将处置方案报县级以上安全生产监督管理部门的，由安全生产监督管理部门责令改正，可以处1万元以下的罚款；拒不改正的，处1万元以上5万元以下的罚款。

第三十七条 违反本规定，采用移动、切割、打孔、砸撬、拆卸等手段实施危害危险化学品管道安全行为，尚不构成犯罪的，由有关主管部门依法给予治安管理处罚。

第七章 附 则

第三十八条 本规定所称公共区域是指厂区（包括化工园区、工业园区）以外的区域。

第三十九条 本规定所称危险化学品管道附属设施包括：

（一）管道的加压站、计量站、阀室、阀井、放空设施、储罐、装卸栈桥、装卸场、分输站、减压站等站场；

（二）管道的水工保护设施、防风设施、防雷设施、抗震设施、通信设施、安全监控设施、电力设施、管堤、管桥以及管道专用涵洞、隧道等穿跨越设施；

（三）管道的阴极保护站、阴极保护测试桩、阳极地床、杂散电流排流站等防腐设施；

（四）管道的其他附属设施。

第四十条 本规定施行前在管道保护距离内已经建成的人口密集场所和易燃易爆物品的生产、经营、存储场所，应当由所在地人民政府根据当地的实际情况，有计划、分步骤地搬迁、清理或者采取必要的防护措施。

第四十一条 本规定自2012年3月1日起施行。

煤矿企业安全生产许可证实施办法

国家安全生产监督管理总局令

第 86 号

修订后的《煤矿企业安全生产许可证实施办法》已经 2015 年 12 月 22 日国家安全生产监督管理总局局长办公会议审议通过,现予公布,自 2016 年 4 月 1 日起施行。原国家安全生产监督管理局(国家煤矿安全监察局)2004 年 5 月 17 日公布、国家安全生产监督管理总局 2015 年 6 月 8 日修改的《煤矿企业安全生产许可证实施办法》同时废止。

国家安全生产监督管理总局局长
2016 年 2 月 16 日

(2016 年 2 月 16 日国家安全生产监督管理总局令第 86 号公布;2017 年 3 月 6 日国家安全生产监督管理总局令第 89 号修正)

第一章 总　则

第一条 为了规范煤矿企业安全生产条件，加强煤矿企业安全生产许可证的颁发管理工作，根据《安全生产许可证条例》和有关法律、行政法规，制定本实施办法。

第二条 煤矿企业必须依照本实施办法的规定取得安全生产许可证。未取得安全生产许可证的，不得从事生产活动。

煤层气地面开采企业安全生产许可证的管理办法，另行制定。

第三条 煤矿企业除本企业申请办理安全生产许可证外，其所属矿（井、露天坑）也应当申请办理安全生产许可证，一矿（井、露天坑）一证。

煤矿企业实行多级管理的，其上级煤矿企业也应当申请办理安全生产许可证。

第四条 安全生产许可证的颁发管理工作实行企业申请、两级发证、属地监管的原则。

第五条 国家煤矿安全监察局指导、监督全国煤矿企业安全生产许可证的颁发管理工作，负责符合本办法第三条规定的中央管理的煤矿企业总部（总公司、集团公司）安全生产许可证的颁发和管理。

省级煤矿安全监察局负责前款规定以外的其他煤矿企业安全生产许可证的颁发和管理；未设立煤矿安全监察机构的省、自治区，由省、自治区人民政府指定的部门（以下与省级煤矿安全监察局统称省级安全生产许可证颁发管理机关）负责本行政区域内煤矿企业安全生产许可证的颁发和管理。

国家煤矿安全监察局和省级安全生产许可证颁发管理机关统称安全生产许可证颁发管理机关。

第二章 安全生产条件

第六条 煤矿企业取得安全生产许可证，应当具备下列安全生产条件：

（一）建立、健全主要负责人、分管负责人、安全生产管理人员、职能部门、岗位安全生产责任制；制定安全目标管理、安全奖惩、安全技术审批、事故隐患排查治理、安全检查、安全办公会议、地质灾害普查、井下劳动组织定员、矿领导带班下井、井工煤矿入井检身与出入井人员清点等安全生产规章制度和各工种操作规程；

（二）安全投入满足安全生产要求，并按照有关规定足额提取和使用安全生产费用；

（三）设置安全生产管理机构，配备专职安全生产管理人员；煤与瓦斯突出矿井、水文地质类型复杂矿井还应设置专门的防治煤与瓦斯突出管理机构和防治水管理机构；

（四）主要负责人和安全生产管理人员的安全生产知识和管理能力经考核合格；

（五）参加工伤保险，为从业人员缴纳工伤保险费；

（六）制定重大危险源检测、评估和监控措施；

（七）制定应急救援预案，并按照规定设立矿山救护队，配备救护装备；不具备单独设立矿山救护队条件的煤矿企业，所属煤矿应当设立兼职救护队，并与邻近的救护队签订救护协议；

（八）制定特种作业人员培训计划、从业人员培训计划、职业危害防治计划；

（九）法律、行政法规规定的其他条件。

第七条 煤矿除符合本实施办法第六条规定的条件外，还必须符合下列条件：

（一）特种作业人员经有关业务主管部门考核合格，取得特种作业操作资格证书；

（二）从业人员进行安全生产教育培训，并经考试合格；

（三）制定职业危害防治措施、综合防尘措施，建立粉尘检测制度，为从业人员配备符合国家标准或者行业标准的劳动防护用品；

（四）依法进行安全评价；

（五）制定矿井灾害预防和处理计划；

（六）依法取得采矿许可证，并在有效期内。

第八条 井工煤矿除符合本实施办法第六条、第七条规定的条件外，其安全设施、设备、工艺还必须符合下列条件：

（一）矿井至少有2个能行人的通达地面的安全出口，各个出口之间的距离不得小于30米；井下每一个水平到上一个水平和各个采（盘）区至少有两个便于行人的安全出口，并与通达地面的安全出口相连接；采煤工作面有两个畅通的安全出口，一个通到进风巷道，另一个通到回风巷道。在用巷道净断面满足行人、运输、通风和安全设施及设备安装、检修、施工的需要；

（二）按规定进行瓦斯等级、煤层自燃倾向性和煤尘爆炸危险性鉴定；

（三）矿井有完善的独立通风系统。矿井、采区和采掘工作面的供风能力满足安全生产要求，矿井使用安装在地面的矿用主要通风机进行通风，并有同等能力的备用主要通风机，主要通风机按规定进行性能检测；生产水平和采区实行分区通风；高瓦斯和煤与瓦斯突出矿井、开采容易自燃煤层的矿井、煤层群联合布置矿井的每个采区设置专用回风巷，掘进工作面使用专用局部通风机进行通风，矿井有反风设施；

（四）矿井有安全监控系统，传感器的设置、报警和断电符合规定，有瓦斯检查制度和矿长、技术负责人瓦斯日报审查签字制度，配备足够的专职瓦斯检查员和瓦斯检测仪器；按规定建立瓦斯抽采系统，开采煤与瓦斯突出危险煤层的有预测预报、防治措施、效果检验和安全防护的综合防突措施；

（五）有防尘供水系统，有地面和井下排水系统；有水害威胁的矿井还应有专用探放水设备；

（六）制定井上、井下防火措施；有地面消防水池和井下消防管路系统，井上、井下有消防材料库；开采容易自燃和自燃煤层的矿井还应有防灭火专项设计和综合预防煤层自然发火的措施；

（七）矿井有两回路电源线路；严禁井下配电变压器中性点直接接地；井下电气设备的选型符合防爆要求，有短路、过负荷、接地、漏电等保护，掘进工作面的局部通风机按规定采用专用变压器、专用电缆、专用开关，实现风电、瓦斯电闭锁；

（八）运送人员的装置应当符合有关规定。使用检测合格的钢丝绳；带式输送机采用非金属聚合物制造的输送带的阻燃性能和抗静电性能符合规定，设置安全保护装置；

（九）有通信联络系统，按规定建立人员位置监测系统；

（十）按矿井瓦斯等级选用相应的煤矿许用炸药和电雷管，爆破工作由专职爆破工担任；

（十一）不得使用国家有关危及生产安全淘汰目录规定的设备及生产工艺；使用的矿用产品应有安全标志；

（十二）配备足够数量的自救器，自救器的选用型号应与矿井灾害类型相适应，按规定建立安全避险系统；

（十三）有反映实际情况的图纸：矿井地质图和水文地质图，井上下对照图，巷道布置图，采掘工程平面图，通风系统图，井下运输系统图，安全监控系统布置图和断电控制图，人员位置监测系统图，压风、排水、防尘、防火注浆、抽采瓦斯等管路系统图，井下通信系统图，井上、下配电系统图和井下电气设备布置图，井下避灾路线图。采掘工作面有符合实际情况的作业规程。

第九条 露天煤矿除符合本实施办法第六条、第七条规定的条件外，其安全设施、设备、工艺还必须符合下列条件：

（一）按规定设置栅栏、安全挡墙、警示标志；

（二）露天采场最终边坡的台阶坡面角和边坡角符合最终边坡设计要求；

（三）配电线路、电动机、变压器的保护符合安全要求；

（四）爆炸物品的领用、保管和使用符合规定；

（五）有边坡工程、地质勘探工程、岩土物理力学试验和稳定性分析，有边坡监测措施；

（六）有防排水设施和措施；

（七）地面和采场内的防灭火措施符合规定；开采有自然发火倾向的煤层或者开采范围内存在火区时，制定专门防灭火措施；

（八）有反映实际情况的图纸：地形地质图，工程地质平面图、断面图、综合水文地质图，采剥、排土工程平面图和运输系统图，供配电系统图，通信系统图，防排水系统图，边坡监测系统平面图，井工采空区与露天矿平面对照图。

第三章 安全生产许可证的申请和颁发

第十条 煤矿企业依据本实施办法第五条的规定向安全生产许可证颁发管理机关申请领取安全生产许可证。

第十一条 申请领取安全生产许可证应当提供下列文件、资料：

（一）煤矿企业提供的文件、资料：

1. 安全生产许可证申请书；

2. 主要负责人安全生产责任制（复制件），各分管负责人、安全生产管理人员以及职能部门负责人安全生产责任制目录清单；

3. 安全生产规章制度目录清单；

4. 设置安全生产管理机构、配备专职安全生产管理人员的文件（复制件）；

5. 主要负责人、安全生产管理人员安全生产知识和管理能力考核合格的证明材料；

6. 特种作业人员培训计划，从业人员安全生产教育培训计划；

7. 为从业人员缴纳工伤保险费的有关证明材料；

8. 重大危险源检测、评估和监控措施；

9. 事故应急救援预案，设立矿山救护队的文件或者与专业救护队签订的救护协议。

（二）煤矿提供的文件、资料和图纸：

1. 安全生产许可证申请书；

2. 采矿许可证（复制件）；

3. 主要负责人安全生产责任制（复制件），各分管负责人、安全生产管理人员以及职能部门负责人安全生产责任制目录清单；

4. 安全生产规章制度和操作规程目录清单；

5. 设置安全生产管理机构和配备专职安全生产管理人员的文件（复制件）；

6. 矿长、安全生产管理人员安全生产知识和管理能力考核合格的证明材料；

7. 特种作业人员操作资格证书的证明材料；

8. 从业人员安全生产教育培训计划和考试合格的证明材料；

9. 为从业人员缴纳工伤保险费的有关证明材料；

10. 具备资质的中介机构出具的安全评价报告；

11. 矿井瓦斯等级鉴定文件；高瓦斯、煤与瓦斯突出矿井瓦斯参数测定报告，煤层自燃倾向性和煤尘爆炸危险性鉴定报告；

12. 矿井灾害预防和处理计划；

13. 井工煤矿采掘工程平面图，通风系统图；

14. 露天煤矿采剥工程平面图，边坡监测系统平面图；

15. 事故应急救援预案，设立矿山救护队的文件或者与专业矿山救护队签订的救护协议；

16. 井工煤矿主要通风机、主提升机、空压机、主排水泵的检测检验合格报告。

第十二条 安全生产许可证颁发管理机关对申请人提交的申请书及文件、资料，应当按照下列规定处理：

（一）申请事项不属于本机关职权范围的，即时作出不予受理的决定，并告知申请人向有关行政机关申请；

（二）申请材料存在可以当场更正的错误的，允许或者要求申请人当场更正，并即时出具受理的书面凭证，通过互联网申请的，符合要求后即时提供电子受理回执；

（三）申请材料不齐全或者不符合要求的，应当当场或者在5个工作日内一次告知申请人需要补正的全部内容，逾期不告知的，自收到申请材料之日起即为受理；

（四）申请材料齐全、符合要求或者按照要求全部补正的，自收到申请材料或者全部补正材料之日起为受理。

第十三条 煤矿企业应当对其向安全生产许可证颁发管理机关提交的文件、资料和图纸的真实性负责。

从事安全评价、检测检验的机构应当对其出具的安全评价报告、检测检验结果负责。

第十四条 对已经受理的申请，安全生产许可证颁发管理机关应当指派有关人员对申请材料进行审查；对申请材料实质内容存在疑问，认为需要到现场核查的，应当到现场进行核查。

第十五条 负责审查的有关人员提出审查意见。

安全生产许可证颁发管理机关应当对有关人员提出的审查意见进行讨论，并在受理申请之日起45个工作日内作出颁发或者不予颁发安全生产许可证的决定。

对决定颁发的，安全生产许可证颁发管理机关应当自决定之日起10个工作日内送达或者通知申请人领取安全生产许可证；对不予颁发的，应当在10个工作日内书面通知申请人并说明理由。

第十六条 经审查符合本实施办法规定的，安全生产许可证颁发管理机关应当分别向煤矿企业及其所属煤矿颁发安全生产许可证。

第十七条 安全生产许可证的有效期为3年。安全生产许可证有效期满需要延期的，煤矿企业应当于期满前3个月按照本实施办法第十条的规定，向原安全生产许可证颁发管理机关提出延期申请，并提交本实施办法第十一条规定的文件、资料和安全生产许可证正本、副本。

第十八条 对已经受理的延期申请，安全生产许可证颁发管理机关应当按照本实施办法的规定办理安全生产许可证延期手续。

第十九条 煤矿企业在安全生产许可证有效期内符合下列条件，在安全生产许可证有效期届满时，经原安全生产许可证颁发管理机关同意，不再审查，直接办理延期手续：

（一）严格遵守有关安全生产的法律法规和本实施办法；

（二）接受安全生产许可证颁发管理机关及煤矿安全监察机构的监督检查；

（三）未因存在严重违法行为纳入安全生产不良记录"黑名单"管理；

（四）未发生生产安全死亡事故；

（五）煤矿安全质量标准化等级达到二级及以上。

第二十条 煤矿企业在安全生产许可证有效期内有下列情形之一的，应当向原安全生产许可证颁发管理机关申请变更安全生产许可证：

（一）变更主要负责人的；

（二）变更隶属关系的；

（三）变更经济类型的；

（四）变更煤矿企业名称的；

（五）煤矿改建、扩建工程经验收合格的。

变更本条第一款第一、二、三、四项的，自工商营业执照变更之日起10个工作日内提出申请；变更本条第一款第五项的，应当在改建、扩建工程验收合格后10个工作日内提出申请。

申请变更本条第一款第一项的，应提供变更后的工商营业执照副本和主要负责人任命文件（或者聘书）；申请变更本条第一款第二、三、四项的，应提供变更后的工商营业执照副本；申请变更本条第一款第五项的，应提供改建、扩建工程安全设施及条件竣工验收合格的证明材料。

第二十一条 对于本实施办法第二十条第一款第一、二、三、四项的变更申请，安全生产许可证颁发管理机关在对申请人提交的相关文件、资料审核后，即可办理安全生产许可证变更。

对于本实施办法第二十条第一款第五项的变更申请，安全生产许可证颁发管理机关应当按照本实施办法第十四条、第十五条的规定办理安全生产许可证变更。

第二十二条 经安全生产许可证颁发管理机关审查同意延期、变更安全生产许可证的，安全生产许可证颁发管理机关应当收回原安全生产许可证正本，换发新的安全生产许可证正本；在安全生产许可证副本上注明延期、变更内容，并加盖公章。

　　第二十三条　煤矿企业停办、关闭的，应当自停办、关闭决定之日起10个工作日内向原安全生产许可证颁发管理机关申请注销安全生产许可证，并提供煤矿开采现状报告、实测图纸和遗留事故隐患的报告及防治措施。

　　第二十四条　安全生产许可证分为正本和副本，具有同等法律效力，正本为悬挂式，副本为折页式。

　　安全生产许可证颁发管理机关应当在安全生产许可证正本、副本上载明煤矿企业名称、主要负责人、注册地址、隶属关系、经济类型、有效期、发证机关、发证日期等内容。

　　安全生产许可证正本、副本的式样由国家煤矿安全监察局制定。

　　安全生产许可证相关的行政许可文书由国家煤矿安全监察局规定统一的格式。

第四章　安全生产许可证的监督管理

　　第二十五条　煤矿企业取得安全生产许可证后，应当加强日常安全生产管理，不得降低安全生产条件。

　　第二十六条　煤矿企业不得转让、冒用、买卖、出租、出借或者使用伪造的安全生产许可证。

　　第二十七条　安全生产许可证颁发管理机关应当坚持公开、公平、公正的原则，严格依照本实施办法的规定审查、颁发安全生产许可证。

　　安全生产许可证颁发管理机关工作人员在安全生产许可证颁发、管理和监督检查工作中，不得索取或者接受煤矿企业的财物，不得谋取其他利益。

第二十八条　安全生产许可证颁发管理机关发现有下列情形之一的，应当撤销已经颁发的安全生产许可证：

（一）超越职权颁发安全生产许可证的；

（二）违反本实施办法规定的程序颁发安全生产许可证的；

（三）不具备本实施办法规定的安全生产条件颁发安全生产许可证的；

（四）以欺骗、贿赂等不正当手段取得安全生产许可证的。

第二十九条　取得安全生产许可证的煤矿企业有下列情形之一的，安全生产许可证颁发管理机关应当注销其安全生产许可证：

（一）终止煤炭生产活动的；

（二）安全生产许可证被依法撤销的；

（三）安全生产许可证被依法吊销的；

（四）安全生产许可证有效期满未申请办理延期手续的。

第三十条　煤矿企业隐瞒有关情况或者提供虚假材料申请安全生产许可证的，安全生产许可证颁发管理机关不予受理，且在一年内不得再次申请安全生产许可证。

第三十一条　安全生产许可证颁发管理机关应当每年向社会公布一次煤矿企业取得安全生产许可证的情况。

第三十二条　安全生产许可证颁发管理机关应当将煤矿企业安全生产许可证颁发管理情况通报煤矿企业所在地市级以上人民政府及其指定的负责煤矿安全监管工作的部门。

第三十三条　安全生产许可证颁发管理机关应当建立、健全安全生产许可证档案管理制度。

第三十四条　省级安全生产许可证颁发管理机关应当于每年1月15日前将所负责行政区域内上年度煤矿企业安全生产许可证颁发和管理情况报国家煤矿安全监察局，同时通报本级安全生产监督管理部门。

第三十五条 任何单位或者个人对违反《安全生产许可证条例》和本实施办法规定的行为,有权向安全生产许可证颁发管理机关或者监察机关等有关部门举报。

第五章 罚 则

第三十六条 安全生产许可证颁发管理机关工作人员有下列行为之一的,给予降级或者撤职的处分;构成犯罪的,依法追究刑事责任:

(一)向不符合本实施办法规定的安全生产条件的煤矿企业颁发安全生产许可证的;

(二)发现煤矿企业未依法取得安全生产许可证擅自从事生产活动不依法处理的;

(三)发现取得安全生产许可证的煤矿企业不再具备本实施办法规定的安全生产条件不依法处理的;

(四)接到对违反本实施办法规定行为的举报后,不依法处理的;

(五)在安全生产许可证颁发、管理和监督检查工作中,索取或者接受煤矿企业的财物,或者谋取其他利益的。

第三十七条 承担安全评价、检测、检验工作的机构,出具虚假安全评价、检测、检验报告或者证明的,没收违法所得;违法所得在10万元以上的,并处违法所得2倍以上5倍以下的罚款,没有违法所得或者违法所得不足10万元的,单处或者并处10万元以上20万元以下的罚款,对其直接负责的主管人员和其他直接责任人员处2万元以上5万元以下的罚款;给他人造成损害的,与煤矿企业承担连带赔偿责任;构成犯罪的,依照刑法有关规定追究刑事责任。

对有前款违法行为的机构，依法吊销其相应资质。

第三十八条 安全生产许可证颁发管理机关应当加强对取得安全生产许可证的煤矿企业的监督检查，发现其不再具备本实施办法规定的安全生产条件的，应当责令限期整改，依法暂扣安全生产许可证；经整改仍不具备本实施办法规定的安全生产条件的，依法吊销安全生产许可证。

第三十九条 取得安全生产许可证的煤矿企业，倒卖、出租、出借或者以其他形式非法转让安全生产许可证的，没收违法所得，处10万元以上50万元以下的罚款，吊销其安全生产许可证；构成犯罪的，依法追究刑事责任。

第四十条 发现煤矿企业有下列行为之一的，责令停止生产，没收违法所得，并处10万元以上50万元以下的罚款；构成犯罪的，依法追究刑事责任：

（一）未取得安全生产许可证，擅自进行生产的；

（二）接受转让的安全生产许可证的；

（三）冒用安全生产许可证的；

（四）使用伪造安全生产许可证的。

第四十一条 在安全生产许可证有效期满未申请办理延期手续，继续进行生产的，责令停止生产，限期补办延期手续，没收违法所得，并处5万元以上10万元以下的罚款；逾期仍不申请办理延期手续，依照本实施办法第二十九条、第四十条的规定处理。

第四十二条 在安全生产许可证有效期内，主要负责人、隶属关系、经济类型、煤矿企业名称发生变化，未按本实施办法申请办理变更手续的，责令限期补办变更手续，并处1万元以上3万元以下罚款。

改建、扩建工程已经验收合格，未按本实施办法规定申请办理变更手续擅自投入生产的,责令停止生产,限期补办变更手续,并处1万元以上3万元以下罚款;逾期仍不办理变更手续,继续进行生产的,依照本实施办法第四十条的规定处罚。

第六章 附 则

第四十三条 本实施办法规定的行政处罚,由安全生产许可证颁发管理机关决定。除吊销安全生产许可证外,安全生产许可证颁发管理机关可以委托有关省级煤矿安全监察局、煤矿安全监察分局实施行政处罚。

第四十四条 本实施办法自2016年4月1日起施行。原国家安全生产监督管理局(国家煤矿安全监察局)2004年5月17日公布、国家安全生产监督管理总局2015年6月8日修改的《煤矿企业安全生产许可证实施办法》同时废止。

附 录

劳动密集型加工企业安全生产八条规定

国家安全生产监督管理总局令

第 72 号

《劳动密集型加工企业安全生产八条规定》已经 2015 年 1 月 30 日国家安全生产监督管理总局局长办公会议审议通过，现予公布，自公布之日起施行。

国家安全生产监督管理总局局长
2015 年 2 月 15 日

一、必须证照齐全，确保厂房符合安全标准和设计规范，严禁违法使用易燃、有毒有害材料。

二、必须确保生产工艺布局按规范设计，严禁安全通道、安全间距违反标准和设计要求。

三、必须按标准选用、安装电气设备设施，规范敷设电气线路，严禁私搭乱接、超负荷运行。

四、必须辨识危险有害因素，规范液氨、燃气、有机溶剂等危险物品使用和管理，严禁泄漏及冒险作业。

五、必须严格执行动火、临时用电、检维修等危险作业审批监控制度，严禁违章指挥、违规作业。

六、必须严格落实从业人员安全教育培训，严禁从业人员未经培训合格上岗和需持证人员无证上岗。

七、必须按规定设置安全警示标识和检测报警等装置，严禁作业场所粉尘、有毒物质等浓度超标。

八、必须配备必要的应急救援设备设施，严禁堵塞、锁闭和占用疏散通道及事故发生后延误报警。

冶金企业和有色金属企业安全生产规定

国家安全生产监督管理总局令

第 91 号

《冶金企业和有色金属企业安全生产规定》已经 2017 年 12 月 11 日国家安全生产监督管理总局第 16 次局长办公会议审议通过，现予公布，自 2018 年 3 月 1 日起施行。

国家安全生产监督管理总局局长
2018 年 1 月 4 日

第一章 总 则

第一条 为了加强冶金企业和有色金属企业安全生产工作，预防和减少生产安全事故与职业病，保障从业人员安全健康，根据《中华人民共和国安全生产法》《中华人民共和国职业病防治法》，制定本规定。

第二条 冶金企业和有色金属企业（以下统称企业）的安全生产（含职业健康，下同）和监督管理，适用本规定。

机械铸造企业中金属冶炼活动的安全生产和监督管理参照本规定执行。

第三条 本规定所称冶金企业，是指从事黑色金属冶炼及压延加工业等生产活动的企业。

本规定所称有色金属企业，是指从事有色金属冶炼及压延加工业等生产活动的企业。

本规定所称金属冶炼，是指冶金企业和有色金属企业从事达到国家规定规模（体量）的高温熔融金属及熔渣（以下统称高温熔融金属）的生产活动。

黑色金属冶炼及压延加工业、有色金属冶炼及压延加工业的具体目录，由国家安全生产监督管理总局参照《国民经济行业分类》（GB/T4754）制定并公布。

第四条 企业是安全生产的责任主体。企业所属不具备法人资格的分支机构的安全生产工作，由企业承担管理责任。

第五条 国家安全生产监督管理总局指导、监督全国冶金企业和有色金属企业安全生产工作。

县级以上地方人民政府安全生产监督管理部门和有关部门（以下统称负有冶金有色安全生产监管职责的部门）根据本级人民政府规定的职责，按照属地监管、分级负责的原则，对本行政区域内的冶金企业和有色金属企业的安全生产工作实施监督管理。

第二章　企业的安全生产保障

第六条 企业应当遵守有关安全生产法律、行政法规、规章和国家标准或者行业标准的规定。

企业应当建立安全风险管控和事故隐患排查治理双重预防机制，落实从主要负责人到每一名从业人员的安全风险管控和事故隐患排查治理责任制。

第七条 企业应当按照规定开展安全生产标准化建设工作，推进安全健康管理系统化、岗位操作行为规范化、设备设施本质安全化和作业环境器具定置化，并持续改进。

第八条 企业应当建立健全全员安全生产责任制，主要负责人（包括法定代表人和实际控制人，下同）是本企业安全生产的第一责任人，对本企业的安全生产工作全面负责；其他负责人对分管范围内的安全生产工作负责；各职能部门负责人对职责范围内的安全生产工作负责。

第九条 企业主要负责人应当每年向股东会或者职工代表大会报告本企业安全生产状况，接受股东和从业人员对安全生产工作的监督。

第十条 企业存在金属冶炼工艺，从业人员在一百人以上的，应当设置安全生产管理机构或者配备不低于从业人员千分之三的专职安全生产管理人员，但最低不少于三人；从业人员在一百人以下的，应当设置安全生产管理机构或者配备专职安全生产管理人员。

第十一条 企业主要负责人、安全生产管理人员应当接受安全生产教育和培训，具备与本企业生产经营活动相适应的安全生产知识和管理能力。其中，存在金属冶炼工艺的企业的主要负责人、安全生产管理人员自任职之日起六个月内，必须接受负有冶金有色安全生产监管职责的部门对其进行安全生产知识和管理能力考核，并考核合格。

企业应当按照国家有关规定对从业人员进行安全生产教育和培训，保证从业人员具备必要的安全生产知识，了解有关安全生产法律法规，熟悉本企业规章制度和安全技术操作规程，掌握本岗位安全操作技能，并建立培训档案，记录培训、考核等情况。未经安全生产教育培训合格的从业人员，不得上岗作业。

企业应当对新上岗从业人员进行厂（公司）、车间（职能部门）、班组三级安全生产教育和培训；对调整工作岗位、离岗半年以上重新上岗的从业人员，应当经车间（职能部门）、班组安全生产教育和培训合格后，方可上岗作业。

新工艺、新技术、新材料、新设备投入使用前，企业应当对有关操作岗位人员进行专门的安全生产教育和培训。

第十二条 企业从事煤气生产、储存、输送、使用、维护检修作业的特种作业人员必须依法经专门的安全技术培训，并经考核合格，取得《中华人民共和国特种作业操作证》后，方可上岗作业。

第十三条 企业新建、改建、扩建工程项目（以下统称建设项目）的安全设施和职业病防护设施应当严格执行国家有关安全生产、职业病防治法律、行政法规和国家标准或者行业标准的规定，并与主体工程同时设计、同时施工、同时投入生产和使用。安全设施和职业病防护设施的投资应当纳入建设项目概算。

第十四条 金属冶炼建设项目在可行性研究阶段，建设单位应当依法进行安全评价。

建设项目在初步设计阶段，建设单位应当委托具备国家规定资质的设计单位对其安全设施进行设计，并编制安全设施设计。

建设项目竣工投入生产或者使用前，建设单位应当按照有关规定进行安全设施竣工验收。

第十五条 国家安全生产监督管理总局负责实施国务院审批（核准、备案）的金属冶炼建设项目的安全设施设计审查。

省、自治区、直辖市人民政府负有冶金有色安全生产监管职责的部门对本行政区域内金属冶炼建设项目实施指导和监督管理，确定并公布本行政区域内有关部门对金属冶炼建设项目安全设施设计审查的管辖权限。

第十六条 企业应当对本企业存在的各类危险因素进行辨识，在有较大危险因素的场所和设施、设备上，按照有关国家标准、行业标准的要求设置安全警示标志，并定期进行检查维护。

对于辨识出的重大危险源，企业应当登记建档、监测监控、定期检测、评估，制定应急预案并定期开展应急演练。

企业应当将重大危险源及有关安全措施、应急预案报有关地方人民政府负有冶金有色安全生产监管职责的部门备案。

第十七条 企业应当建立应急救援组织。生产规模较小的,可以不建立应急救援组织,但应当指定兼职的应急救援人员,并且可以与邻近的应急救援队伍签订应急救援协议。

企业应当配备必要的应急救援器材、设备和物资,并进行经常性维护、保养,保证正常运转。

第十八条 企业应当采取有效措施预防、控制和消除职业病危害,保证工作场所的职业卫生条件符合法律、行政法规和国家标准或者行业标准的规定。

企业应当定期对工作场所存在的职业病危害因素进行检测、评价,检测结果应当在本企业醒目位置进行公布。

第十九条 企业应当按照有关规定加强职业健康监护工作,对接触职业病危害的从业人员,应当在上岗前、在岗期间和离岗时组织职业健康检查,将检查结果书面告知从业人员,并为其建立职业健康监护档案。

第二十条 企业应当加强对施工、检修等重点工程和生产经营项目、场所的承包单位的安全管理,不得将有关工程、项目、场所发包给不具备安全生产条件或者相应资质的单位。企业和承包单位的承包协议应当明确约定双方的安全生产责任和义务。

企业应当对承包单位的安全生产进行统一协调、管理,对从事检修工程的承包单位检修方案中的安全措施和应急处置措施进行审核,监督承包单位落实。

企业应当对承包检修作业现场进行安全交底,并安排专人负责安全检查和协调。

第二十一条 企业应当从合法的劳务公司录用劳务人员,并与劳务公司签订合同,对劳务人员进行统一的安全生产教育和培训。

第二十二条 企业的正常生产活动与其他单位的建设施工或者检修活动同时在本企业同一作业区域内进行的,企业应当指定专职安全生产管理人员负责作业现场的安全检查工作,对有关作业活动进行统一协调、管理。

第二十三条 企业应当建立健全设备设施安全管理制度,加强设备设施的检查、维护、保养和检修,确保设备设施安全运行。

对重要岗位的电气、机械等设备,企业应当实行操作牌制度。

第二十四条 企业不得使用不符合国家标准或者行业标准的技术、工艺和设备;对现有工艺、设备进行更新或者改造的,不得降低其安全技术性能。

第二十五条 企业的建(构)筑物应当按照国家标准或者行业标准规定,采取防火、防爆、防雷、防震、防腐蚀、隔热等防护措施,对承受重荷载、荷载发生变化或者受高温熔融金属喷溅、酸碱腐蚀等危害的建(构)筑物,应当定期对建(构)筑物结构进行安全检查。

第二十六条 企业对起重设备进行改造并增加荷重的,应当同时对承重厂房结构进行荷载核定,并对承重结构采取必要的加固措施,确保承重结构具有足够的承重能力。

第二十七条 企业的操作室、会议室、活动室、休息室、更衣室等场所不得设置在高温熔融金属吊运的影响范围内。进行高温熔融金属吊运时,吊罐(包)与大型槽体、高压设备、高压管路、压力容器的安全距离应当符合有关国家标准或者行业标准的规定,并采取有效的防护措施。

第二十八条 企业在进行高温熔融金属冶炼、保温、运输、吊运过程中,应当采取防止泄漏、喷溅、爆炸伤人的安全措施,其影响区域不得有非生产性积水。

高温熔融金属运输专用路线应当避开煤气、氧气、氢气、天然气、水管等管道及电缆；确需通过的，运输车辆与管道、电缆之间应当保持足够的安全距离，并采取有效的隔热措施。

严禁运输高温熔融金属的车辆在管道或者电缆下方，以及有易燃易爆物质的区域停留。

第二十九条 企业对电炉、电解车间应当采取防雨措施和有效的排水设施，防止雨水进入槽下地坪，确保电炉、电解槽下没有积水。

企业对电炉、铸造熔炼炉、保温炉、倾翻炉、铸机、流液槽、熔盐电解槽等设备，应当设置熔融金属紧急排放和储存的设施，并在设备周围设置拦挡围堰，防止熔融金属外流。

第三十条 吊运高温熔融金属的起重机，应当满足《起重机械安全技术监察规程--桥式起重机》（TSGQ002）和《起重机械定期检验规则》（TSGQ7015）的要求。

企业应当定期对吊运、盛装熔融金属的吊具、罐体（本体、耳轴）进行安全检查和探伤检测。

第三十一条 生产、储存、使用煤气的企业应当建立煤气防护站（组），配备必要的煤气防护人员、煤气检测报警装置及防护设施，并且每年至少组织一次煤气事故应急演练。

第三十二条 生产、储存、使用煤气的企业应当严格执行《工业企业煤气安全规程》（GB6222），在可能发生煤气泄漏、聚集的场所，设置固定式煤气检测报警仪和安全警示标志。

进入煤气区域作业的人员，应当携带便携式一氧化碳检测报警仪，配备空气呼吸器，并由企业安排专门人员进行安全管理。

煤气柜区域应当设有隔离围栏，安装在线监控设备，并由企业安排专门人员值守。煤气柜区域严禁烟火。

第三十三条 企业对涉及煤气、氧气、氢气等易燃易爆危险化学品生产、输送、使用、储存的设施以及油库、电缆隧道（沟）

等重点防火部位，应当按照有关规定采取有效、可靠的防火、防爆和防泄漏措施。

企业对具有爆炸危险环境的场所，应当按照《爆炸性气体环境用电气设备》（GB3836）及《爆炸危险环境电力装置设计规范》（GB50058）设置自动检测报警和防灭火装置。

第三十四条 企业对反应槽、罐、池、釜和储液罐、酸洗槽应当采取防腐蚀措施，设置事故池，进行经常性安全检查、维护、保养，并定期检测，保证正常运转。

企业实施浸出、萃取作业时，应当采取防火防爆、防冒槽喷溅和防中毒等安全措施。

第三十五条 企业从事产生酸雾危害的电解作业时，应当采取防止酸雾扩散及槽体、厂房防腐措施。电解车间应当保持厂房通风良好，防止电解产生的氢气聚集。

第三十六条 企业在使用酸、碱的作业场所，应当采取防止人员灼伤的措施，并设置安全喷淋或者洗涤设施。

采用剧毒物品的电镀、钝化等作业，企业应当在电镀槽的下方设置事故池，并加强对剧毒物品的安全管理。

第三十七条 企业对生产过程中存在二氧化硫、氯气、砷化氢、氟化氢等有毒有害气体的工作场所，应当采取防止人员中毒的措施。

企业对存在铅、镉、铬、砷、汞等重金属蒸气、粉尘的作业场所，应当采取预防重金属中毒的措施。

第三十八条 企业应当建立有限空间、动火、高处作业、能源介质停送等较大危险作业和检修、维修作业审批制度，实施工作票（作业票）和操作票管理，严格履行内部审批手续，并安排专门人员进行现场安全管理，确保作业安全。

第三十九条 企业在生产装置复产前，应当组织安全检查，进行安全条件确认。

第三章 监督管理

第四十条 负有冶金有色安全生产监管职责的部门应当依法加强对企业安全生产工作的监督检查,明确每个企业的安全生产监督管理主体,发现存在事故隐患的,应当及时处理;发现重大事故隐患的,实施挂牌督办。

第四十一条 负有冶金有色安全生产监管职责的部门应当将企业安全生产标准化建设、安全生产风险管控和隐患排查治理双重预防机制的建立情况纳入安全生产年度监督检查计划,并按照计划检查督促企业开展工作。

第四十二条 负有冶金有色安全生产监管职责的部门应当加强对监督检查人员的冶金和有色金属安全生产专业知识的培训,提高其行政执法能力。

第四十三条 负有冶金有色安全生产监管职责的部门应当为进入有限空间等特定作业场所进行监督检查的人员,配备必需的个体防护用品和监测检查仪器。

第四十四条 负有冶金有色安全生产监管职责的部门应当加强对本行政区域内企业应急预案的备案管理,并将重大事故应急救援纳入地方人民政府应急救援体系。

第四章 法律责任

第四十五条 监督检查人员在对企业进行监督检查时,滥用职权、玩忽职守、徇私舞弊的,依照有关规定给予处分;构成犯罪的,依法追究刑事责任。

第四十六条 企业违反本规定第二十四条至第三十七条的规定,构成生产安全事故隐患的,责令立即消除或者限期消除事故隐患；企业拒不执行的，责令停产停业整顿，并处十万元以上五十万元以下的罚款，对其直接负责的主管人员和其他直接责任人员处二万元以上五万元以下的罚款。

第四十七条 企业违反本规定的其他违法行为，分别依照《中华人民共和国安全生产法》《中华人民共和国职业病防治法》等的规定追究法律责任。

第五章 附 则

第四十八条 本规定自 2018 年 3 月 1 日起施行。国家安全生产监督管理总局 2009 年 9 月 8 日公布的《冶金企业安全生产监督管理规定》（国家安全生产监督管理总局令第 26 号）同时废止。